汉朝那些事儿

第二卷

飘雪楼主◎著

迄今为止唯一全本白话正说大汉帝国史
全景再现中国最争议王朝的兴衰与没落

中国工人出版社
北京

图书在版编目(CIP)数据

汉朝那些事儿.第二卷/飘雪楼主著.—北京:中国工人出版社,2009.5

ISBN 978-7-5008-4413-6

Ⅰ.汉… Ⅱ.飘… Ⅲ.中国-古代史-汉代-通俗读物
Ⅳ.K234.09

中国版本图书馆CIP数据核字(2009)第061764号

出版发行:中国工人出版社
地　　址:北京鼓楼外大街45号
邮　　编:100011
电　　话:(010)62350006(总编室)　82075964(编辑室)
发行热线:(010)62005450　62005042(传真)
网　　址:http://www.wp-china.com
经　　销:新华书店
印　　刷:北京市密东印刷有限公司
版　　次:2009年5月第1版　2024年1月第26次印刷
开　　本:700毫米×1000毫米　1/16
字　　数:200千
印　　张:17.5
定　　价:28.00元

序言：一个女人的战斗

飘雪楼主说：迟早你会发现，历史是由女人写成的。

当吕后和虞姬这两个女老板一前一后出场的时候，历史就真相大白了。

楚汉相争，就是这两个女老板在争。

刘项相斗，不过是为了这两个女人而斗。

最早出场的是吕雉，这绝对是一个奇怪到了极点的女人，她爹妈竟然给她起了"吕野鸡"这么个名字，这个名字太有历史穿透力了。敢给女儿起这种名字的父母，绝对不是一般的人物，敢用这种名字招摇过市的女人，肯定也是非同一般的女人。

现在女性解放了，自由了，平等了，半边天了，时尚了，另类了，新潮了，小资了，非主流了，可如果你敢建议谁家的姑娘起个名字叫"野鸡"，你会发现自己的结局会非常地悲惨。

吕野鸡，这名字够狠。

她是刘邦的女人，自然有她狠的道理。

那么项羽的女人呢？

相比之下，项羽的女人，堪称女人中的女人，她的名字叫虞姬。姬又是美人的意思，但只有社会地位比较高的男人家里，才有资格养姬的，普通的男人家里，不要说姬，连只狗也养不起。

虞姬是笼子里的金丝雀，雀是宠物，是玩物，是爱物，不是家禽，打鸣靠不住，下蛋更指望不上，所以虞姬不能称为虞家鸡，只能称为虞美人。

楚汉相争的历史，就是野鸡大战金丝雀的故事。

野鸡战金丝雀，前者是野生的，后者是家养的，野生的走狠辣路线，家养的是可爱风格，谈及生命力之顽强，那是没有丝毫悬念的。

历史还真是这样，看看吕野鸡，她跟在丈夫刘邦身边星夜急行军，不停地转移，项羽紧追在她的屁股后面不断地清乡扫荡，一不留神就把她给圈在了包围圈里。丈夫刘邦关键时刻抢了唯一的一辆交通工具，甩下老婆，独自突围逃掉了，吕野鸡不幸被敌人俘虏。

此后吕野鸡就被关押在战俘营里，接受劳动改造。吕野鸡拒绝就义，她在苦役营艰难地生存着，而丈夫刘邦全当世上没她这号鸡，继续不屈不挠、屡败屡战地跟项羽折腾。

终于有一天，项羽受不了刘邦了，就把刘邦的父亲从战俘里提了出来，提到两军阵前，对刘邦说：喂，老刘家的小三子，看清楚了，案板上的这块肉就是你亲爹，你要是再不投降，现在就把你亲爹剁了煲汤喝。

刘邦回答说：老项，咱们是兄弟，我爹就是你爹，你要是把你爹煲了汤，记住分兄弟一碗，别独吞！

为什么项羽把刘邦的亲爹提到两军阵前，却不把吕野鸡拉过来呢？

事实上，项羽真的有可能把吕野鸡给拉过来，这时候项羽会对刘邦喊些什么？刘邦又会回答些什么？

大家自己猜去吧！

这件事，历史上应该发生过，但是吕野鸡掌握了权力之后，肯定把这段历史抹去了，这样的历史都要记，拜托，史官有没有脑子啊。

总之，刘邦这个人，老婆亲爹儿女，概不放在心上，遇上这号人，活该项羽倒霉。

吕野鸡只好继续在战俘营中接受蹂躏，而虞美人呢？

虞美人每天陪着项羽，笙歌夜舞，霓裳羽衣，花前月下，好一个温柔乡！直到有一天，一个小喽啰急忙慌张地跑了来：报告，不好了，我军大败！

败就败了嘛，胜败乃兵家常事，有什么大不了的？

但是不行，刘邦败得，项羽却败不得。

为何？

因为刘邦家养的是野鸡，而项羽家里养的却是宠物。

像吕野鸡这种生命力超顽强的女人，不要说在项羽的劳改营里，就算是把她扔到德国纳粹人的集中营里去，她也照样能活下来，而且还活得挺好。

恶劣可怕的环境，野鸡固然是甘之如饴，家养的宠物可就惨了。

想一想，如果项羽战败，虞姬被刘邦捉去关进战俘营里，又会发生些什么事？

事实上，项羽和虞姬这俩人，还真认真地想过这件事。

证据！

项羽唱道：

> 力拔山兮气盖世，
> 时不利兮骓不逝，
> 骓不逝兮可奈何，
> 虞兮虞兮奈若何？

史书上说，项羽歌罢掉头东，虞姬伴唱也深情：

> 汉兵已略地，
> 四方楚歌声。
> 大王意气尽，
> 贱妾何聊生。

就这样，虞姬带着不争气的项羽匆匆退场，而吕野鸡终于从战俘营中走了出来。

此后的历史，就由饱受磨难的吕野鸡来书写了。

吕野鸡在战俘营中遭了多少罪，受了多少苦，这些历史上虽然没有记载，有兴趣的人，翻翻犹太人在奥斯威辛集中营的遭遇，就会知道其中的野蛮。从战俘营中活着出来的幸存者，大多都患上了终身难以治愈的精神疾病，但是吕野鸡却是个例外。

为什么吕野鸡会是个例外呢？

很简单，吕野鸡心里憋着一口气啊，这口气一天不吐出来，她就算是死了，也闭不上眼睛。

这口气是什么气呢？

替她想一想，当初她和刘邦被项羽突然包围的时候，衣服都顾不上穿，光脚冲出来，冲向那辆越野马车的时候，却突听战马一声长嘶，车轮滚滚，尘飞漫天，眼见得那缺大德的男人刘邦已经驱车远去，临走之前肯定还冲她喊了一声：

你掩护，我撤退！

当时吕野鸡呆呆地站在那里，眼看着项羽的士兵从四面八方，疯了一样地向她扑过来的时候，她的心里在想什么？

她肯定在深情地想：刘邦，我日你姥姥！

任何一个女人，遭遇到吕野鸡这事，这辈子要是还能咽下这口气，才怪！

飘雪楼主说：三分气在千般是，一旦无常万事休。

诚哉此言。

遭遇到这种事的吕野鸡，心理上的打击那是空前的强大，战俘营的任何事情，跟这件事情比起来，不过是小菜一碟。所以吕野鸡身处战俘营，说什么也找不到精神崩溃的理由，最后的选择是不崩溃，还是等回家后让刘邦那个王八蛋崩溃吧！

从《汉朝那些事儿》第二卷开始，飘雪楼主将为我们尽情演绎战俘营归来之后的吕野鸡的故事，我们将会看到历史上空前的一位女人，是如何主张她的权力与意志，又是如何一抒胸臆，将战俘营中受到的那些腌臜气尽情淋漓地宣泄出来的，看到她的手段，你就不能不佩服虞姬的聪明。

假如虞姬不乐意陪项羽自杀，而是跳槽来刘邦这里，又会怎么样？

那还用说吗，刘邦肯定是四脚朝天地欢迎，这事搁在哪个男人身上，不得乐得精神崩溃神智错乱？但是虞姬却很清楚，大难临头，让老婆掩护自己撤退的男人，是靠不住的。

这事，飘雪楼主的记述可以为我们做证。当吕野鸡从战俘营回来的时候，家里说话算数的，就已经不再是刘邦了。

像刘邦这种自私到极限的人，不光是女人靠他不住，男人也同样是指望不上他。所以，吕野鸡在第一时间里获得了军方、行政及司法三方面的力量支持。这种支持也是人道主义的体现，这女人真的是太惨了，嫁了这样一个泼皮丈夫，落到战俘营里遭了那么多的罪，这要再不支持支持，还让不让人家吕野鸡活下去了？

这本书告诉我们说：世间自有公道，付出总有回报！

不管是养鸡，还是坐牢，都是这个道理。

飘雪楼主继续以他既有的俏皮风格，在这本书里向我们展示一个女战俘归来的故事，我们会看到她是如何不动声色地铲除那些情敌的。当她在战俘营里生不如死的时候，就是这些女人飞奔了来抢占了她的铺位，那些女人以为这世上会有天上掉馅饼的美事，但是没有，天底下从来就没有掉下来过一张馅饼。刘邦身下那些女人抢到手的馅饼，是吕野鸡以她在战俘营里的无尽屈辱和血泪换来的，那是她的血和泪合成的馅饼，别人没有资格享受。

谁动了我的馅饼？

吕野鸡的故事就这样展开，在她迈步走向权力顶峰的时候，所有的元勋宿将都为她让开一条路。这个女人只是在拿回她的馅饼，仅此而已。

这张馅饼，就是自诸吕时代结束之后的文景之治。

如果我们有心，会在飘雪楼主的叙述中注意到这样一件事，刘邦从来不是文景之治的始作俑者，吕野鸡才是。而吕野鸡留在历史上的，也绝非如《史记》中简单地提起的酷刑与阴毒。战俘营里的苦难岁月，磨砺了这个女人过人的智慧，与此前此后的诸多帝王将相比，她或许是真正懂得如何治理国家的人。

如果不是存心险恶，只顾飞扬跋扈一逞私欲的话，那么，国家的治理，也正和吕野鸡在战俘营中的遭遇一样，有些事情你能够想象得出来，但却说不出来，有些事情你说出来，但却说得不对路子。

万千感慨，尽付无言。

还是让飘雪楼主来告诉我们吧，打开这本书。

现在。

雾满拦江

2008 年 5 月 1 日

漢朝那些事儿

目录

第一章　稳固政权 / 1

目标直指韩信 / 1

从细微处着手 / 4

刘邦称帝 / 6

摇摆中的定都 / 8

第二章　扫除一切不安分子 / 11

悲情田横 / 11

季布脱险 / 14

钟离眛之死 / 16

臧荼造反 / 21

第三章　伴君如伴虎 / 24

分封的时候到了 / 24

说话的技巧 / 27

张良的隐忍 / 29

第四章　宫中杂事 / 31

重用儒生 / 31

报　恩 / 33

第五章　匈奴的崛起 / 35

匈奴的变迁 / 35

纠缠史 / 38

冒顿的发迹史 / 40

狼爱上羊 / 42

第六章　汉朝的反击 / 45

出　征 / 45

雪中情 / 48

陈平之计 / 50

目录

第七章　焦头烂额 / 54
　　未央宫的烦恼 / 54
　　隐形的刺客 / 55
　　和　亲 / 57
　　寻找公主 / 60
　　东窗事发 / 61
　　审问贯高 / 64
第八章　争夺与反争夺 / 66
　　刘邦的后宫 / 66
　　如意真如意 / 68
　　戚姬的理想 / 69
　　废立太子 / 71
　　戚姬的烦恼 / 73
第九章　叛　乱 / 75
　　逼上梁山 / 75
　　破　敌 / 78
第十章　韩信之死 / 81
　　成也萧何,败也萧何 / 81
　　悲喜两重天 / 85
　　新的起点 / 87
第十一章　风云再起 / 88
　　一波未平,一波又起 / 88
　　背后的故事 / 92
　　不该反的都要反 / 94
　　太子保卫战 / 97
　　料事如神 / 99
　　怒剑狂花 / 100
　　舍身忘义 / 103

第十二章　人生如梦 / 105

谁是最可爱的人 / 105

再接再厉 / 107

造反没商量 / 110

第十三章　陨　星 / 114

第二次废立太子 / 114

绝　招 / 116

王者归去 / 119

第十四章　悲　情 / 120

强大无比的讣告 / 120

足智多谋的陈平 / 121

料敌于先 / 123

刘盈的登基 / 124

第十五章　后宫那些事儿 / 127

饮食男女 / 127

阴　谋 / 130

复　仇 / 132

真实的谎言 / 134

请个皇帝当保镖 / 138

人彘是怎样炼成的 / 139

第十六章　变　革 / 141

害人先害己 / 141

生死一瞬间 / 143

曹参上任 / 146

治国之道 / 149

第十七章　枪口怎么对 / 152

求婚的代价 / 152

亲上加亲 / 154

捉放审 / 155

情难断 / 157

第十八章　前赴后继 / 160

会流泪的石头 / 160

借腹生子 / 163

最后的表演 / 164

第十九章　一锅粥 / 167

化悲痛为力量 / 167

我不封王谁封王 / 170

一个都不能少 / 172

皇帝轮流做 / 173

第二十章　乐极生悲 / 177

家事难断 / 177

好事做到底 / 181

强扭的瓜不甜 / 182

同病相怜 / 184

山雨欲来风满楼 / 185

第二十一章　盛极必衰 / 188

一剑之威 / 188

三个臭皮匠,顶个诸葛亮 / 190

吕后归西 / 194

第二十二章　“吕氏春秋”的最后岁月 / 196

出　招 / 196

暗　杀 / 199

权宜之计 / 201

宫中密策 / 204

第二十三章　是非成败转头空 / 207

活　祭 / 207

祸福由天定 / 211

刘恒继位 / 213

第二十四章　百废待兴 / 216

文帝一号令 / 216

窦氏的发迹史 / 217

当丞相的烦忧 / 219

老的不去,新的不来 / 221

罪未罪兮误终身 / 225

第二十五章　重用人才 / 228

张释之:十年仕途一朝升 / 228

袁盎:敢言敢谏真君子 / 233

第二十六章　北胡南劲 / 236

“怀柔”定南越 / 236

有多少太监值得期待 / 240

晁错救国 / 242

第二十七章　无为而治 / 245

贾谊的《治安策》和《过秦论》 / 245

“与民休息”政策 / 247

缇萦救父 / 249

第二十八章　汉文帝的晚年生活 / 253

将行骗进行到底 / 253

无才无德我最红 / 256

天妒贤君 / 261

第一章　稳固政权

目标直指韩信

项羽死后，天下英雄都归附刘邦。至此，天下归一，正应了那句老话：天下大势，分久必合、合久必分。

汉高祖五年（公元前202年）正月，刘邦带领文武群臣回到了定陶。

《三国演义》中有曹操青梅煮酒论英雄的故事。当时参加“论英雄”的只有曹操和刘备，当曹操说出“今天下英雄，唯使君与操耳”时，身陷囹圄的刘备吓得大惊失色，手中所执匙箸掉落于地，最后还算他机敏，借雷闪之故掩饰了自己的失态。

刘邦到了定陶后，也来了一次“月夜煮酒论英雄”，只不过这次“月夜煮酒”的只有他一个人，没有任何人参加罢了。圆月当空，刘邦独坐在后宫的木藤架下，一张小圆桌上放了美酒一壶，点心几盘。侍女为他斟好酒后，垂首静立于刘邦身旁。刘邦朝侍女挥了挥手，侍女便识趣地退去了。他端起桌前的葡萄美酒一饮而尽，并没有喝下美酒后的陶醉感，相反，脸上的阴郁之色更加沉重。

刘邦抬起头，望着天上那轮皎洁的明月，沉思良久。这天下虽然大势已定，但此时他的心里并没有感到轻松和快乐。他突然悟出这样一句话来：打江山难，守江山更难。因为此时他老是想着一个人，一个令他颇为头疼的人。

这个人的名字叫韩信。

如果放在十年前，论天下英雄，在刘邦眼里只有他和项羽可以称英雄。然而，此时，一代枭雄项羽随风飘逝后，韩信身上的光环逐渐放大，而且越来越大。韩信的才能是有目共睹的，在平定各诸侯的战役中他东征西战，战无不胜，攻无不克，再厉害的英雄在他面前也显得不堪一击。而且在垓下同项羽最后大决战时，正是他的“十面埋伏”，让“孤独求败”的项羽彻底领会到了失败的痛苦滋味。

项羽死了，韩信却还活着，这让刘邦犯难了，他现在的兵权还被这个最具威胁的人掌握着，怎样夺回兵权是当务之急。

情难测，费思量。

这次“月夜煮酒论英雄”后，刘邦意识到了事态的严重性，他马上召来张良和陈平，进行了一次三个人的密谋。因为是在密室，这次对话的具体内容我们已无从得知，但是我们只要明白他们的话题都是围绕韩信在进行就足够了。

事后讨论的结果是，刘邦并没有直接叫人去捉拿韩信，直接砍去他的人头。而是实行了“明升暗降”的调令手段。

其实当时刘邦这样做也是没有办法的事。试想，垓下一战，刘邦把手中的兵权都交给了韩信，并且在韩信深思熟虑的“十面埋伏”下彻底打败了项羽。人家立了大功。如果你直接去干掉他，不但于天下人说不过去，万一韩信怒而造反那就是引火烧身了。来硬的实际上并不是什么好办法，因此，刘邦采纳了张良和陈平的建议，慢慢地剥夺韩信的权力，一点一点地把他削弱的只剩下骨头最好。

而此时的韩信还沉醉在垓下一战中回味无穷，那是一场多么酣畅淋漓的战争啊！ 他完成了他人生中最完美的表演。刘邦的突然到来让他从美好回忆中回过神来。俗话说：无事不登三宝殿。汉王的到来令他有种“来者不善，善者不来”的恐慌感。

果然，刘邦进了营帐后，几句简单的寒暄过后，便直奔主题了。

“大将军在灭楚决战中功不可没，这个我心里有数。但是如今天下大势已定，工作的重心应该由战争过渡到建设中去，现在正是建设国家的时候，因此，将军把军符交出来，派你到齐国去，把那里的经济建设抓好才是当务之急。”

什么经济建设不经济建设，是想夺我的兵权吧。韩信只觉一盆冷水泼身，是啊！ 这金光闪闪的军符在手中还没有握热乎呢！ 想不到这么快就要上缴了。

但当时在君命不可违的情况下，他心中虽然不快，但军符却不得不交出来了。交出军符的第二天，他正要起身去齐国去做他的“齐天大圣”，汉王的使者又到了，使者带来了刘邦的新诏令，大致意思如下：“楚国旧地虽然已经平定了，但战争对那里的影响最大，现在百废待兴，是经济建设的重中之重。所以改立你为楚王，以下邳为都，造福一方百姓。”

韩信的心里这时就像打翻了一个五味瓶，酸甜苦辣咸都出来了。

乍一看，当个楚王和齐王都一样，都是为人民服务，大力去发展新农村建设，用得着这般“为王消得人憔悴”吗？ 事实上楚王和齐王肯定是有区别的。

第一，齐地的地理位置明显优于楚地。齐地现在的地理位置最为靠近汉王的大本营，在军事战略上是一个很不错的地方。而当年项羽之所以选择在楚地建都立业，那是因为他想在自己的家乡人面前炫耀自己，如果他当时听从那些儒生的意见在关中建都称霸的话，可以想象，刘邦打败他简直就是痴人说梦。

第二，朝令夕改的政策会产生不良的后果。一下子立他为齐王，又一下子改立他为楚王。刘邦此时对他改封就像三岁娃娃的脸，说变就变。这就像当年的楚怀王一样，人家楚怀王本来当得好好的，项羽突然要改立他为义帝，这义帝表面上是“升官”了，但实际上被“调升”到偏远的荒无人烟的山区去了，成了一个不折不扣的“架空之帝”。

两次大调动，韩信心里虽然起了点波澜，但伴君如伴虎，碍于情势，他不得不乖乖回到江南老家去当他的“楚王”去了。

从细微处着手

回到楚地上任后，韩信首先做了三件事。这三件事都跟国事无关，算是一些鸡毛蒜皮的事，说白了就是他的私事。但每一件事都感人至深，这里不妨来说说。

首先来说第一件事：知恩图报。

前面已经说过，韩信从小失去双亲，后来是靠钓鱼外加乞讨为生的，而这期间，他常常食不果腹，饿得昏天又暗地，忍不住地流泪，梦中的梦中，梦中人的梦中……

在梦中，突然有两个热馍馍在他眼前晃动着，饥饿中的他不管三七二十一，张嘴就咬，一口吞下了那热馍馍，而且还把手指头咬出了一道血痕，当生生的痛楚传来时，他才知道这原来不是梦。一个在河中洗丝棉的老婆婆向他伸出了援助之手，几乎每天都会把自己节省下来的两个热馍馍拿给他吃。

两个热馍馍在我们今天看来毫不起眼，但当时在韩信眼里可非同小可。不但确保了他不被饿死，还让他体会到了久违了的人性的温暖。从这一点来看，老婆婆的思想无疑是非常崇高和伟大的。

古人云：滴水之恩当涌泉相报。

这个时候韩信来报恩了。他到了垓下后，屁股还没坐稳，首先想到的就是派人去寻找当年给他热馍馍的老婆婆。他的手下也不是饭桶，苦苦寻找了半个月，终于带来了那位白发苍苍的老婆婆。

这里我们来注意韩信的一举一动吧。他首先给了老婆婆最高的礼节：

跪地迎接（这样的礼节本来只有对刘邦受得起）。老婆婆见堂堂楚王居然向她下跪，虽说自己以前有恩于他，但心中终究是诚惶诚恐啊，于是跟着下跪回礼。于是乎，接下来就发生了这样一幕，一老一少争着在地上磕头。

后来的事情顺理成章，韩信用最丰盛的山珍海味来招待这位“贵宾”。老婆婆回去时也不是空手的，她依依不舍地朝韩信挥了挥手，来时两袖清风，去时却带走了一个包袱，一个非常非常沉重的包袱，因为里面装有千两黄金。当然，这么多黄金老婆婆肯定背不动，是韩信派专人专车送到她那间破茅草屋里去的。至于后来老婆婆是怎样来花费和安排这笔天上掉下来的财宝，这些有烦史学家去调查研究了。

第二件事：以德报怨。

少年时的韩信曾经受过胯下之辱，但韩信忍辱负重，最终还是靠自己的努力和拼搏建立了旷世功绩。有好奇的读者心里肯定就会琢磨了，当年究竟是谁逼着韩信受胯下之辱的呢？

俗话说冤有头债有主，那个老大终究没能逃脱因果报应。流氓老大被带到韩信面前时，当年的老大此时变成了孙子，他在韩信面前双腿跪地，磕头如捣蒜，嘴里还念念有词：“大王饶命，大王饶命，小人当年有眼无珠，有眼不识泰山，有眼……”

就在他拼命求饶的时候，韩信哈哈大笑起来，笑得流氓老大怔在那里，半天也没有反应过来。就当他以为他的生命将在这里画上一个并不圆满的句号时，笑够了的韩信开口的第一句话就让他吃了一惊：“你现在在做什么？ 还在当黑社会老大吗？”

“不，我已经不做老大好多年了。”流氓老大说着拉开胸膛，只见身上刀疤累累，触目惊心。“人在江湖漂，哪有不挨刀。”

“这么说来，你是浪子回头，早已金盆洗手了。”韩信显得很随和。

“嗯，实不相瞒，我现在还在家里待业呢！”流氓老大说着脸上微微发红。

“那好吧，我现在给你一份工作去做。”韩信看着流氓老大定定地道：“我给你一个中尉的官当，你看如何？”

“我……”流氓老大以为韩信在忽悠他。

“你到底愿不愿意？”韩信脸色一板，吓得流氓老大忙答应不迭：“小人愿意，小人愿意。”

就这样，韩信把他逼上了官场。待流氓老大下去就职后，左右的人就不解地问他为什么不治他的罪反而赏给他官职？韩信的答案是：“当年正是因为有了他，使我受辱而又不能以死相拼，他激励了我不得不向前走，我今天之所以能坐在这个楚王的位置，完全拜他所赐。这样的人我难道不应该感谢他吗？”

以德报怨，这是怎样的一种心胸和情怀呢？

第三件事：以情尽孝。

尽孝，这倒不是说韩信像当今有钱的人那样，为自己老去的亲人动辄几十万，甚至上百万、上千万地去修墓地。

当年韩信父母死的时候，韩信还小，他没有能力也没有办法厚葬父母，现在封侯了，功成名就了，他马上派人把父母的坟地修缮一番。

修好后韩信就去亲自祭奠了。一番声泪俱下的祭奠之后，韩信看见坟地四周还有许多枯木杂草，于是他接下来就做了一件令人吃惊的事，他不顾堂堂楚王的身份竟然跪在地上，用手一棵一棵地去拔那些杂草，大有将杂草清除到底之势。随行的部下此时自然不能在一旁袖手旁观了，于是乎，一场祭奠活动变成了“斩草行动”。

其情感人至深，其意暖意融融。

刘邦称帝

大凡开国皇帝，都有一个共同之处，他们统一天下后，本来可以顺理成章地称帝了，但他们还要故弄玄虚推托一番，显得很谦虚的样子。

刘邦称帝时也一样。当然，呼吁刘邦称帝最先是由韩信提出来的。韩信在办“家事”的同时，对朝廷的事也很关心。此时他虽然被降为楚王，但楚王好歹也是一个王，而且也算是一个比较大的王。以他的眼光自然知道，此时一统江山的刘邦应该称帝了。

换句话说，这个时候就算他不提出，别人也肯定会提出来。于是他先下手为强，先后派人联络了梁王彭越、淮南王英布、韩王韩信（请大家注意，此韩信非彼韩信也）、衡山王吴芮、赵王张敖（张耳之子）、燕王臧荼七位刘邦已封的王，提议让刘邦称帝。他的建议一提出，七大王自然都满口答应了，这样顺水推舟的事他们都乐意做啊！ 于是联合写了一封奏折强烈要求刘邦称帝。

刘邦早就想坐上皇帝的宝座了。此时正在等着人来提这件事，然后他再顺水推舟而上。此时见了韩信等七位封王的联名"血奏"后，不由大喜过望。于是他立即召集文武群臣，把这个奏折拿给他们看，但嘴里却是这样说的："你们看看，你们看看，我现在过的不是挺好的吗，他们干吗非要逼我做皇帝啊。"

群臣又不是傻子，异口同声地叫道："臣等也是这样想的啊！"

接下来大家纷纷要求在"血奏"上签名，刘邦正求之不得，大殿内虽然有点乱，但刘邦的眉头却是舒展的。汉高祖五年（公元前202年）二月初三，刘邦在定陶城边的汜水称帝。当文武百官齐刷刷地跪地呼喊"吾皇万岁，万岁，万万岁"时，刘邦完成了由王到帝的转变。刘邦即汉高祖，他这一天还做了四件事。

一、大赦天下的罪人，以示皇恩。

二、立吕雉为皇后，立刘盈为太子。

三、让大量士兵解甲荣归故里，免除他们的赋税（这一条是张良提出的。他说现在天下已定，如果留这么多兵在各大将领手上反而不好，容易闹事，刘邦欣然应允）。

四、暂时（请大家注意这两个字）定都洛阳。

隆重而庄严的仪式举行完毕，接下来就是盛宴了。当上皇帝的刘邦这一天特别高兴，酒过三巡，他突然提了一个很有哲理性的问题："朕有一问题，朕为什么能得到天下，而项羽又为什么失去天下呢？"

反正此时天下已定，刘邦提出这个问题后就叫大家畅所欲言，无须回避。这等于在开座谈会了。果然在酒精的作用下，群臣们纷纷发言了，不过他们都惜字如金，很简短有力。

“项羽喜好猜疑。”

“项羽为人过于粗犷，坑杀的罪名让他失了民心。”

“项羽妒忌贤能，有功者不能分封，贤能者不能重用，就应该是他失天下的原因。”

……

众人各自发表意见后，刘邦进行了总结性的回答。他说他与项羽相争之所以能得天下，根本在于用人方面。为了证明他的论点。他举出了三个论据：

一、运筹帷幄之中，决胜千里之外，我不如张良。

二、镇守国家，安抚百姓，提供粮饷，我不如萧何。

三、统率百万之兵，所向披靡，战无不胜，我不如韩信。

最后得出的结论是：这三个旷世奇才都被朕所用，所以朕最终取得了天下。而项羽连唯一一个范增都用不好，他能不败吗？

刘邦的分析引来众人的掌声雷动，为了庆祝这来之不易的胜利，君臣随之开始痛饮了。这场旷世盛宴比赶集还热闹。在酒精的刺激下，很多人甚至忘了君臣之礼，敲桌子的、哼小调的、猜酒令的、打饱嗝的，声音倒是蛮丰富多彩的。而他们的姿势更加丰富多彩：半躺着的，斜坐着的，摸脚丫的，加上已喝趴下的，那场面真叫一个壮观啊。当真是：今朝有酒今朝醉，明日愁来明日愁。

当然，这是特定的历史时期、特定的场合，所出现的特定的奇观。不久，这种君臣毫无拘束、开怀畅饮的场面就一去不复返了。因为有一种无形的压力约束了他们。这种压力叫宫廷礼仪。这个在后面将重点分析，这里暂且按下不表，先来看看刘邦定都的事。

摇摆中的定都

在汜水称帝这天，刘邦按众人意愿暂时定都洛阳。但就在他准备带领手下的文武大臣们去洛阳时，一个人的出现让定都之事再起波澜。

这个人的名字叫娄敬。

娄敬是齐国人，此时不远千里赶到汜水来，只是为了刘邦建都的事。这等没身份、没地位的人，本来要见真龙天子刘邦一面很难，但是娄敬因为有老乡虞将军在朝廷为官，因此，很快就见到了刘邦。

娄敬一进门就显示出与众不同的作风来。首先他的打扮太吸引人眼球了：身上穿着破棉袄，脚上穿着烂草鞋，头发上扎一个马尾辫，手里拉着一根破竹竿，手里就差没拿一个破瓷碗了。

如果不是虞将军的推荐，刘邦早就叫人把这"准乞丐"给轰出去了。不过他毕竟见多识广，他知道越是这样有"个性"的人越是不可小觑。于是他二话不说，先安排了一顿丰盛的美餐为他接风洗尘。这个娄敬果真非同常人，也不推托，大大咧咧坐下就是一阵大快朵颐。

等这个"准乞丐"酒足饭饱后，刘邦才恭敬地问他有什么事要找他。娄敬对刘邦的待人态度很是满意，于是也就不再客气，开始直奔主题了。

"陛下想建都洛阳？"娄敬问。

刘邦点了点头。

"臣以为不妥。"娄敬直言不讳地说道。

刘邦自然是洗耳恭听了。

娄敬就接着说建都洛阳不如建都咸阳的原因。他说洛阳地区狭小，地贫物稀，经济不够发达，交通也不是很便利，是一个弹丸之地。而秦地的咸阳东靠华山，南临黄河，四面都有险要关隘，是个易守难攻的风水宝地。在那里建都远远比在洛阳建都要好。

说到这里，我们有必要提一下当年项羽选都的事儿。项羽当初选彭城作为自己称王的首都时，也有个书生拼死相谏，也是劝说项羽在有着咽喉之称的秦地汉中称王。但固执的项羽选择"荣归故里"，定都彭城。后来的事实证明，项羽选择彭城为都的确是一大败笔。

前车之鉴历历在目，刘邦对他的意见高度重视起来。于是他第二天就召集朝中大臣来商量定都这件事。刘邦刚说出娄敬的想法，马上就被淹没在一片反对声中。

“秦地晦气啊，大秦王朝在那里才多少年就灭亡了。”

“是啊，定都洛阳的周王一统天下好几百年呢！”

“娄敬是个什么人物，他完全是书生意气，信口开河。”

“洛阳，清晨看日出，黄昏看日落，绝对是一个风水宝地！”

“洛阳……”

刘邦想不到众人的反对意见如此坚决。于是在定都洛阳还是咸阳的问题上就摇摆不定了，最后，刘邦决定去问自从楚汉之争结束后就一直闭门不出的张良。

数日不见，张良虽然清瘦了许多，但精神依然矍铄，面对刘邦的询问，他是这样说的，他说众臣之所以都反对建都咸阳，是因为洛阳离众大臣的家乡比较近，这是思乡之情的缘故。听君一席话，堪解百日忧。众臣们原来都是站在自己的利益上才反对迁都的。刘邦茅塞顿开，大呼：“原来如此，险被众臣所误也！”

于是刘邦立即下令：迁都咸阳。

但迁都咸阳还有一个棘手的问题，自从当初项羽到达咸阳后，一把大火把那里的宫殿烧成了一片废墟，如果迁都此地，必须重新修建宫殿。于是乎，后勤部部长萧何又有活干了，修建宫殿的事就交他来办了。

鉴于修复宫殿的工程巨大，时间跨度也长。为了断绝众臣定都洛阳的念头，刘邦当即就决定实行迁都工程，先把首都搬到了离咸阳不远的栎阳。众臣虽然不愿意，但也只能乖乖跟着刘邦走了。值得一提的是，那个娄敬因为进言有功被封为郎中令，赐姓刘。

第二章　扫除一切不安分子

悲情田横

称帝后的刘邦并没有就此开始享清福，作为一国之主，他自然有理不完的国事和家事。下面我们先来看看国事吧，毕竟家事也就是刘邦后宫的那些事儿，都是女人们争宠吃醋的事，可以缓缓，而国事可是关系到江山社稷啊，马虎不得。

韩信兵权被夺，被降为楚王后，刘邦潜藏在心里最大的危机感没有了。但他并没有就此放松警惕，相反，他时刻关注着一切可能有威胁的敌对分子的动向。不久，刘邦做了这样两件大事。

一、招安田横。

二、追捕钟离眜和季布。

首先，我们来看看招安田横的事。前面已经说过了，田横虽然是田荣的弟弟，但田荣死后，他辅助田荣的儿子当了“齐天大圣”。然而，“齐天大圣”死于韩信之手后，田横自己也被灌婴围攻得喘不过气来，不得已只好投靠了彭越。

彭越倒是对他这个败军之将很是重用。然而，不久，刘邦封彭越为淮南王，要求他带兵去协助围攻项羽，彭越得了侯号，自然屁颠屁颠地去了。这下田横可就左右为难了，他想起自己当初拒不归降大汉，并且和楚军联合抗汉的事，心里就一直打鼓，就算刘邦不计较，那韩信一旦计较起来可如何是好？ 于是他想来想去，最终还是决定三十六计，走为上计。

他带着自己的亲信逃啊逃，不知不觉地就逃到了东海边。他在这个海边发现了一个岛，一个很隐秘的世外桃源般的岛屿。

相信大家都读过陶渊明的《桃花源记》，那种与世无争、淡泊名利、逍遥快活的生活很令人神往。此时，田横也在这个与世隔绝的岛上过起了世外桃源的生活。别看这田横行军打仗水平实在不敢让人恭维，但为人却极为豪爽，因此一些江湖游侠都慕名而来，一时间天下英雄豪杰尽皆会集于这个小小的岛屿上。据说这个岛上有很多桃花，田横就把这个岛叫桃花岛。至于金庸先生的《射雕英雄传》里的桃花岛是不是这个岛，有待历史学家去考证。

闲话不多说，田横虽然在这个岛上活得逍遥自在，但天下没有不透风的墙，他隐居在海上一个叫桃花岛的事很快就传到了刘邦的耳朵里。按理说人家都躲到世外桃源去了，也对你构不成威胁了，就随他去吧。但刘邦却不这么认为，他认为斩草必须除根，田横作为一个“准齐天大圣”，他留在那里终究是个祸害，说不定哪天到齐国振臂一挥又会生出什么大乱子来。

当然，直接派兵去围剿没必要，人家那么小的地盘、那么少的人，用得着动用武力来解决吗？ 于是刘邦对田横施行了招安政策。负责招安工作的使者可就有得受了，翻山越岭历经千辛万苦才终于找到了田横所在的桃花岛。

这时田横在岛上过得快乐似神仙，他哪里想到朝廷中去活受罪啊。于是以“当年曾烹杀了郦食其，如今他弟弟郦商在朝中为官，恐有冲突”为由婉言拒绝了。汉使哪里料到田横竟然敢这样不识好歹，胆敢拒绝，但他又不好再强求，只好又悻悻地回朝廷向刘邦汇报了。

刘邦很快就摆平了郦商，他要郦商深明大义些，以国家为重，不要计较个人恩怨。郦商虽然恨不得生食田横的肉，但碍于皇命难违，只得勉强答应了。

于是这个可怜的使者又来到了桃花岛，这下田横无话可说了，他知道推托不过，最后决定一个人去（只带了两位门客），让大家继续在这里过与世无争的桃源生活。汉使一颗悬着的心总算放下了，这件苦差总算搞定。然而，事情的发展往往出人意料，眼看就要到洛阳了，田横在城外的一间小酒店里，做出了一件大义凛然的事，他自刎了。田横自刎的想法从他决定离开桃花岛就在脑海里形成了。原因如下：

一、刘邦素来阴险狡诈，到了朝廷他只怕是凶多吉少。

二、郦商肯定不会轻而易举地放过他烹杀其兄的仇，势必处处暗算于他。

田横死后，刘邦见少了一个祸害，自然是求之不得，但表面的安抚工作还是要做的，于是为他建了一座很大的陵墓。葬礼过后，两名跟随田横从桃花岛来的门客竟然以身相殉了。

这两名门客的死极大地刺激了刘邦。他想一个人死后，如果有人甘愿为他殉葬，那么这个人该具有何等非凡的人格魅力啊！ 听说桃花岛还有五百名勇士，刘邦的心又不安了，于是那个汉使又得去一趟桃花岛了。

汉使三顾桃花岛后，他知道自己再也折腾不起这来来回回了，就骗岛上的人说田横已被大王录为大王，现在招你们前往朝中去报效朝廷。

众人听说主人召唤，都欣然前往。唯独田横夫人及家小不愿走，因为田横的密言犹在耳畔：岛在人在，岛亡人亡，绝不能离开桃花岛半步。

果然这些门客一到洛阳，就听说田横已自杀身亡，满心的欢喜立马变成了悲愤。于是他们不再去面见刘邦，而是直接去祭奠田横，祭奠完了后，他们都齐刷刷地拔出了刀剑。当然他们并不是要去替田横报仇，而是都砍在了自己的脖子上。伴随着倾盆大雨，五百门客都以身相殉了。

虽然刘邦只派使臣三顾桃花岛就把田横的事搞定了，但五百多人的相殉足以证明：田横也许并不是一个最出色的君主，但他一定是一个最具亲和力和号召力的长者。

季布脱险

项羽被围垓下时，钟离昧和季布在韩信的“四面楚歌”的感召下，不得已只好跟着无心恋战的楚军们逃走了，当时只能用四个字来形容：情非得已。楚军们大部分都逃走了，他们两个作为主帅不走也不行了，否则就当个“光杆司令”，死无葬身之地了。项羽在乌江自刎后，钟离昧和季布成了刘邦重点追捕的对象。毕竟刘邦知道他们两个是项羽的左膀右臂，一天不除去他们，心里就一天不安稳啊！

我们首先来看看季布的逃亡历程。

季布与濮阳县一个姓周的人家是世交，两家素来要好。正是因为这层关系，在一个伸手不见五指的夜晚，逃亡中的季布敲响了周家的大门。周家几乎连想都没想就收留了他。然而朝廷的“通缉令”很快就传遍了五湖四海，小小的濮阳县自然也不例外，布告上大致内容是，举报和抓住通缉犯钟离昧和季布赏金多少多少，窝藏通缉犯诛灭九族，杀无赦。

这下周家人可就犯难了，以他和季家的交情，他自然宁可自己死也要收留季布，然而此时的风声太紧了，弄不好季布没保护好，自己还会被连累到株连九族。是啊，一个人的性命不要紧，但整个家族人的命全都搭上可就是大事了。于是周老爷子思来想去，最后终于想出一个办法：把季布改头换面，让他重新做人。待季布改头换面后，周老爷子把他“卖”到一个鲁地姓朱的大户人家为奴。

这朱老爷子是个江湖名门之辈，广结天下豪杰。他和周老爷子也是很要好的朋友，对于周老爷子带来的家奴，他二话不说就慷慨解囊拍板买下了。

然而令周老爷子始料未及的是，这朱老爷子自第一天起就对季布起了疑心。这倒不是说周老爷子的易容术太差，而是因为不管季布怎么改变，他与生俱来的英雄之气却是无法改变的。朱老爷子通过明察暗访，很快就发现这个所谓的家奴竟是朝廷重金追赏的季布将军。

对于自己的发现，朱老爷子又惊又喜，他马上就赶到京城去了。当然，朱老爷子并没有直接把季布交给朝廷，而是找到了老相识夏侯婴将军，看能不能通融一下。由于两人是故交，面对朱老爷子的造访，夏侯婴很是热情地招待，又是杀鸡又是宰鸭，忙得不亦乐乎。

酒过三巡，朱老爷子就趁着酒兴开始提季布的事了。令朱老爷子颇感意外的是，他精心准备的演讲词并没有派上用场，因为他刚一提到季布，夏侯婴就说他也很敬佩季布，他愿意亲自去面见刘邦看看能不能赦免季布的死罪。

这夏侯婴是啥人物，他是刘邦身边的红人啊！ 几次救刘邦的性命于危难之中。他的话自然引起了刘邦的高度重视，刘邦思考了良久，终于说了句：赦免！

于是乎，接下来街道上换了一道赦免季布的新布告。随后的事很简单了，季布自然到洛阳见到了夏侯婴，然后在夏侯婴的带领下见到了刘邦。

曾经是战场上的对手，此时化敌为友，相逢一笑泯恩仇，季布低下了他高昂坚挺的头颅，然后说了一大堆感激的话，最后他表示愿为国尽自己一分微薄之力。刘邦大手一挥说，我现在就给你一个职位：郎中令。

这是刘邦对待一级战犯唯一一次大开恩。因为接下来还有一个叫丁公的项羽旧部下也来刘邦这里，他希望也能得到重赏，结果不但乌纱帽没捞着，反而赔进了自己一颗血淋淋的人头。丁公这般“有备”而来，原因很简单，他曾经放过刘邦一条生路。

细心的读者会回想起当初刘邦在彭城兵败、狼狈逃难的过程中，曾经遇到两大最凶险的劫难。先是被楚军围住了，这时老天帮了他一回，在乌云密布和飞沙走石掩护下，他乘机带领百来名残兵败将成功突围了。他没有走出几里路，又有一队楚兵追上来了，危急关头，他就用三寸不烂之舌对追来的楚军将领说了一番客套的恭维话，令人意想不到的是，那将领居然被他说服了，悻悻地带领部下走了。

当年放走刘邦的那个将领的名字就叫丁公。

据说这丁公还跟季布沾亲带故，他听说季布被赦免后还得到了重用，于是他也来了，他以为凭当年放走刘邦之恩，得到高官厚禄一定不在话下。然而，他很快就发现他错了，因为他在刘邦面前跪下说出缘由后，得到的只有这样一句轻飘飘的话：给我拉出去斩了。

丁公不服，表示了最强烈的抗议："陛下难道忘了当年的事吗？"刘邦冷笑道："就算你当年于我有恩，那又如何？ 做人为臣，就在一个忠字，你在战场上都徇私舞弊、贪赃枉法，那么以后在官场上肯定有过之而无不及。像你这样不忠不诚之人留着何用？"

就这样，丁公被斩了。丁公是可悲的，因为刘邦要找一个"杀一儆百"的人来树立威信，恭喜丁公，他不失时机地、光荣地赶上了这项任务。

钟离昧之死

季布很幸运地免除一死，还当了个小小的芝麻官，虽然这个郎中令和当年在项羽手下的"右臂"相比相差太远，但好歹算是保全了性命。要知道他是一个败军之将，一个亡国之臣，一个不折不扣的甲级战犯，能被赦免死罪就已经是老天开眼了，还能继续当个一官半职就更是祖上积德了。

同为甲级战犯的钟离昧的待遇就完全不同了。

此时说起钟离昧来，还有一个人物就不得不提，这个人就是用兵如神、大名鼎鼎的楚王韩信。这是为什么呢？ 因为这里有钟离昧和韩信不得不说的故事。

当年韩信父母早死，韩信选择了钓鱼这项职业来谋生（副职是乞讨），而就是在钓鱼时，韩信认识了"老乡"钟离昧。钟离昧选择钓鱼和韩信不一样，韩信靠钓鱼谋生，他钓鱼却是"以待天时"。他学姜太公，把鱼钩弄成直的，常常这样一坐就是大半天。

当时韩信就不解了，问道："你这样怎么钓得到鱼啊？"钟离眛开始并没有理他，韩信问多了，他才看了两眼这个面色菜黄但双目有神的翩翩少年，说道："昔日姜太公钓鱼，愿者上钩，他最终钓到了周文王这条大鱼，我为何不能学他也来这里钓一条大鱼呢？"

凤翱翔于千仞兮，非梧不栖；士伏处于一方兮，非主不依。乐躬耕于垄亩兮，吾爱吾庐；聊寄傲于琴书兮，以待天时。

原来钟离眛一直在这里"以待天时"啊。

韩信三岁就开始学习兵法，于是他说起用兵之道亦是有板有眼、头头是道。钟离眛因此对他刮目相看，于是两个志向远大的青少年，常常一谈起行军打仗的事来就没完没了。就这样两人成了好朋友。

不久机会来了，陈胜和吴广平地一声响雷，吹响了革命起义的号角，钟离眛和韩信两人先后都参加到革命起义中去了。陈胜"壮志未酬身先死"后，两人又相继都投靠到了项羽部下。到了项羽部下，他们的待遇却完全不一样。在那种战乱的年代，钟离眛凭着勇猛凶悍的表现脱颖而出，很快就得到了项羽的重用。

而韩信满肚子的经纶却因为深藏在肚子里暂时得不到发挥，只担了个小小的职位。时间一长，韩信就失望了。后来主动炒了项羽的鱿鱼，投靠刘邦去了。于是两个原本相约共进退的好兄弟就各事其主了。楚汉相争的结果是项羽战败身亡。曾经显赫一时的钟离眛成了败军之将，而曾经毫不起眼的韩信却成了大英雄。

项羽死后，钟离眛也和季布一样过起了东躲西藏、四处流浪的生活。后来在走投无路的情况下，他听说韩信当了楚王，于是决定来投靠韩信。韩信念其当年兄弟之情，毫不犹豫地就收留了他。然而，在追缉钟离眛重赏的通告鼓诱下，有个别知情人士偷偷地告诉了刘邦。

这下刘邦自然就要韩信交出钟离眛来了。韩信知道有人告发他了，但他此时顾及兄弟之情，还是不愿意献出钟离眛的。他知道刘邦那里还无证据，于是说自己这里并没有钟离眛，如果不信可以来搜查。刘邦当时确实无凭无据，但通过这件事，他对韩信更多了一分疑心。

前面已经说过，刘邦“月夜煮酒论英雄”时，认为天下的英雄除了自己之外，唯项羽和韩信耳。项羽已死，韩信就成了他的眼中钉、肉中刺了。于是抢他的兵权，又调换他的封地，如果不是怕激起民愤，他还真想直接就把他咔嚓掉，这样天下就太平了。

刘邦毕竟是聪明人，他知道做事情只能一步一步来，如果把韩信逼急了，一旦拉起反动的大旗那可就吃不了兜着走了。把韩信降为楚王后，他的心里才略感踏实些。然而，此时韩信窝藏钟离眛的事又让他寝食难安。他心里整天就琢磨这么一个问题，韩信这小子是不是真想造反啊。没有证据就没有发言权。刘邦于是决定对韩信展开全面的调查。当然，刘邦为了不打草惊蛇，没有来“明察”而是决定“暗访”，他派人去暗中监视韩信的一举一动。

每月十五，韩信都要出巡一次。这几个侦探一听就来神了，那就调查韩信的出巡活动！ 他们分工细密，记录的记录（类似于现在的文秘干的工作），摄像的摄像（限于当时条件有限，用手工来绘制实景），采访的采访（哪里闲人多就往哪里挤）。调查的结果是，韩信这次出巡的规模和气派一点都不比秦始皇出巡场面小。

当年秦始皇那次出巡可是把刘邦震得云里雾里，从那以后他有了一个伟大而崇高的理想：那就是想做秦始皇那样的一国之君。因此，此时已坐在皇帝宝座上的刘邦，看到一个小小的楚王出巡场面居然可以和秦始皇相比，你说他心里能好受吗？ 刘邦在心里做了一个总结：韩信确实是有造反之心。

刘邦很生气，后果很严重。于是就把文武群臣召来议论这件事了。这下那些文武大臣个个主动请缨，口号一致：朗朗乾坤，清平世道，韩信那小子居然如此放荡不羁，臣等愿带兵去讨伐。

面对群臣一浪高过一浪的出兵请求，刘邦自然很是高兴了。他正要指定一个人出任征讨韩信的大将时，陈平出面及时制止了。他说论行军打仗连战神项羽都不是韩信的对手，现在朝廷中又有谁是他的对手？ 再说人家还没有反，这样派兵去征讨不是逼他造反吗？ 接下来陈平献上一计：在云梦泽举行一次巡狩比赛，到时候召集天下诸侯来狩猎。这云梦泽离楚地很近，韩信自然要来拜见大王，到时候便可以出其不意地拿下韩信了。

这样的鬼主意正合刘邦的心意，于是，他马上写好诏书传到各诸侯那里，说他要到云梦泽去狩猎，要他们到时候去那里见面。

韩信接到诏书后就犯难了，凭他的才能和智慧，他已经料到这是刘邦对自己有所行动了。就在他忧心忡忡时，他的部将开始为他出馊主意了。他们说大王要想确保云梦泽之行的安危，必须先主动交出钟离昧才行。

交出钟离昧可以免除刘邦的疑心。韩信听他们说得也不无道理，但是却陷入了左右为难的困境中去了。是啊，此次云梦泽他不去就是违抗圣命，是要杀头的啊！ 而如果去了，只怕凶多吉少。但如果真要他献出自己年少时“鱼水之交”的好兄弟，他亦于心不忍啊！

韩信左思右想，最终在情义道德和功名利禄面前选择了后者，他决定交出钟离昧，以确保自己的安全。想通了后，他就直接召来了钟离昧，然后说出皇帝召他到云梦泽狩猎的事。

“是不是因为我躲藏在你这里，让你陷入了左右为难的境地？”钟离昧觉得有愧于韩信，于是他这样弱弱地问了一句。

“唉……”韩信没有正面回答他这个问题，而是长长地叹了一口气。其实韩信的态度和语言已足以表明他的立场了。钟离昧又不是傻子，自然明白他的真实想法了。

在功名利禄面前，什么友情什么道义，根本就不堪一击。钟离昧冷笑道：“我不是一个贪生怕死之辈，我现在布衣一个，死不足惜，但我担心的是你啊。汉帝猜忌于你并不仅仅是因为我在你这里啊！ 他是一直嫉恨你的丰功伟绩啊！”

韩信默默地听着，一言不发。

钟离昧最后说：“一旦我死了，刘邦的下一个目标就是你。”

韩信这时铁了心，还是一言不发。

“唇亡齿寒为时晚，明年今日谁来祭？”钟离昧长叹一声，不再劝说，也不等韩信来动手，拔刀结束了自己的性命。至此，项羽手下的左膀右臂一死一活，活着的季布继续升官发财，死去的钟离昧竟然是被昔日好友相逼致死，可悲！

韩信逼死钟离昧后，满以为献上钟离昧的人头就可以彻底消除刘邦对自己的猜疑，然而到了云梦泽后他才发现，那只不过是他一厢情愿的想法。他向刘邦请安，刘邦二话没说就叫人把他给拿下了。直到这时韩信才如梦方醒，他还能说什么，说什么也没有用了，他只能发出十八个字的感叹：“飞鸟尽，良弓藏；狡兔死，走狗烹；敌国破，谋臣亡。”

就这样韩信被刘邦扣押了。这个时候朝中大臣都个个居安思危，竟然没有人敢为清白的韩信求情。就在韩信危在旦夕之时，一个叫田肯的大学士（相当于现代的博士生）进朝，他当着大家的面就盛赞天子圣明。

乍一看，你也许会认为他是个溜须拍马的小人，无非是想得到刘邦的“垂青”而极尽吹嘘之能事。事实却并非如此，我们还是先来看看他进献的话吧：“陛下拿住了韩信，又在关中这样的险峻之地建都，当真是连环妙计啊！ 可喜可贺，可赞可庆，可欢可乐，大汉江山从此可以稳如磐石了。”接下来他举了两个例子来证明他的观点。

一、秦地地势险要，以华山为屏障，以黄河为城池，易守难攻，哪个不识相的诸侯想要起兵造反进攻秦地，那无异于鸡蛋碰石头，自不量力。

二、齐地那是一个好地方啊！ 其经济、政治、文化都明显高出其他地方一筹，陛下一定要派自己的嫡系子孙去统治，这才可以确保万无一失。

其实这两个例子，都涉及一个人：韩信。当年拜将后的韩信为刘邦打的第一仗，也是非常漂亮的一仗就在秦地，平定三秦使他的军事才华得到了充分的展示。而齐地也是韩信一手打下来的，后来韩信就被封为齐王。拥着这样一块好地方，韩信如果真有异心，想造反的话早就反了，哪里会等到如今天下已定的时候再来造反呢？

很明显，田肯的两个例子是在提醒刘邦注意“三不要”：不要忘掉韩信的功劳，不要以“莫须有”的罪名直接把韩信推向断头台，不要让天下人心寒。由此可见田肯说话的技巧有多高了。刘邦自然听出了他的言外之意，于是决定放了韩信，只是把他降为淮阴侯。

臧荼造反

就在刘邦通缉要犯、消除一切不安的因素时，此时已是燕王的臧荼居安思危，不等刘邦找上门来，就自己先造反了。他造反的原因很简单，就是刘邦对项羽残余势力的追杀过于凶狠。他当年毕竟是项羽一手提拔为燕王的，后来他虽然无奈之下投靠了刘邦，但还是心怀疚意的。而韩信被抓后虽然没有处死，但一贬再贬，这让他这个项羽的“老旧部”大感不妙，强烈的危机感压得他喘不过气来。

于是他决定造反。一般人想造反都是来暗的，突然发兵去打你个措手不及。但臧荼造反却与别人形成鲜明的对比，他既不去攻城，也不做其他的军事部署，只是每天大张旗鼓地说，我要造反，我要造反。生怕全世界都不知道他要造反似的。

哪里有这样造反的，这不是坐以待毙吗？ 燕王臧荼的儿子臧衍见了就劝他说不要这样造反，以现在咱们的力量来对抗汉帝那无异于鸡蛋碰石头。此时燕王臧荼正高举造反的伟大的旗帜，哪里会听得进去儿子的劝阻呢？

臧荼的造反引起了刘邦的高度重视，他亲自带兵前往征讨。到了蓟城，双方摆开阵式，一句多余的话也没有说，直奔主题——开打。此时的士兵早就厌倦了战争，于是这仗刚一开打，臧荼手下的士兵便纷纷弃暗投明、反戈一击。

在叛军的帮助下，刘邦很快就活捉了还在高唱“造反歌”的臧荼。臧荼被擒下后，居然还敢执迷不悟地唱“造反歌”，刘邦哪里容得下他这般放肆？ 于是命人直接把他的头砍了，挂在城墙之上进行“展览”。

这里值得一提的是，在城破的同时，臧荼的儿子臧衍并没有跟着父亲傻傻地唱“造反歌”，而是利用易容术化装成老百姓的模样逃出了城，最后投奔到北方的匈奴去了。这为后来匈奴的北下侵汉埋下了伏笔。

刘邦杀了燕王后，立谁为新燕王这下可是一个难题了。鉴于燕王公然造反的不良影响，刘邦已是心有余悸，因此在选新燕王人选时，非他的嫡亲或是心腹之人不予考虑。

思来想去，刘邦最后把目光锁定在了和他同年同月同日生的卢绾身上。他们两个从小结为兄弟，可以毫不夸张地说，他们是穿着一条裤子长大的，如果他不是刘邦的心腹，那还有谁是？

那个时候非刘氏被封侯的只有七人，他自己来提出封卢绾为燕王肯定不合适，这样容易引起群臣的不满。于是他就在朝廷上公开来讨论立燕王的事。

这些文武大臣都不是省油的灯，他们早就从刘邦的嘴里左一句“卢绾和我真是有缘啊”，右一句“卢绾这些年没有功劳也有苦劳啊”，知道汉帝早已有立卢绾为新燕王的想法了。于是刘邦的问题刚一提出，众人便异口同声地说道：“太尉长安侯卢绾功劳最多，请陛下立为燕王。”虽然众人的反应之快有点出乎刘邦的意料，但他等的就是这句话，于是卢绾理所当然地被封为燕王了。

然而，一波未平一波又起。燕王臧荼的造反刚刚平定，颍川侯利几又拉起了反叛的大旗。

这利几原本是楚国的一个小臣，做陈县县令。项羽身亡后，汉兵攻到城下，他碍于情势不得不投降。刘邦见他很乖顺、很识趣，就封他做了颍川侯。

利几满以为自己这样的选择肯定是符合全城百姓的心意的。但事实上却出乎他的意料，他的投降竟然引来唾骂声无数。陈县人都十分拥戴忠厚仁义的项羽，而对奸诈狡猾的刘邦很是鄙夷。因此，他们对没有骨气的利几很是不满和愤怒，每个人都打心眼里看不起做奴才走狗的利几。

看到全城人都看不起他，利几心里自然不好受，于是乎，当燕王臧荼造反的消息传来，他也豁出去了，他大叫一声，我也要造反。其实他知道这样造反只有死路一条，于是先把家小送到了偏僻的地方隐居，然后伙同他两个儿子开始了造反。

这小小的陈县城哪里能抵挡得住汉军的攻势？ 不到三天，城池就失陷了。这次刘邦更加恼羞成怒，他进城后，学着项羽的样子进行了屠城表演。最后利几父子和全城的男丁几乎全部死光光。这座城也变成了一座寡妇城。

第三章　伴君如伴虎

分封的时候到了

当年项羽消灭大秦王朝后，他开了一次英雄大会，对天下的各大诸侯进行了分封。但是因为项羽感情用事，使得很多人都对他的分封不满，致使英雄大会后，不是今天这个诸侯造反，就是明天那个诸侯言变。总之项羽在西楚霸王的位置上就没有过一天安稳的日子。而正是因为这些诸侯的叛乱，使得刘邦在汉中得到了喘息和厉兵秣马的机会，为他的东归创造了条件。

此时天下形势基本已定，这么多功臣鞍前马后拼死拼活还不是图个功名利禄？还不是图个封妻荫子？于是刘邦版的英雄大会顺应形势召开了。大会开始后，刘邦先客套了几句，然后就直接进入了主题，对各大功臣进行了分封，名单如下：

萧何封酂侯。

曹参封平阳侯。

周勃封绛侯。

樊哙封舞阳侯。

郦商封曲周侯。

夏侯婴封汝阴侯。

灌婴封颍阴侯。

傅宽封阳陵侯。

靳歙封建武侯。

王吸封清阳侯。

薛欧封广严侯。

陈婴封堂邑侯。

周绁封信武侯。

吕泽封周吕侯。

吕释之封建成侯。

孔熙封蓼侯。

陈贺封费侯。

陈豨封阳夏侯。

任敖封曲阿侯。

周昌封汾阴侯。

王陵封安国侯。

审食其封辟阳侯。

大家看到这里，肯定会问，怎么不见汉中三杰张良及“盗其嫂”陈平的分封啊？ 各位别急，奶酪有的，面包有的，一切都会有的。这是刘邦故意卖的关子，他把自己最为信任的两大谋臣放在最后来分封，就是想把最具悬念的留到最后揭晓。

待众人的声音平息后，刘邦开始揭晓最后的悬念了：赏张良三万户，封为留侯。

这张良自刘邦一统天下后，他就整天待在家里修身养性。今天的英雄分封大会他本来也不想参加，但刘邦派人请了他几次，碍于情面他只得来出席。面对刘邦的分封，张良却不买账，推托道："臣自愿在家闭门练功，不愿再受封侯累赘。"

这时刘邦来了个霸王硬上弓，这个侯你当也得当不当也得当。这世上居然还有逼别人当侯的，真是世界之大，无奇不有。这就好比武侠小说中一些名师高人强行收自己喜欢的年轻后辈为徒一样。

当然，张良之所以总是推托，除了他一贯谦逊的作风外，还有更重要的是他从《太公兵法》中学到了"上兴邦安国，下全功保身"之法，悟出了功成名就后就该隐退的道理。单从这一点来看，张良比韩信明显高出了N个等级。

最后分封的是陈平，他被封为户牖侯。当听到刘邦的分封时，陈平双膝跪地，泪流满面地说："臣无功无德，请陛下另封他人。"

刘邦就说了，你怎么没有功劳了，你的很多计谋都很好啊。没你的妙计我能打败项羽吗？陈平说这一切归功于一个叫魏无知的朋友。他说当初如果没有魏无知的推荐，微臣哪能为陛下效力呢？听完陈平的解释，刘邦对他更是刮目相看，当即宣魏无知进宫，赏了他黄金千两。

这次分封看似皆大欢喜，但实际上藏有隐患。这些文臣受封时，那些冲锋陷阵的武将们就不服了。他们说，我们是用鲜血和汗水换来这个侯的封号，像萧何等人哪里上过前线呢？为什么要封他为侯，而且还排在第一的位置呢？

刘邦没有直接与这些武将们进行理论，而是不急不慢地讲了一个猎人和猎狗的故事：追杀野兔，靠的是猎狗；而发号施令，靠的是猎人。刘邦知道这些武将们终将会明白他这句话的，没有这些文弱书生们"运筹帷幄之中"，就算他们勇冠三军，那又如何？能"决胜千里之外"、能打下这江山吗？

外族人分封完毕，接下来刘邦还对自己家族的人进行了分封。

长兄刘伯早逝，无封。

次兄刘仲封为代王，管辖代地。

小弟刘交封为楚王，管辖淮河以西。

堂兄刘贾封为荆王，管辖淮河以东。

刘肥（刘邦的情妇曹氏生的儿子），被封为齐王。

吕后的儿子刘盈早就定为太子了，这里就不用再分封了。

分封完毕后，刘邦的老爹刘老公不服了。他提出了抗议，说是自己的大儿子刘伯尽管英年早逝，也应该追封他一个侯爵，不应该什么都没有。其实，刘邦当年当流氓时，大嫂对他很是冷淡，一年四季想到他家打打牙祭都不行，对此刘邦怀恨在心，这次分封自然没管理他们。但刘老爹毕竟手心是肉手背也是肉，因此对刘邦进行了苦苦相求。刘邦最后被逼急了，又碍于老爹的颜面，最后决定还是封一个侯给他当：武哀侯。封他的儿子刘信为羹颉侯。

不过刘信被封为侯后却喜怒交加。喜的是自己终于也被封为侯了，怒的是谁当了这个侯也不会好受。这倒不是说刘信封的侯空有侯名没有实权，相反实权还很大，但问题是这个侯的封号太不雅观了点——羹颉的意思是吝啬。

说话的技巧

英雄大会后，对于封王封侯，虽然有些人心中不满，但毕竟碍于刘邦的身份和地位，拐弯抹角地稍稍提了一下意见后，见没有回应，就不敢再提了。但对刘邦的分封最为不满的人就是韩信。

当年他攻打各大诸侯，直至最后统率三军在垓下彻底击败项羽，可以说现在封王封侯的人都是他实实在在的部下啊。此时见他们居然跟自己平起平坐，他心里就不平衡了。

而刘邦呢，他虽然分封了各位功臣，但他心里也是不安的。他知道打天下难，守天下更难。于是他对手下的三大重量级人物韩信、张良、萧何分别进行了逐一考核。

刘邦第一个考核对象是韩信。鉴于他超强的军事才能，刘邦一直对这个危险人物处处提防。从统率三军的将帅降到楚王，然后又从楚王降到现在的淮阴侯。可谓连降三级。但饶是如此，刘邦对他还是总是戴有色眼镜来看待。

此次的考核，刘邦首先找来韩信，以拉家常式的聊天为开头。韩信刚开始还盘算着“来者不善，善者不来”这八个字的含义。但见刘邦净和他扯一些无足轻重的陈年旧事，慢慢地也就放松了警惕。后来的话题就顺着刘邦的思路谈到了行军打仗上来了，此时的韩信哪里知道他马上面临严峻的考验。

“你看夏侯婴将军能带多少兵啊！”刘邦试探性地问道。这个夏侯婴是刘邦最心腹的人，刘邦这样问自然是有目的的。

“三万吧。”韩信一字一句地回答道。

“樊哙呢？”刘邦把自己的另一个心腹，同时也是自己的连襟拿出来了。

“五万左右吧。”韩信一脸平静地回答。

“那朕呢？”刘邦的提问进一步升级。

“最多十万。”韩信当时脑筋也许是短路了，依然实话实说起来。如果仅仅是这样也罢，但刘邦提最后一问时，事情就再也没有挽回的余地了。

“那你自己呢？”刘邦使出了撒手锏。

“多多益善，多少兵我都可以带。”韩信只想起垓下和项羽大决战时的无限风光，但却忘了此时和他说话的人正是要考核他的顶头上司。

“既然如此，你为什么还被朕所擒？”刘邦脸上虽然还是不动声色，但心中已有想法了。

俗话说：“满招损，谦受益。”如果此时韩信换一种方式和语气来说话，或许还有回旋的余地。但韩信此时还是一根筋到底，好像要把所有对刘邦的不满都发泄出来。

“陛下虽然不是统兵打仗的料，但却很会拉拢将领和人才。况且陛下还有天相助，非人力所能为也。”

提问就此结束，不用再说什么了，刘邦微笑的背后是嫉恨。从此他和韩信彻底决裂了。这一点我们从后面刘邦宁可冒着生命危险亲自去出征打匈奴，也不愿再起用“战必胜”的韩信就可以看出来。

张良的隐忍

持而盈之，不如其已；揣而锐之，不可长保；金玉满堂，莫之能守；富贵而骄，自遗其咎。功成名遂身退，天之道也。

——摘自《道德经》

相对于韩信的咄咄逼人，锋芒毕露，张良就显得深沉和老练多了。自从刘邦当了皇帝，他深居简出，很少抛头露面了。据说张良闭门不出是练武功去了，他练的是养气辟谷之术。按理说他都一大把年纪了还练什么养气功啊，但问题是他当时不练不行啊！ 要想多活几年的命，他就得练。

由于上次对韩信的考验很不满意。刘邦对汉中三杰的张良也来了一次考问。因人而异，这次刘邦不再提出带兵的问题了，而是问出了一个较为深沉的问题。

“这些天，朕微服私访时，看到街头巷尾一些军吏交头接耳，似乎在谈一些不可告人的事一样，爱卿可以为朕指点迷津吗？”鉴于张良对自己一向忠心，刘邦一开始问话时，语气明显很友善。

“依臣愚见，他们极可能是想谋反。”张良似乎胸有成竹。

“朕待他们不薄，他们为什么要谋反？”刘邦有点惊愕。

“这应该都是分封惹的祸。”张良边说边看着刘邦，顿了顿，才又接着道：“陛下如今所封之人都是亲信，而诛杀的却是和自己有隙的人。这怎么能不让一些人感到害怕呢？ 这会让他们产生没有被封就会被杀的错觉，在这些思想毒瘤的影响下，他们惊慌失措中自然会想到造反了。”

“那我现在该怎么办？”刘邦刚开始只是想把前天晚上散步街头看到

的一种奇怪现象，在这里随便拿来问问张良，却不料一石激起千层浪，居然有这么严重的后果。

“陛下最讨厌谁？”张良反问道。

“这个还要说吗？ 雍齿呗！”刘邦想也不想就答道。

雍齿当年曾和刘邦争风吃醋抢女人。后来刘邦在沛县参加革命后，雍齿带了几个人来投他，刘邦考虑到当时自己势单力薄，就毫不犹豫地答应了他。没想到他随后就背叛他投靠到朝廷去了，使得他进退两难，要不是慷慨的项梁借了五千人马给他，他的革命之路只怕在当时就要中断了。

“陛下只需封雍齿为侯就可以平息众人的反叛之心。”张良很从容地回答道。

刘邦没有再问为什么，因为张良的意思，他马上就明白了。对话就此结束。如果说韩信的对话没有及格的话，那么张良的对话无疑是满分了。果然，刘邦按照张良的意思去做，封仇人雍齿为什邡侯，众人的不满和反叛之心马上就平复了。

按顺序，接下来应该是找萧何问话了。然而鉴于萧何是他的老乡，而且从起义就跟随着他，后来在楚汉之争中忠心耿耿地守在后防线上，他的考核说简单不简单，说难也不难，其实就是去做一项工程。刘邦给这个新上任的酂侯安排了一个重要的阳光工程做：去咸阳修复被项羽烧毁的宫殿。萧何接到任务后，二话不说就走马上任去了。

至此，刘邦对手下三大杰出谋臣第一轮考核结束。萧何、张良、韩信三人这次对决的结果是，萧何和张良暂时安全，韩信进入“待定席”，等待他的将是残酷的命运对决。

第四章　宫中杂事

重用儒生

自从当了皇帝，刘邦可谓是日理万机，整天忙得不可开交，就在他不断地考核部下对他忠不忠诚的时候，还有一个问题也摆在了他的面前。那就是宫中礼仪问题。

他手下这些功臣们，倚仗打江山时的劳苦功高，每次入朝宴会，个个都是放纵不羁，场面闹哄哄的像赶集，有时候谈功论战，有时候说朋道友，更有甚者当众脱鞋挠脚……

后经人提醒，刘邦觉得这样也不成体统，于是苦思良策起来。正在这个时候，儒生顺应形势派上用场了。刘邦以前很不喜欢儒生，试想，他读了近十年的书，胸中还是空空如也，因此，对那些满腹经纶的儒生很有抵触感。后来虽然在西征途中遇到郦食其，对儒生的偏执看法有所缓解，但儒生们仍然得不到他的青睐和重用。当然，他不重用儒生，并不代表儒生们就永远没有出头之日。

这不，说儒生这里就来了一位儒生，他的名字叫叔孙通。叔孙通一直就在刘邦身边做事（苦差），刘邦的烦恼他自然知道了。于是他毛遂自荐地走到刘邦身前说："如果陛下想治理好天下，当务之急就是要去找一些儒生来讲礼仪。"刘邦正苦恼着，本来叔孙通提起这件事让他眼前一亮，但他一看到叔孙通儒生的样子，不知咋的心里就是不爽。

"老子用三尺剑骑马打下的江山，哪用得着儒生呢？"刘邦的态度并不好。

"陛下在马上打下江山，难道还能在马上守天下吗？"叔孙通进行了反驳。

这一句反问让刘邦哑口无言。隔了半晌，他才说出苦衷来："朕一向不太重视儒生，现在需要儒生，又到哪里去找呢？"

这等于是默认了。叔孙通知道机不可失，赶紧道："鲁地乃是儒生之乡，那里的名儒多如牛毛，可以到那里去招儒生。"

"诺！"刘邦同意了他的建议。

于是乎，叔孙通就火速去办这件事了。这叔孙通果然不负众望，他很快就从鲁地带回了几百号儒生。然后，叔孙通和儒生们商量先列出了朝廷的礼仪大纲，并且制定出了一系列教程。待一切准备工作搞定后，接下来就是对朝中大臣开始培训了。

第一批学员只招了百来位朝中重量级大臣，经过一个多月的魔鬼训练，在众儒生们的言传身教下，这批学员很快就训练得有模有样了。据说这批学员毕业时，刘邦还来亲自考核。当他看到这些手下重臣无论是言谈还是举止都颇显仁者风范时，他满意地点了点头，要的就是这种效果。随着第二批、第三批学员都陆续毕业，朝中重臣差不多都参加了"宫廷礼仪培训"。正在这时咸阳的长乐宫已成功修复了。于是刘邦大喜，他率文武大臣回到咸阳，在长乐宫庆贺元旦。

汉高祖七年（公元前200年）元月一日，朝贺典礼如期举行，整个过程井然有序，大臣们按官高低有序地站着，殿下的士兵也都整齐有序。一切布置好后，刘邦乘坐着辇车出来了，随着一声“皇帝驾到”，群臣们依次跪下，大声叫道：“吾皇万岁，万岁，万万岁！”气氛庄严而雄伟。

“众卿都免礼平身。”刘邦欠了欠身。众臣站起身来，依然有序地站着。接下来刘邦发表了热情洋溢的讲话，他的话匣子一打开就像滔滔流水绵绵不绝。这下可苦了群臣了，顶着太阳晒了好几个小时，但饶是如此，他们都站得像杆枪似的，谁也不敢像以前那样交头接耳讲半句悄悄话。直到晌午时分，群臣们个个腿脚发麻时，刘邦才宣布庆贺仪式结束。

接下来是用宴的时候了。整个酒宴中，群臣们不再像以前那样，没有次序地来敬酒，乱哄哄地猜酒令。他们此时是按职位高低，一一捧觞来恭喜刘邦。整个典礼过程隆重而有序，没有一个人敢造次。

最后的结果是，叔孙通的“礼仪训练营”顺利通过刘邦的考核。于是叔孙通被封为太常，赐黄金五百两，其他的儒生也都被封为郎中令。自秦始皇“焚书坑儒”事件后，堕落的儒生们终于咸鱼翻身，实现了鲤鱼跳龙门。

报　恩

因为刘邦出生时身体的特殊性，他父亲刘执嘉，也就是现在的太上皇对他一直不太喜欢。后来刘邦十八岁辍学当了流氓后，他恨铁不成钢之下，竟然对这个不争气的儿子不闻不问，任其放纵。

也正是因为这样，刘邦对母亲的感情明显比对父亲的感情深。母亲去世后，他宁可放弃事业（刚刚参加革命），也要为母亲风风光光地送上最后一程。而父亲被项羽所擒，在战场上以烹杀相威胁时，他竟然可以厚颜无耻地说，烹杀我父亦是烹杀你父，到时候请别忘了分我一杯羹。

当然，虽然这不排除当时刘邦情非得已，不可能为了刘太公，而把唾手可得的江山拱手送给项羽，但从这里或多或少我们可以看出些端倪来。但不管怎么说，毕竟是血浓于水的亲情啊。当了皇帝的刘邦似乎要“赎罪”，马上就立他为太上皇了。按理说刘太公从此就要享清福，安度晚年了。但整天待在宫中的刘太公脸上却没有半点笑容。原因很简单，叶落归根，深居宫中的刘太公思念生他养他的故乡啊！

于是他委婉地对刘邦说出他想回故乡的想法。刘邦一听就急了，这怎么行啊！ 你可是堂堂的太上皇啊，怎么能再回到那穷乡僻壤去呢？ 于是刘邦接下来干了一件大孝事。他在栎阳附近选择了一块荒野之地，然后找来一个叫吴宽的能工巧匠，让他来仿造家乡模样建造一座新的村镇。

这吴宽果然是人才，他亲自去沛县画了刘邦家乡的风貌，然后照着图上的样子，在栎阳建造了另一个小中阳村。田舍房林，包括小桥流水都建造得别巧细致，几乎一模一样。

刘太公看了后，这里摸摸那里瞧瞧，仿佛真回到了故乡。然而，他转了一圈后，原本兴奋和喜悦的脸上又暗淡下来了。有了故乡的样子，但没有故乡的人，他能开心得起来吗？

刘邦这回好事做到底，马上又召令村里左邻右舍，熟人朋友，来了个千里大迁移，于是，刘太公每天生活在“故乡”里，和故乡人说着话，适当干点农活，又恢复了往日的快乐。

第五章　匈奴的崛起

匈奴的变迁

虏阵横北荒，胡星曜精芒。羽书速惊电，烽火昼连光。虎竹救边急，戎车森已行。明主不安席，按剑心飞扬。推毂出猛将，连旗登战场。兵威冲绝漠，杀气凌穹苍。列卒赤山下，开营紫塞傍。途冬沙风紧，旌旗飒凋伤。画角悲海月，征衣卷天霜。挥刃斩楼兰，弯弓射贤王。单于一平荡，种落自奔亡。收功报天子，行歌归咸阳。

——李白《杂曲歌辞·出自蓟北门行》

刘邦对内搞定项羽和其他各大诸侯后，对外将面临匈奴的恶意挑衅。他与项羽的楚汉之争惊心动魄，同样，他跟匈奴的战争也是一波三折，充满悬念。这里，首先我们来了解一下匈奴的情况。

一、起源。匈奴作为一个对于中国历史与世界历史都产生过巨大影响的民族，学术界尚未能确论其起源和来历，从汉魏以来，一直存在两种不同的见解。歧异产生于《史记·匈奴列传》的一段记载：“匈奴，其先祖夏后氏之苗裔也，曰淳维。唐虞以上有山戎、猃狁、獯鬻，居于北蛮，随畜牧而转移。”一部分学者根据这段文字的前半部分，认为匈奴是夏之后代。《史记索隐》引张晏的话说：“淳维以殷时奔北边。”意即夏的后裔淳维，在商时逃到北边，子孙繁衍成了匈奴。

还有一说认为，移居北地的夏之后裔，是夏桀的儿子。夏桀流放三年而死，其子獯鬻带着父亲留下的妻妾，避居北野，随畜移徙，即是中国所称的匈奴。

另一部分学者根据《史记》记载的后半段文字，认为匈奴原是山戎、猃狁、獯鬻。《孟子》赵岐注、《毛诗》郑玄笺等持此说，到近现代，关于此说的论述更为精密。王国维在《鬼方昆夷猃狁考》中，把匈奴名称的演变作了系统的概括，认为商时的鬼方、昆夷、獯鬻，周时的猃狁，春秋时的戎、狄，战国时的胡，都是后世所谓的匈奴。还有一说，把鬼戎、义渠、燕京、余无、楼烦、大荔等史籍中所见之异民族，统称为匈奴。

上述看法，在近现代学者中并未取得统一。总之，我们可以下这样一个结论：匈奴是北方广大的草原和戈壁滩上的游牧民族。

二、生活习惯。匈奴人像游侠一样漂浮不定，过的是一种迁徙的游居生活，用一句话概括是：哪里有水哪有我，哪里有草哪有我。

维生手段：主营马、牛、羊、驴、骡、骆驼等牲畜。兼营狩猎，包括天上飞的，水里游的，地上走的野兽。

生活方式：只食畜肉（这一习惯给更多是以蔬菜为食的中国人很深的印象），常饮奶茶。

生活习惯：衣皮革，被谢裘，住毡帐。

三、相貌特征。对于大部分中国人来说，当提起“亚洲人”这个字眼儿时，容易想到一种“正统”的黄种人形象，他们身材中等偏矮，毛发稀疏，肤色浅黄，细长眼睛，眉脊不很突出，鼻梁比较直但不高……

而匈奴人的相貌特征概括起来大致为："他们的身材矮而粗壮，头大而圆，阔脸，颧骨高，鼻翼宽，上胡须浓密，而颌下仅有一小撮硬须，长长的耳垂上穿着孔，佩戴着一只耳环。头部除了头顶上留着一束头发外，其余部分都剃光。厚厚的眉毛，杏眼，目光炯炯有神。身穿长齐小腿的、两边开衩的宽松长袍，腰上系有腰带，腰带两端都垂在前面，由于寒冷，袖子在手腕处收紧。一条短毛皮围在肩上，头戴皮帽。鞋是皮质的，宽大的裤子用一条皮带在踝部捆扎紧。弓箭袋系在腰带上，垂在左腿的前面，箭筒也系在腰带上横吊在腰背部，箭头朝着右边。"

总之，匈奴人一看就是：与众不同。

四、主要特点。

独特的语言：匈奴人没有文字，没有书籍（对于厌恶读书的人来说肯定会对这种民族的生活方式高呼万岁），只用语言来表达自己想要表达的东西（也正是因为这样，他们都有名无姓，也没有字）。关于匈奴语的来源，由于缺乏资料，很难得到肯定的结论，有些人认为匈奴人讲蒙古语，有些人则认为他们的语言属于叶尼塞语系。

不一样的礼仪：他们的婚姻很自由，可以自由取配。做儿子的可以娶后母为妻，弟弟也可以娶丧偶的嫂子。

自由的信仰：他们信奉一种以崇拜天（腾格里）和崇拜某些神山为基础的萨满教。

嗜血的风俗：匈奴和斯基泰人都是把头看作战利品的。在战利品中展示他们砍下敌人的头颅以及挂在马缰绳上的头皮，以示夸耀。据说匈奴人的坟墩上的石头，其数目是与他一生中所杀敌人的数目成比例的。匈奴人在订盟约时，要用人头盖骨制成的容器喝血。在悼念死者时，匈奴人用小刀把脸划破，"让血和泪一起流出来"。

贪婪的个性：匈奴人从小就能骑马善射术，有马背上的民族之称。他们的单于或者最高君主，在秋季召集全体匈奴人（这个季节马最壮）"课校人畜"。正是因为"能骑马善射术"，他们为了扩大地盘，到处掠夺奴隶，抢夺财物。贪婪是匈奴人最为鲜明的特点。因此，中原这块物美丰鲜的地方就成了他们梦寐以求的地方了。

纠缠史

战国时乱世纷争，给了匈奴人可乘之机，他们多次发兵侵入中原。每次来都是空着手而来（除了必要的兵器），去时却满载而归。什么金银财宝、绫罗绸缎、粮食牲畜，当然还包括美女佳人应有尽有。尝到了甜头的匈奴人自然来中原来得更勤、更快了，每次来都变本加厉，胃口越来越大。

俗话说：是可忍，孰不可忍？ 在忍无可忍的情况下，当时的秦昭王下了一道命令，修建了一项强大的抵御匈奴人的工程——长城（也就是后来秦始皇的万里长城的前身）。但由于当时处于混乱时期，即便是这样仍然不能有效地阻止匈奴人南下。

这下可激怒了赵国的边将李牧。李牧二话不说，直接就和匈奴人干上了。

但匈奴人不像汉人这样满口仁义道德，他们在战略上达到了超我境界，人多势众时就打，势单力孤时就逃。而且他们内部还有这样一个不成文的规定，逃跑不算耻辱，反而是英雄。谁逃得最快最好，只要能确保自己不死于战中，就是英雄。

李牧虽然很想一举歼灭他们，但无奈他们吃了点亏后，就变成了缩头乌龟，和他玩起了捉迷藏的游戏。常常在这里打了一枪，换一个地方，然后再在那里打一枪后，又换一个地方，如此一来李牧空有豪情壮志，也拿他们没办法，到后来只能采取“防守反击”的政策。

这就好比猫和老鼠一样，就算猫再好，如果老鼠太狡猾，能躲的地方太多，还是一样拿它没办法。“匈奴即入盗，急入收保，有敢捕虏者斩。”（《史记 · 廉颇蔺相如列传》）这样消极的避战方针和态度，赵王就不满意了。不满意的后果是，直接就撤了李牧的职务。代替他的人自然诚惶诚恐，既然赵王不喜欢消极防守的人，那他就只有华山一条路可以走了——主动出击。

因此，每次匈奴“常回家看看”时，他就会还以颜色。但问题是匈奴人也不是吃素的，他们一旦发起飙来那可不是闹着玩的，因此反击的结果往往陪了财物又折兵。这可不是赵王所愿意看到的结果。他没辙了，再次找到李牧，语气诚恳地对他说，还是你小子上吧。言外之意是别人比你更差。

没有最差，只有更差。

李牧本来是想建功立业，做出一番流芳百世的功绩来，但一听这话心里就不是滋味了。赵军现在一败涂地，你才又想到找我，早知如此，何必当初。于是他就推托不肯再上任了。此时的赵王见他越是推托，就越是认为他是一个人才，越是要他去做“边防大元帅”。

最终，李牧碍于赵王的面子也不好再推托了，于是，他就提出了一个相当重要的条件：“王必用臣，臣如前。”意思就是说，如果大王一定要用我去守那边关，我只能采取闭关防守的老办法。赵王此时就怕他不肯再去守边关，不说一个条件就算一百个条件也会答应。就这样李牧又重新回到了他熟悉的最前线。

李牧第二次上任后，还是和以前一样，关起门来主动躲开匈奴，摆出一副事不关己，高高挂起的样子。因此匈奴人也逐渐对他大意起来，有时甚至公然敢在他眼皮子底下摸几只鸡偷几只狗，然后大摇大摆地走了。但这一切李牧都熟视无睹，是他真的太懦弱，还是别有用心？ 一切答案等到三年后才解开。

这一天，匈奴人又来占便宜了，一直关着门坐城观天的李牧突然打开了那扇一直紧闭的大门，和匈奴人来了一个硬对硬。匈奴人在他出其不意的出击下吃了大亏，他们哪里肯善罢甘休，于是回头叫上十余万人马雄赳赳、气昂昂地来了，大有报仇雪恨之势。

李牧不跟气势汹汹的匈奴人正面接触，发出军令：风紧，扯呼！ “扯呼”的后果是很快就连丢了几座城。匈奴人得了城池后，心里那个美啊，没法形容，并且还有感叹发出：中原人不过如此耳。于是他们乘胜接着追击李牧，非要把这个“难剃头”往死里赶：你追啊追，我逃啊逃，无根的野草……

当他们追到一个狭窄的小山谷时，李牧终于露出了狰狞的面目，他的计谋一步一步实现了，封住谷口，然后就毫不客气把他们送上西天了。

数十万匈奴人瞬间灰飞烟灭。

这是战国时期，中原人民抗击匈奴一次史无前例的大胜利。从此不可一世的匈奴人收敛了许多，边关也暂时获得了安稳。

秦始皇统一中国时，匈奴人再度乘机出击，从而成就了抗匈奴名将蒙恬。蒙恬以暴制暴，打得匈奴人“鬼哭狼嚎”。再后来，秦始皇为了彻底摆脱匈奴人的纠缠，干脆直接从临洮（今甘肃岷县）到辽东修造了一道看不到尽头的城堡。这便是至今被列为世界七大奇迹之一的“万里长城”。从此，和匈奴人盈盈一墙间，脉脉不得语。

然而，陈胜、吴广拉开革命的序幕后，大秦王朝最终在新生代革命领导人项羽和刘邦的带领下被推翻了。此后，项羽和刘邦又进行了长达数年的楚汉之争。至此中原战火纷飞，局势动荡。而这期间，被一堵墙挡在门外的匈奴人虽然没有来对中原入侵，却也进行了一次翻天覆地的内部革命。

拉开匈奴内部革命战争的人就是一个叫冒顿的年轻人。

冒顿的发迹史

冒顿的父亲叫头曼，他是当时匈奴的单于（也就相当汉人的大王或者皇帝）。冒顿因为是头曼的长子，很早就被头曼立为继承人。

但后来形势突变，因为头曼迷恋一名爱妃，所谓爱屋及乌，也就偏爱起她的儿子来。在这名爱妃不断吹着温柔的耳边风时，头曼对待太子的态度就变了。种种迹象表明，他大有废了冒顿这个太子立小儿子为太子之意。可废冒顿总得有个理由啊，于是头曼想到一个借刀杀人的妙计。

当时匈奴西边还有一个国家——月氏。据说月氏拥兵十多万，兵强马壮，实力不可小觑。头曼当时为了拉拢月氏，常常派人质去月氏，以安其心。

这一次，头曼把冒顿直接送去当人质。冒顿刚到月氏，头曼就立马发兵偷袭月氏。月氏不干了，马上就要砍冒顿以泄其恨。但当时的冒顿凭着敏锐的洞察力，发现了自己处境的不妙，闻得风声，连夜偷了一匹马就回来了。头曼见儿子死里逃生，没辙了，只好给他安排了一个新职位——一万骑兵的首领。

回来后的冒顿心知肚明，开始培养起自己的心腹人马来。他天天带这些心腹人马去训习猎鸟，从射鸟到射动物再到射人。冒顿为了培养他们的血性，甚至可以把自己的妻子拉到山林中去当靶子射。每次打靶归来，他妻子都哭得跟泪人似的。但他手下人马却得到了最好的锻炼。后来他这些心腹部下都练到了什么程度呢？ 练到了只要他的响箭一出，他手下的人就随之而射，哪怕是冒顿的女人也射。

训练好后，冒顿就邀请父亲头曼去狩猎。头曼哪里知道这其中的玄机，于是他欣然而去，结果被冒顿和他手下当靶子给练了。这一年正是公元前209年，也就是陈胜、吴广点燃革命圣火这一年。

干掉父王后，头曼宠爱的阏氏和她的宝贝儿子自然也都跟着头曼去陪葬了。就这样，冒顿轻而易举就取得了本来就该属于自己的政权。

值得一提的是，当时的匈奴旁边还有几个少数民族的部落，实力最强的就是东胡。由于冒顿年纪轻轻就夺得了权位，邻国东胡就有想法了。东胡大王想试探一下这个弱冠少年的胆识，首先来了个投石问路。他派了一名使臣到冒顿那里，使臣到了那里也不拐弯抹角，直接就向冒顿要一样东西——一匹马，一匹千里马。

“头曼生前有一匹千里马，我们大王十分喜欢，冒顿公子能不能成人之美献给我们大王呢？”群臣们个个怒火朝天，都说自己国家的东西怎么能随随便便送给他人呢？ 冒顿做了一个嘘的动作，然后说话了。他只说了十个字：“本是同根生，何惜一匹马？”于是这匹千里马就这样送给东胡王了。

东胡王得了马还不满足，于是不久又派使者来了，他说想要冒顿的一位爱妾。

群臣们这下可都是牙齿咬得咯咯作响，个个摩拳擦掌，只等冒顿一声令下就去把东胡给灭了。但冒顿的反应还是出人意料，他叫手下部将们把刀剑统统放下，又发话了："女人如衣服，兄弟似手足，衣服破了可以再补，兄弟之情断了就不能再弥补了。"于是他把自己最心爱的女人也送给了东胡王。

东胡王搂着如花似玉的小美人，嘴都笑歪了。都说人的贪欲是无止境的，这一点我们从东胡王身上就可以看出来。

投石问路，路也问了；真情相试，试也考了。这下他已不满足这些蝇头小利了，他要的是冒顿的地盘。

这下冒顿还没待群臣们开口，他就大手一挥，该是你们一展英姿的时候了。这时就有大臣不解了，先前那东胡王咄咄逼人，我们都苦苦相劝大王给他点颜色瞧瞧，现在这种局面都是大王您放纵的结果啊！ 冒顿笑而不答。

不出几日，他的大军突然出现在东胡军面前，东胡王哪里料到胆小如鼠的冒顿敢来跟他打仗啊！ 猝不及防之下，被冒顿打了一个漂亮的歼灭战。东胡兵败如山倒，连东胡王也在这一战中英勇牺牲。冒顿舍小利而获大利，就这样他吞并了东胡。灭东胡后，冒顿又相继向其他部落出击了。

就这样他东灭东胡，西征月氏，北破丁零，南征楼烦，并吞并了位于现今新疆的乌孙、楼兰等三十六国的大片土地，在大漠南北和现今的东北、西北以及中亚、西伯利亚的广大地区建立了盛世伟业。

建立霸权之后，野心勃勃的冒顿会甘心守在自己的庞大无比的"一亩三分地"吗？ 答案是否定的。他很快就把目光锁定在了大汉王朝。

狼爱上羊

冒顿既然把目标锁定在了大汉王朝身上，而他要想进入中原，就必须要经过最北方韩国的地盘。韩国当时的韩王是韩信。这里再次申明，此韩王信非那个被刘邦当初拜为"大将军"的韩信。这时的韩信早已有准备了，他的军队都派到了马邑去防守匈奴的进攻了。

公元前201年九月，韩信苦苦等待的冒顿终于来了。那一天下着大雪，韩信一清早就起了床，首先嵌入他眼帘的就是一片白，银装素裹，全世界好像都变成白色了。

雪，一片一片一片，飘飘柔柔，洋洋洒洒地下着。这时突然传来了一声枪响……

此时守在城头的士兵已经在惊呼了，他们撕心裂肺地叫道："狼来了，狼来了。"韩信擦了擦眼睛，定眼望着远方，但见白茫茫中果真有黑压压的发着绿光的狼影在闪动着。

怎么突然之间会有这么多狼来了呢？又过了一会儿，那群数不尽的狼像变魔术似的，瞬间就到了城下了。直到这时韩信才看清这群狼的庐山真面目，原来他们是一群披着狼皮的人（这和披着羊皮的狼有一点点区别）。他们身穿狼虎之类的兽皮，头戴雪毡，远远一看不是一群狼又是什么呢？此时这群狼正虎视眈眈地望着城上。

为首的狼王冒顿打了一个手势，写了一封信直接射到城里去了。

韩信哪里料到这么寒冷的天，这一万来匈奴人竟然会如天神下凡般突然出现在眼前。他身边只有几千守军，他也不是傻子，看了信自然明白他们的意思。但真要他开门，还得犹豫啊！

顺便提一下，这个韩信与其他诸侯们共同的特点就是，他的脸像六月里的天一样变得贼快贼快。当初刘邦攻克彭城时，韩信马上归降于刘邦，彭城兵败后，韩信就马上掉转马头归降于项羽，后来见势不对又归降于刘邦。

此时这些匈奴人的"甜言蜜语"正符合韩信"顺风倒"的风格。面对这样的一群狼人，韩信虽然对守城一点信心也没有，但他同时也有顾虑啊！如果真的投靠了他们，狼人的生活，他们这些地地道道的汉人能适应吗？

于是韩信犹豫着。这时他的部将就劝他派人去向刘邦求救。韩信当时想想也没有其他办法了，于是派了一个装扮成狼人模样的士兵，乘夜溜出城去，然后向刘邦所在的咸阳进发。

由于不敢打草惊蛇，他行的是蛇行鹤伏之绝妙身法，生怕惊动那群狼人。但人的脚力毕竟有限，哪能跟马相比，因此，走着走着他就感到力不从心了，当他累死累活到达咸阳时，时间已过了五六天了。

五六天按理来说是比较短的，但对于被困在笼中的韩信来说就是度日如年了。好不容易熬到了第七天，终于熬不住了，于是他派人出城去和狼人进行“开门”细节的谈判。

那边刘邦接到信史的报告后，马上调兵遣将，准备去救被困在马邑的韩信。

若要人不知，除非己莫为。就在这时，传来了韩信正和匈奴人谈“芝麻开门”的事，刘邦的心顿时凉了半截。如果他们真的实现了“狼羊对爱”，那他再派兵去那里，岂不是很不受欢迎吗？

不受欢迎的事谁都不会轻易去做，于是刘邦决定暂时按兵不动，而是直接给韩信写了一封信，以求他能及时“回心转意”。

那边的韩信因为双方的利益和政治地位进行了数轮艰苦的协商，但由于双方存在语言障碍，想找精通两国语言的翻译官当真是难于上青天，再加上韩信对这些狼人的底细还不是很了解，在谈判时要求条条框框都写得很详细，因此虽然只有一扇紧闭的大门，但要想打开还真不是那么容易。

刘邦的信一到，倒帮了韩信一个忙，说白了，韩信为什么谈得这么慢，就是对刘邦还存在最后的一丝留恋和不舍，对狼人还存在最后那么一点戒备和提防。但刘邦的信却让他不能再犹豫了。

我们先来看刘邦的信是怎么写的就会明白一切了，说白了是一封“责备信”：“我封你为韩王，是叫你镇守在北方，为国效力，不是叫你和匈奴人做勾三搭四之举……”

于是悲愤的韩信不再犹豫，马上就开门把匈奴人迎进了城里。冒顿进了马邑城后，欢喜之余，马上拜他为大将，让他充当先锋，越过句注山，南攻太原。

第六章　汉朝的反击

出　征

韩信的彻底背叛，激怒了刘邦。他不顾年老力衰，决定亲自挂帅出征，去擒韩信灭冒顿，以解心头之恨。汉高祖六年（公元前201年）十月，刘邦挑选三十万精兵，从咸阳直接向太原出发。由于是刘邦亲自出征，很多元老级重臣都跟随他出征了，这其中包括樊哙等武将，也包括陈平等超级谋士。

当然，刘邦手下的“三杰”没有参与这次军事行动。

萧何从来都是管理后方的后勤部部长，前方打仗的事他向来不亲自参加，况且他此时还在帮刘邦搞工程建设，他不去在情理之中。

张良迷上了练心术后，整天闭门不出，为此刘邦曾亲自上门慰问了这个昔日自己手下的顶梁柱，据刘邦说他见到张良时，他已变得面黄肌瘦、瘦骨嶙峋。因此，他没有出征也是情有可原。

而韩信连降三级后，已是一个再普通不过的侯了。手中既无实权又无多少兵权，就是他想出征立功，刘邦也不会再给他机会的。因此，他没有出征是因为情断义绝。

一个去复仇，一个来入侵。于是乎，刘邦和韩信在铜鞮相遇，昔日的君臣，如今变成了战场上的敌人。但由于当时军事力量对比太悬殊了，汉军有三十多万，韩军只有一万多人马，因此韩信哪里是他们的对手。两军一交锋，韩信就只有逃的份了。幸亏韩信的部将王喜拼死保护韩信杀出重围，牺牲了自己才换得了韩信的性命。

韩信又退到了马邑，马上就向冒顿求援。冒顿心里就琢磨了，一定得先灭灭汉军的威风再说。于是派左贤王和右贤王带一万二千人马去支援。冒顿以前战无不胜，满以为自己这次派这么多人去已足够扫平汉军了。然而，他很快就发现自己错了。

左、右贤王的一万二千铁骑到达马邑后，和韩王的残兵合在一起。便马不停蹄地赶到晋阳。在这里正好迎来了汉军。左、右贤王以前在打东胡征月氏等战役中几乎没有吃过败仗，这时仍然发挥其惯用伎俩，采取骑兵特有的战术：高举高打。两军交战，闲话少说，开打。

第一批上前的是冲锋队。按左、右贤王的战略意图是想把汉军冲得七零八落，然后再大快朵颐。以前他的冲锋队那叫一个绝啊！ 个个都不顾生死冲进敌阵中，把人家好好的阵形搅得一团糟，为随后自己的大举进攻提供机会。但此时面对汉军，他们这一招却不管用了。因为他们的冲锋队一溜烟地向前冲，瞬间就消失得无影无踪了。只有刺耳的惨叫声让人明白他们是从地底下发出来的。不用说，先锋队的人都掉入了汉军早就安排好的陷阱里去了。陷阱里布满了竹箭等东西，上面又遮盖了茅草和虚土。就和猎人狩猎一样，只不过规模和工程大很多而已。

冲锋队失利后，左、右贤王并没有灰心丧气，他们充分发挥了不抛弃、不放弃的《士兵突击》的精神，马上派出了第二批敢死队。

这批敢死队小心翼翼地绕过刚才的线路，一步一个脚印朝着目标而去，眼看就要跟汉军有个亲密接触了。可汉军对这群狼人并不感兴趣，只听见一声炮响，汉军万箭齐发，顿时天空中下了一阵箭雨。箭雨的结果是这批敢死队差不多都中箭身亡了。

匈奴人既然如狼又似虎，三板斧岂是浪得虚名？前面两击不中，于是使出最后的绝招了，左、右贤王大手一挥，第三批敢死队拿着刀、背着剑接着奋力杀向前。避过了陷阱，箭雨也起不了作用了。因为这一队的敢死队吃一堑，长一智了，他们手里个个拿着一面挡箭牌。这样的好处是，挡住了箭雨，也挡住了自己的视线，他们只能跟着感觉向前冲。

事实上证明这种跟着感觉走的方针并不是最好的，因为很快他们就人仰马翻。被摔得缺胳膊断腿的他们这才发现，原来是地面上一根根毫不起眼的绳子惹的祸。摔倒在地后的他们还来不及站起来，两边的沟底又涌现出了汉人的骑兵，上去就是刀剑相加，顿时一片血肉模糊。

眼看三板斧不奏效了，左、右贤王还不知道知难而退，他们发出了决战的信号，全军都呼啦啦地向前冲去，看架势非要跟汉军拼个你死我活了。然而，他们冲了一阵才发现他们冲进的是汉军的包围圈内，四处呼啦啦的都是汉军。

眼看情况不妙，左、右贤王这下充分发挥打不赢就逃的作风。两人一人在前开路，一人断后，终于杀出血路逃出去了。只是他们逃出重围后，回头清点人数，这才发现，冒顿给他们的一万二千人马只剩下不到三千的人马了。

什么叫欲哭无泪，左、右贤王这时才体会到。冒顿听说他最为倚重的将领居然打了败仗回来了，这一惊非同小可，他们可是被人称为黑白双煞的无敌战神啊，怎么这次不败金身被汉军破了呢？他揉了好几次眼，几乎不敢相信眼前这是事实。一万二千人马现在只剩下三千人马了？

天方夜谭啊。

这时左、右贤王哭着说他们是如何如何中了刘邦的奸计，如何如何拼命才得以逃命。直到这时冒顿才知道原来这支汉军不是等闲之辈，于是他下令全军集合，全力来对付汉军。

雪中情

此时已是十一月，大雪越下越来劲，汉军这下终于体会到了什么叫“雪中情”。然而，“雪中情”的美妙感觉并没有维持多久，因为这种感觉马上就被大雪的寒冷和压迫感所吞没了。

中原人哪里遇到过这样寒冷的天气？冻得焦头烂额，手肿如包，有的连兵器都拿不稳了，更别说打仗了。这个时候刘邦在城里也没有闲着，那就是暗暗反复进行两种祈祷：

一、老天赶快停止下雪吧！

二、那个千刀万剐的狼王冒顿这个时候千万别来和我们打仗啊！

刘邦就是刘邦，他不愧为天子，既然是老天的儿子，他的祈祷当然奏效了。雪虽然还没有停，但冒顿却在几十里外停止不前了。此时天寒地冻，汉军不适应这般寒冷的天气，个个都和寒冷作斗争，如果打起仗真是凶多吉少，而在大好机会面前，心狠手辣的冒顿怎么就像被孙悟空施了定身法一样突然裹足不前了呢？

刘邦感到很奇怪，于是他就派了已被他重用的娄敬去打探虚实。雪停了，风很小了，天空也变亮了，然而好几天过去了就是不见娄敬回来报告消息。

刘邦可就坐不住了，总不能在这冰天雪地中长期住下去吧，又冷又饿的喝西北风啊？这时他真渴望能和冒顿好好打一仗，早完事早回家。与其坐以待毙，不如主动出击。于是刘邦决定主动前去寻找冒顿，和他们进行决战。沿途的匈奴百姓见了汉军就像老鼠见了猫，吓得非躲即窜。

胆小如鼠，不足为虑嘛。刘邦不由对匈奴人多了几分轻敌之意。沿途不时有扎过帐篷烧过火的痕迹，这下刘邦更断定匈奴人是心虚撤军了，于是更加放心大胆去追击了。

当他们到达广武时，这才碰到姗姗来迟的“探子”娄敬。此时的娄敬已变得蓬头垢面，他跪在地上对刘邦说：“陛下，臣以为不宜再进攻啊！”

刘邦自然要问为什么了。

娄敬说他这些天至匈奴军军营中见到的都是老弱病残，他们个个弱不禁风似的，这和彪悍勇猛的匈奴人哪里有一点相像呢？

结论是：这很可能是敌人的诱敌深入之计。

此时刘邦正追在兴头上，他正为自己马上就可以全歼“胆小如鼠”的匈奴大军而踌躇满志，此时非但听不下娄敬的建议，反而以“妖言惑众”为由把他给抓起来了，并且派人把他从战争的最前线直接送到广武的黑深大牢里去了。

娄敬不由泪水涟涟，他发出了这样一声叹息：“陛下啊！ 我们这一见是永别吗？”

被娄敬这么一搅和，刘邦一怒之下，变本加厉地提升了进军速度。骑兵在前，步兵随后，行军过程当真层层有序。

这个时候匈奴人的狼皮、羊皮、虎皮等皮衣派上了用场。骑兵还好，有马可坐，步兵们可就苦了，他们身上都是几十斤重的铠甲，能走多快？ 于是乎，当骑兵到了平城时，步兵和一些落队的骑兵都远远地被甩在后面了。

这时天气突然变得出奇地好，刘邦终于看到了蓝天白云，于是他就下令在平城休息休息再说。

“今天的天气真不错啊。”进城后的刘邦解开厚厚的皮毛衣，躺在座椅上，望着头顶暖暖的太阳，柔柔地来了这么一句。然而，他话音未落，一阵刺耳的狼叫声便惊醒了他，接下来马上有探子来报，说冒顿四十万大军突然出现在城外二十来里的地方，大有包围平城的迹象。

刘邦大吃一惊，这平城城小墙薄，被困在这个城里就只有死路一条了。他当机立断，马上下达了撤军的命令。于是刘邦带领众人向城外撤去。这时匈奴骑兵的叫声越来越大，已从四面八方围集而来。汉军仓皇之下，交起手来，却哪里是人家的对手，他们就只有后退了。

好在天无绝人之路。就在刘邦认为凶多吉少时，前面出现了一座大山救了他一命。刘邦喜出望外，下命向山上撤退。这山口两边是峭壁巨石，中间只有两丈来宽的口子，易守难攻。匈奴人虽然勇猛，但又哪里能冲破这一夫当关，万夫莫开的关口呢？

这座山叫白登山（位于今山西大同市东北）。

冒顿眼看一时半会儿攻不上去，他是聪明人，知道此时的汉军不到十万人马，而且山上又没有挡风避雨的屋子，这天寒地冻的，只要把他们围在山上几个月，在饥寒交迫之下就不攻自破了。于是他马上叫手下四十万人马把山的四周都围了个水泄不通。

刘邦上山后，眉头紧锁：这光秃秃的山上既无衣又无食，身上自带的粮食只够吃五天啊！ 更要命的是，他的步兵又被冒顿派人半路拦截了。

几天过去了，匈奴人只围不打，刘邦的眉头锁得更紧了，像结了一层寒霜，怎么办啊？ 他最怕的就是冒顿围而不攻啊！ 这样下去，几天的粮食吃完后，那就只有死路一条了。就这样度日如年地过了三天，刘邦知道再这样等下去，就只有死路一条了，于是暗思破敌之策。这时刘邦身边已没有张良、韩信等人物，第四谋士陈平就是重中之重了。

陈平，现在该是你出彩的时候了。

陈平之计

陈平是个精细人，自从被困在山上后，他就一直在思考破敌之策，后来他找了几个匈奴人谈话。这次谈话却不经意间改变了一切，因为他了解到了匈奴人一些特殊习性和嗜好，一条妙计油然而生。

他低声在刘邦耳边一阵嘀咕，刘邦一听喜出望外，马上从军中找来了个能言善辩且懂星相术的李公去办这件事。为什么非要懂星相术呢？ 因为这个很重要，所谓谋事在人，成事在天，此是也。

李公先扮成匈奴人的样子，提着一个大黑皮箱出发了（有点类似于七八十年代富豪提着装满人民币的黑皮箱去做生意买卖一样）。李公到了匈奴的大本营里，没有直接去找冒顿，而是去找一个女人，一个年轻漂亮的女人，一个令冒顿俯首称臣的女人。这个女人就是冒顿的妻子——阏氏。冒顿非常疼爱这个阏氏，用句话来形容就是：揽阏氏于怀抱兮，乐朝夕与之共。也正是因为这样，所以连这次打仗，冒顿也把阏氏带在身边，可见他对阏氏的喜爱程度。

那李公直奔阏氏“闺帐”，用银两买通了门卫。阏氏听门卫说有自称“通上下五百年历史，能知祸福运程”的相士要求见，心中好奇，自然就接见了。见了面后，李公也不说话，先送上礼物再说。他打开黑皮箱，但见那古色古香的箱子里装满了金银、珠宝、绸缎之类的东西。这些都是阏氏最喜爱之物，她看了眼睛直发光，一张脸竟如阳光般灿烂。她当下就笑纳了。收了礼物，她来了个“来而不往非礼也”，直接问他有何求。李公说他并无所求，他此番来只是想转告她一个现象。

阏氏做洗耳恭听状。

李公说：“近几天看天上月亮和星星都是呈灰暗之色，就连早上的太阳也灰蒙蒙的像是打水里捞出来的一般，您知道这是为什么吗？”

阏氏问：“这是为什么呢？”

这正合李公的意。于是他顺着话题就往下面说了：“这是日月星辰在告诉我们，眼下这场战争与汉人打不得啊！”

阏氏一听大感好奇了。于是问一个亲信侍卫是不是有这么一回事。侍卫得了李公不少银两，再加这几天天气确实有点反常，于是他回道：“星星也暗淡了，月亮也暗淡了，太阳也变暗淡了，封冻的大地迎接霜雪……”

听了侍卫的话，阏氏又联想到曾听说过刘邦脚上有七颗痣是真龙天子下凡的传言，心里有点害怕了。人家既然是赤帝的儿子，肯定会得到老天的保佑，想杀他只怕对自己反而不利……

李公眼看阏氏已有动摇的迹象了，不再迟缓，使出了撒手锏。变魔术似的从怀中掏出一样东西送给阏氏，阏氏打开一看，却是一幅画，画中是一美女，美人一顾倾人城，再顾倾人国。形容有二：

一、肩若削成，腰如约素。延颈秀项，皓质呈露。芳泽无加，铅华弗御。云髻峨峨，修眉联娟。丹唇外朗，皓齿内鲜，明眸善睐，靥辅承权。瑰姿艳逸，仪静仪闲。

二、翩若惊鸿，婉若游龙，荣曜秋菊，华茂春松。仿佛兮若轻云之蔽月，飘飖兮若流风之回雪。远而望之，皎若太阳升朝霞；迫而察之，灼若芙蕖出绿波。

用一句话来总概括就是：此人只应天上有地上无。

阏氏一看把自己的美貌给比下去了，自然不干了，她一脸不悦地问道："先生拿这幅美人图有何用处？"

李公要的就是这种效果，但脸上却不动声色："汉帝被单于围困，想罢兵修好，特把金银珠宝奉送给您，求您代为化解。汉帝担心单于还不肯答应，愿将国中第一美人献于单于，只是美人不在军中，所以先把画像呈上，现已派人去接，很快就会到来，还请您代为转达。"

阏氏头摇的似拨浪鼓："这倒不必要了。"把那幅画还给李公的同时，还附带了一个坚定的承诺：退兵的事包在我身上。

陈平就是陈平，料事如神，"金银珠宝"加"天气变化"加"美女刺激"，阏氏就此搞定，而搞定了阏氏就等于搞定了冒顿。冒顿被阏氏的耳边风一吹，决定马上撤军。原因有三：

一、这几天，星光的确有点暗淡，日月无光。

天气情况对匈奴人来说很重要，他们笃信天地鬼神，崇拜太阳、月亮。他们每天早上都要去朝拜太阳，晚上朝拜月亮。而每逢行军打仗时，他们每天都会去观察月亮和星星，以月亮和星星的形状和光泽度来判断能不能打仗（这个举动有点荒唐）。

二、满以为围困汉军几天就不攻自破，但接连数天，汉军被围深山却毫无动静，难道真有神助（其实他不知道汉军正面临饥寒的折磨）？

三、早就约定好了，韩信会派大军来这里会师，合攻汉军，但此时居然不见他的踪影，难道发生了什么变故？ 据说汉军的后援部队马上就要到了，此消彼长，形势不容乐观啊！

已断粮好几天的汉军正处在崩溃的边缘，冒顿的突然撤兵让他们体会到了女人在战争中起到的不可替代的作用。死里逃生的刘邦度过他人生中最后一大劫难，逃离虎口后，刘邦心有余悸，无心再战，命樊哙留在代地守边疆，自己班师回朝。经过到广武时，刘邦做了三件事。

第一件事是把娄敬从牢里提出来，重赏这个力劝他不要孤军乱进的忠臣，加封他为关内侯，食邑两千户。

第二件事是赏在这次和匈奴的对决中护驾有功的他的贴身保镖夏侯婴，食邑一千户。

第三件事是加封出奇谋解白登山之围的陈平为曲逆侯（由原先的户牖侯变为曲逆侯）。

也许有人就会问了，这一次脱险，陈平功劳最大，为什么他只是由侯升侯？ 如果按侯是同一级来算，这哪里是升啊！ 分明是平调嘛。其实呢，这里面还是有玄机的。这曲逆侯保辖的地方叫曲逆县，而曲逆县是边关一个重要的城镇，是与匈奴做生意的主要通道。中原的丝绸、金银、粮食、瓷器直接卖给匈奴人，这样富得流油的地方是谁都梦寐以求的地方啊！

就这样，陈平一跃成了曲逆侯。陈平自从归顺刘邦后，满肚子经纶和才华得到了充分的展现，屡建奇功，七出奇计，堪称经典，归纳起来为：捐金反间计、用馊饭进给楚使吃的离间计、真假汉王计、解困荥阳、请求册封韩信、让高祖伪游云梦逮捕韩信、救高祖于白登山。

第七章　焦头烂额

未央宫的烦恼

确定定都咸阳后，刘邦同样不忘搞工程建设，他花巨资打造举世无双的浩大工程——未央宫。这项工程大概可以和秦始皇的几大工程相媲美了。

咸阳宫的工程修复和未央宫的创建都是由后勤部部长萧何全权负责的。事实证明，萧何果然具有房地产开发商的商业才华，几个月后工程就竣工了。

竣工后，“验工”的事自然要交给刘邦了，当他走进未央宫看到宫中的豪华气派时，一双眼睛突然变得贼亮贼亮。不过，他心里虽然很满意，但对一直陪在他身边验工的萧何却说了这样一句话（这句话被认为是刘邦最正经的一句话）：“天下未定，连年苦战，成败还不可知，为什么要把宫殿建造得这么豪华？”

这句话说白了就是在训斥萧何。而聪明的萧何并没有慌张，他是这样回答的：“非壮丽不足以表达天子的尊重与庄严！”

刘邦听了后马上转“怒”为“喜”，他的作秀表演到此结束。后刘邦下令在未央宫四周添筑城垣，作为京邑，改称长安。随后文武百官皆从栎阳迁往长安。

然而，未央宫虽然豪华，刘邦却无心居住，因为此时边关的匈奴一直让他寝食难安。这个时候的冒顿对汉朝已是很不屑了，认为不过尔尔，他派了几万人马给韩信，让他对汉的边疆进行了不断的骚扰。

面对不断求救的文书，刘邦真想找出一个能独当一面的大将去迎击韩王，然而此时放眼整个朝廷，只有一个人能完成这项任务。这个人就是韩信（再次提醒一下，此韩信非投降匈奴人的那个韩信）。刘邦的内心其实是痛苦的：这个已降为淮阴侯的韩信再也用不起了。

他虽然对上次被困于白登山的事心有余悸，但此时朝中无大帅，他思来想去，最终只得自己再度挂帅亲征去平叛匈奴了。

这韩信虽然身经百战，也算是个风云人物，但听说刘邦的汉军又来了，便学会了匈奴人的战略思想，不敢来“真情对对碰”，而是玩起了“让你猜猜我是谁”的游戏来。

就这样，可怜的刘邦劳师动众，忍着酷寒在边疆转了一个多月连个匈奴人的影子都没有见到。此时边疆北风呼呼地吹，一种叫寒冷的东西整天包围着刘邦，刘邦知道自己再这样下去，只怕没有等来匈奴人，自己就会先冻成僵尸了。于是乎，一个月后，刘邦带着众将呼啦啦地打道回府了。

然而就在回来的路上，刘邦遭到了刺客的刺杀。

隐形的刺客

说起被刺的原因，故事还得往前推进一年。汉高祖六年（公元前201年），刘邦亲自率大军出征，后因轻敌中了冒顿的诱敌深入之计，被围困于白登山，后利用陈平之计成功逃脱，但在回来的路上，他把全部怒气发泄在了赵王张敖身上。

这张敖是张耳的儿子。他生得唇红齿白面如冠玉，那叫一个玉树临风。吕后见他一表人才，通过多方面观察和研究，最终认为他“诚实可信”，后与刘邦一番商议后，便决定把女儿鲁元公主嫁给他。因此，这个张敖说白了已是刘邦的“准女婿”了。

当时，面对准岳父的到来，张敖心里那个激动啊，他热情地把吃了败仗灰头土脸的刘邦迎进府中后，极尽恭维之能事。别的不多说，他甚至连端茶送饭的事都亲自来做，为的只是想讨准岳父的欢心。看着忙忙碌碌、进进出出的张敖，刘邦心里有想法了：这样的男人简直就跟妇道人家一样，哪里有半点王者之气？ 我当初决定把女儿嫁给他，看来真是看走了眼啊。

他在张府住了几天，见张敖天天都是这样的献殷勤，更是打心眼里看不起他。一天喝了酒后，他就把张敖大骂了一顿，然后“怒气冲冲”地起程回洛阳去了。

这段小插曲大概就是这样。然而，令刘邦想不到的是，去年他在赵王府中当众谩骂张敖，随后拂袖而去，张敖不断地反省自己做得不好的地方，但他手下的人就有看法了。其中丞相贯高和赵午等人，都是身经百战的德高望重之辈，他们跟随张敖的父亲张耳多年，都是忠心耿耿之人，张耳死后，他们又辅助张敖，看了主子受到了天大的辱骂，这口气他们无论如何也咽不下去。

他们本来想马上就造反。但想到张敖忠厚老实，又是刘邦的“准女婿”，知道他肯定不会同意。于是他们思来想去，最终决定刺杀刘邦。他们当时的想法是，如果成功了，就都留在张敖身边，辅佐他治国安邦；而如果失败了，他们情愿承担由此带来的所有责任和后果。应该说他们的确是深明大义之人，想法很周密，无论成功与否都不会把张敖给扯进来。正当他们摩拳擦掌等待机会时，刘邦却自己送上门来了。

刘邦第二次出征边关去全力进攻匈奴时，他空守了一个月的边关，韩信就是不给他面子，连见一面都难于上青天。这时已是寒冬时节了，刘邦再也不敢逗留，于是班师回朝，路途正好又要路过赵地。

因为去年闹翻了后，刘邦自己也不愿意再去张敖的府上。于是他找了一间客栈。新版的《新龙门客栈》马上就要上演了。贯高等人对这个客栈进行了精心的安排：店里的老板和伙计以及一些食客都是杀手乔装打扮的，而且厢房的夹层里也都藏好了杀手。可以说贯高等人在客栈里设下了一个必杀之局。

刘邦在参加完地方官吏的盛宴后，因一路劳苦想早点休息，便起身前往早就预订好的客栈。

《三国演义》里有落凤坡上落凤雏的故事。当时刘备率庞统西进去攻打蜀中的刘璋。但在途中，庞统因贪功狂进，中了敌人的埋伏，在落凤坡上壮烈牺牲了。因为庞统绰号凤雏，他在落凤坡的死去，冥冥之中似有天意，令人唏嘘不已。

而事实证明，刘邦在用计方面肯定跟庞统没得比，但在第六感方面却比庞统高了数倍。就在去客栈的路上时，刘邦的第六灵感出现了，他突然像怀春的少女心猿意马起来。于是他就问手下的人了："这是什么地方啊？"

"回陛下，这里叫柏人。"他的左右亲信毕恭毕敬地回答着。

"柏人。柏通迫，柏人不就是被迫于人的意思吗？ 看来此地不宜久留。"刘邦心里这般想着，马上叫道："今晚不住宿了，连夜回京城去。"

转念间刘邦打消了去客栈夜宿的念头。就这样，贯高等人精心安排的暗杀计划泡汤了。最后他们只能对天长叹：谋事在人，成事在天。

和　亲

刘邦回到宫中后，匈奴人又恢复了本来的面目，隔三岔五就会南下，侵扰汉边境，进行一番抢掳烧杀后便逃之夭夭。正所谓：来也匆匆，去也匆匆。汉边境守将根本就拿他们没有一点办法。

刘邦更是头疼，他已经亲自带兵出征两次了。第一次被困于白登山差点连老命都赔进去，第二次匈奴人根本不买他的账，让他独自在寒冬边城里受了一个多月的活罪——冷风寒雪。

经过两次大折磨，已是风烛残年的刘邦对匈奴人已变得心有余悸起来。派兵去打吧！只怕赔了夫人又折兵。匈奴人不拘小节，他们打得赢就打，打不赢就闪，你能拿人家怎么办？打，拿人家没办法；不打吧！就更加拿人家没办法了。

这个时候，刘邦身边已没有四大谋士了。萧何整天忙碌于搞后勤的事，行军打仗的事他从来不过问。张良功成名就后归隐练功去了，从此也不参与朝中大事了。韩信这个心腹大患自被罢免兵权和步步降职后，已不可能重用他了。陈平也回到了自己的封地当“特别行政区区长”去了。

关键时刻，刘邦想到一个人——娄敬。鉴于娄敬当初不远千里来说迁都的事，他对这样忠心耿耿的人很是喜欢和看重。再加上第一次出征边关，刘邦没听他的意见，差点就送了命。这时，刘邦召来娄敬，就像抓住了一根救命稻草，直接就问他匈奴的问题怎么办。

“陛下不会一直只想到用武力去解决边关问题吧？”娄敬没有直接回答刘邦的问题，而是弱弱地反问了一句。

“除了武力难道还有其他的办法吗？”

“这天下刚刚安定，士兵们还没有从战争的疲惫期调整过来，只怕很难有所作为了。此时打仗，难度系数 9.9 啊！”

“那你说怎么办？”

“臣有一计，不用一兵一卒就可以使双方化干戈为玉帛。俗话说擒贼先擒王，陛下只要搞定冒顿就搞定匈奴了。”

刘邦只有听的份了。

“只是这个计谋能不能成，关键就在陛下了。”随后娄敬说出了他的计谋，两个字：和亲。

“如果陛下能把嫡系大公主嫁给冒顿为妻，再多赠些嫁妆，把婚礼举办得庄严而隆重，用气势震住匈奴人，他们就不敢再轻举妄动了。”

应该说娄敬的计谋的确很妙，有“香车美人”相送，还有“糖衣炮弹”相赠，要想不成功都难啊！刘邦在点头的同时也在为难。娄敬的计谋中是要他“牺牲”公主来换大汉江山的安宁和平静。但有一个明明白白、清清楚楚的问题是，他只有鲁元一个女儿是正室公主，要想把亲生女儿送入狼虎之口，不说别的，单是“母老虎”吕后那一关就过不了啊！

刘邦知道他要想说服吕后的工作和出征匈奴的难度系数是一样的，同样为9.9，饶是如此，他还是相信事在人为这句话，于是直接和吕后进行了一次面对面交流。

自从当了皇帝，因为有三宫六院七十二妃，刘邦每天晚上对付这些美貌如花的妃嫔都来不及，因此很少来打人老珠黄的吕后的主意。也正是因为这样，刘邦一见到吕后，表现得极为温柔，握住吕后的手亲了又亲，闻了又闻，仿佛吕后那早已被岁月的风霜侵蚀的、粗糙的如松树皮似的双手如少女的手般温柔。

正在吕后被这突如其来的温柔弄得心中小鹿乱撞时，刘邦说话了。他委婉地说出了想拿女儿与匈奴和亲的事。吕后本来想听到一些刘邦从没说过的花前月下的甜言蜜语，此时终于听出了刘邦此次来的目的，于是她从迷离中惊醒过来，“我只有这么一个女儿，你如果要把他嫁给匈奴人，我还怎么活啊！”吕后开始发威了，她的声音几乎是在咆哮。

“舍小家为大家，这个道理你都不懂吗？”刘邦声音也很高昂，和刚才的温柔判若两人。

“什么舍小家为大家，我就是不懂。我只知道我只有鲁元和太子一儿一女，而且鲁元早已和赵王定亲，马上就要嫁过去了。你现在却要拿自己臣子之妻送与敌人，不怕被天下人耻笑吗？”吕后厉声如许。

面对吕后的发飙，刘邦的腿开始发软了。

“这是和亲又不是去受罪，再说把女儿嫁给赵王，这赵王只不过一个侯王而已，而那冒顿却是匈奴堂堂的大王，一国之主啊。我们的女儿能嫁给这样的人也算是造化了。”刘邦进行他最后的劝说工作。

“匈奴人历来蛮横凶残，那冒顿更是有过之而无不及，他弑父自立就是一件罪大恶极之事。我的女儿怎么能嫁给这样心狠手辣之人呢？ 你不要再浪费口舌了，言尽于此，请勿复言。”

劝说工作到此结束，最终刘邦以失败告终。当然刘邦并不死心，为了让女儿换来他平安的日子，他还派了许多能说会道的良臣去做说服工作，可那吕后软硬不吃，她的政策也很明确，来一人骂走一个，来两人骂走一双。刘邦万般无奈之下只好放弃把女儿嫁给冒顿的想法。

寻找公主

粗粗一看题目，还以为是鲁元公主失踪，刘邦派人去寻找他的掌上明珠呢！ 但这里的寻找公主并非如此。前面已经说过了，匈奴人太让刘邦头疼了，他战也不是，不战也不是，最后认为娄敬的“和亲”政策来解决边境的问题是最佳也是最稳妥的办法。于是他才准备舍了女儿去套住冒顿这只狼。

但吕后坚决反对，刘邦不得不放下打女儿主意的想法。

但“和亲”政策并没有就此作罢，于是刘邦来了个千里寻找公主的活动。这跟东南卫视的“开心明星脸”如出一辙，只要脸蛋和长相跟鲁元公主相像，体身和气质也颇佳，就可以参加这次活动。经过层层选拔层层筛选，最终还是找到了一个相貌及神情都特别像公主的人。

冒顿听说刘邦愿把女儿屈嫁给他，自然又是点头，又是哈腰，对刘邦的称呼马上变成了左一口爹右一口爹。既然你情我愿，刘邦还特意派娄敬去匈奴那里和冒顿签订了“和平共处若干条约”。签字画押一气呵成，就像拍卖会一样，一锤子下去，双方成交。

刘邦用“假公主”和亲的办法暂时稳住了匈奴人。但这种办法是不是“赔了夫人又折兵”呢？ 这个我们后面会看到的。

不管怎样，和亲的政策就这样告一段落。但这件事的直接后果就是，在冒顿大捡便宜时，赵王张敖也捡了个大便宜。

这次和亲虽然有惊无险，但吕后已是觉得山雨欲来风满楼，她怕夜长梦多，于是干脆就选了个日子，直接把才满十六岁的鲁元公主嫁过去了。这个并不太被刘邦认可的张敖就这样成了大汉皇朝的第一大女婿。但他这个女婿并不好当，因为随后刺杀事件的暴露，他这个女婿也将面临一场前所未有的大浩劫。

前面已经说过了，这个张敖虽然长得一表人才，颇有父亲张耳的风范，但由于他第一次招待“准岳父”过于热情，非但没有让刘邦感到“受宠若惊”，反而让他感到“恶心异常”，于是把失利的怨气都撒在他身上。因此才会有“痛骂准女婿，拂袖怒而去”的尴尬场面。也正是因为如此，才会有赵王手下重臣贯高等人密谋暗杀刘邦的事。

此时密谋的事虽然还没有暴露出来，但纸终究是包不住火的，是福不是祸，是祸躲不过，该来的终究会来的。

东窗事发

窦娥冤的故事想必大家都很清楚，六月飞雪，那是怎样的一种冤情呢？

这时的赵王张敖，也就是刘邦的准女婿他将面临比窦娥还要冤的情况。故事还得从刺杀案开始说起。贯高和赵午等人密谋暗杀刘邦的事不久就浮出水面了。原因很简单：若要人不知，除非己莫为。

这里还得提一个叫孙理的人。

贯高和赵午等人蓄意策划刺杀案时，孙理当时生病在家，因此并没有参与这次军事行动，后来病愈上朝时，听到朝中一些大臣说起暗杀的事。言者无心，听者有意，他细细打听，竟然发现整个刺杀的过程惊心动魄，要多悬有多悬。

赵国朝中大臣都对这次暗杀事件没有成功而感到深深地惋惜。唯独孙理暗自窃喜起来，因为他认为报仇雪恨的时候终于来了。他想都没有想就作出了一个大决定：告发贯高和赵午等人。

一些读者看到这里也许就有疑问了，孙理和贯高等人同朝为官，为什么要胳膊肘往外拐呢？

这其中肯定是有原因的。这事得从孙理的儿子孙逸说起。这孙逸说白了就是花花公子，他仗着父亲是朝中高官，耀武扬威起来，整天惹事生非干一些不良的勾当。

有一天，孙逸在街上鬼混，恰巧有一顶花轿从他身边飘过。透过薄如蝉翼的卷帘，轿中一个曼妙的身影若隐若现。

“莫非是天仙下凡来了？”孙逸这一看看得热血沸腾，又见这轿子除了几个轿夫外，并没有其他的仆人跟从，他当机立断，下令手下的狗腿子把轿子拦了下来。

接下来的故事情节就有些老套了。孙逸掀开帘布，往轿中一看，那女人果然有闭月羞花之容，沉鱼落雁之美。

“把她抬到府上去。”孙逸淫笑一声，开始实行明抢政策了。

“这是乔大人之女，孙公子休得无礼啊！”轿夫自然认得这恶棍，他想乔大人在城里也算是有头有脸之人了，孙逸再骄奢淫逸，嚣张跋扈，乔大人的面子总得给吧！

事实证明，孙逸就是孙逸，他此时已是目空一切目中无人了，什么乔大人不乔大人，我孙大人比谁都大。他没有再多废话了，手一挥，手下那一帮狗腿子蜂拥而上，几下就把轿夫都打趴下了。接下来抬起轿子就往自己的府上去了。但还没走多远，就被闻风而来的乔老爷子拦住去路了。

乔老爷子那表情虽然恨不得生吞了孙逸才解恨，但他还是强忍着怒气，提出了抗议：强烈要求孙逸把他的女儿放了。

但当时孙逸被那女人的惊世绝伦的容貌惊住了，眼看抢劫美女就要成功了，他哪里肯善罢甘休。煮熟的鸭子能让它飞了吗？ 想带女儿回去，没门。

双方既然不能以和平的方式来解决事件，那就只好付诸武力了。并肩直上，双方正式开打。开打的结果是，双方虽然各自有数人受伤，但乔老爷子的管家被穷凶极恶的孙逸来了个“一剑穿心”。乔老爷子的女儿虽然最终没有被孙逸抢走，但损失了一条人命，由此判定双方火拼结果，孙逸胜。

乔老爷子自然不干了，他马上把这件事告到朝中去了。鉴于光天化日之下强抢民女，最终还惹出血案来，这样的案情重大，赵王便把案子交给贯高和赵午来处理。

贯高不愧是老臣，他在查这次“流血事件”的同时，还顺藤摸瓜，查到孙逸其他很多打死打伤人命案的事实。

善有善报，恶有恶报。做人如果做到他这种毫无廉耻、恶贯满盈的地步，连神仙都没得救了。况且贯高又是一个秉公执法的人，于是，他以“孙逸恶意杀人伤人罪”成立，并在“数罪并罚”下判了孙逸死刑。

孙理听说儿子被判了死刑，这下可慌了。他只有两个儿子，另一个还天生就是傻子。说白了孙逸就算他唯一的儿子。自己唯一的儿子，他能眼睁睁地看着他走上断头台吗？ 于是他连忙提着不菲的钱财向贯高这个青天大老爷去求情。

贯高并没有接受他的钱财。孙理急了，他也不管自己的身份和地位，居然给贯高下跪了。当时的场面真是很悲凉和尴尬。但青天大老爷还是不为所动，他是这样说的：“国有国法，家有家规，王子犯法与庶民同罪。像你儿子这等恶贯满盈之人绝不能留下来。”孙理的后门并没有走通，贯高维持原判，不久便对孙逸动用了“狗头铡”。

从此，孙理就对贯高等人埋下深深的仇恨。此时闻听贯高等谋反的事，他心中窃喜，他知道为儿子复仇的机会终于到来了。于是，马不停蹄地向刘邦告密去了。

刘邦一听，二话不说，就派人把赵王张敖抓起来了。孙理告的是贯高和赵午等人谋反，但刘邦自然明白擒贼先擒王，先把赵王抓住再说。

部下谋反，肯定是主人指使的。张敖被擒后，参与密谋的众臣，知道东窗事发，他们已是难免一死，于是不等刘邦派人来抓，他们自己就开始练抹脖子的功夫了。也许是这种抹脖子的功夫很惊险刺激，自赵午开了个头后，其他重臣纷纷效仿，顿时宫中人头横飞，鲜血直流。

倒了一批又一批的重臣后，余下的重臣也大有前仆后继、死而后已的风度，这个时候贯高出现了，他的到来才阻止大家继续练抹脖子的精彩表演。他是这样说的，谋杀的事是我们自己主张的，跟大王无关，如今大王受牵连被抓了，我们不能光这样练抹脖子的功夫啊！ 我们要把功夫留到去替大王申冤去啊！

众人这才停住了荒唐的抹脖子举动。于是乎，接下来出现了这样动人的一幕，朝中官吏押着赵王全家及老臣们要向京城进发时，一些大臣自愿剃了头发，戴上枷锁，甘愿为奴也要追随他们一起入京受审，其情感人至深。

审问贯高

到了京城后，除了鲁元公主，其他人一律按罪人对待。而张敖数次上书要求见刘邦，结果却如泥牛入海，无半分音讯。狡猾的刘邦已经把这个案子交给了廷尉（最高司法官）来处理了。

因为张敖是刘邦的女婿，廷尉暂时把他软禁起来，并不敢乱动私刑。但他却把皮肉之苦转交给了张敖的丞相贯高等人。

而贯高又是硬骨头，他始终不肯招供整个刺杀事件是赵王主使的（事实上这件事本来就与赵王无关）。贯高既然总是不肯招供，廷尉为了审出些东西来，只有用刑了。几天过后，几乎所有的刑都用了，贯高的身上早已是血肉模糊，体无完肤，但他的嘴里还是那四个字："我王冤枉。"

廷尉没办法了，再审下去也审不出个结果来，只得向刘邦进行了工作汇报。这个时候鲁元公主早已找到吕后，吕后也对刘邦进行了火速的"劝说"。但刘邦对这次刺杀事件还是耿耿于怀，听完廷尉的工作汇报，刘邦又惊又怒，既然硬的不行，就来软的，于是他决定从贯高的好友入手。

这个时候一个叫泄公的人顺应形势登场了。这个泄公和贯高是一个村子里长大的，后来又都效力于刘邦。只是一个始终跟着赵王，一个到了朝廷做事罢了。昔日的一对好友在狱中相见了。已是奄奄一息的贯高见了好友自然也很高兴，必要的寒暄过后，两人谈起了故乡，话匣子一打开就像泛滥的洪水一发不可收拾。但最终泄公还是要来完成他此行的目的，那就是试探赵王谋反的事。

面对泄公小心翼翼的询问，贯高是这样回答的："有什么比自己的性命还要重要呢？ 我之所以这样袒护赵王，是因为赵王一直蒙在鼓里，压根儿就不知道刺杀一案，他没做的事，难道我这个做臣子的硬要说他参与了这件事才是说实话吗？"

泄公完成了他的使命，可以去复命了。

而这时的廷尉也没闲着，他迅速审问了其他的一些老臣，他们和贯高的口供是一样的，都说整个事件是他们自作主张，和赵王无半点瓜葛。而吕后这时也坚持进行说服工作。这个霸道的女人甚至说出这是刘邦想方设法剪去异姓之王而进行的一场革命的惊世之言。吕后的话给了刘邦很大的震惊和压力。

就这样这个案子查了又查，问了又问，最终得出的结论是：没有一个人说是赵王主使的。

查无证据，又在舆论压力（吕后以及其他朝中大臣）下，刘邦在无可奈何的情况下，还是给赵王张敖批了这样九个字：降为宣平侯，无罪释放。

放了赵王后，那么这次暗杀密谋的主使贯高该怎么处置呢？ 这可是一个大问题啊！

这个时候，刘邦自己也意识到了自己当时在对待赵王的态度上可能是不对的，再加上贯高面对严刑逼供、威武不屈，软磨硬泡、矢志不渝，因此他决定连贯高也一并无罪释放。

泄公一听刘邦肯放了他，自然高兴。第一时间就去牢里告诉好朋友贯高。但令他意想不到的是，这一去竟是去和好朋友诀别的。

“赵王无罪释放了。”贯高听到这个消息一下子从牢里跳起来，大叫苍天啊！ 你果然开了眼。

“不但赵王放了，连你也一块赦免了。”泄公说完这话满以为贯高会更加激动的。

“哦。”贯高的反应令他感到吃惊。

“作为人的臣子，我却谋害皇帝，还有什么脸再去侍奉皇上呢！ 大错已铸，恐怕是难以更改了。”贯高说完这句话后居然使出了“六脉神剑”，用自己的指甲划破了手上的脉搏，一代名臣就此归去了。

贯高的死，整个朝廷都震惊了。后来无罪释放的张敖亲自穿上寿衣，为这个元老级忠臣举行了隆重的葬礼。一代名臣最终把忠骨埋在了他的家乡。

第八章　争夺与反争夺

刘邦的后宫

这里主要讲三个女人，刘邦后宫的三个女人。

后宫第一夫人：吕雉。

吕后是刘邦的原配夫人，当年身为富婆的她委身下嫁刘邦，后又在楚汉之争中被项羽擒至楚营中达三年之久，但好在最终在“求和阴谋”中成功逃出了魔爪。都说人是会变的，刘邦当了皇帝后，吕雉也完成了蜕变，由一个村妇变成了皇后，言谈举止竟很有风度，不愧是出自名门豪世之家啊！

打仗的时候，这个女人没有巾帼之风的表现，但她当了皇后，注定将登上历史的舞台成为主角了。在刘邦的后宫尔虞我诈之争的表演中，离不开总导演吕后的精心策划啊！

后宫第一美人：戚姬。

前面已经说过了，刘邦在彭城兵败逃离项羽追杀的过程中，成功地泡到了号称楚国第二枝花的戚姬戚美人。那晚在陋室的萍水相逢，戚姬把自己的处女之身完完全全交给了一个其貌不扬却气宇轩昂的半百老头，这个老头正是现今的大汉皇朝的开国皇帝——刘邦。

也就是那一夜风流后，这戚姬竟怀孕，并且还生下一个白白胖胖的儿子——刘如意。刘邦得到了天下后，他哪里会忘记这位朝思暮想的大美女呢？ 马上就把她接到宫中来了。她的到来，很快就把刘邦的心给吸引过去了。再加上她有白白胖胖的儿子做保证，因此，在刘邦心目中的地位大有"一鹤冲天"之势。

也正是因为这样，吕后马上把戚姬列为后宫黑名单榜首人物：这个戚姬才是自己的心腹之患啊。

后宫第三人：薄姬。

薄姬同样是一位绝世美女，原本是魏王魏豹的宠人。魏豹后来不识时务背叛刘邦，致使韩信大军压境，最终落得个落坡的凤凰不如鸡的可悲下场。后来，刘邦无意中对薄姬的"惊鸿一瞥"成就了一段露水姻缘。

当时在战乱中，吕后被囚禁在项羽的大营中，戚姬还在偏僻的小山村里。只有这个从魏豹身边抢来的女人——薄姬，被刘邦时时带在身边，哪怕是在逃跑的过程中也不舍不离。

值得一提的是：这个薄姬跟着魏豹时，魏豹总想她能为自己生个儿子，但她的肚子就是不争气。事实证明，还是刘邦的威力大，薄姬跟了他后，居然奇迹般怀孕了。十月怀胎后，薄姬生下的也是一个白白胖胖的儿子，刘邦给他取名为刘恒。母凭子贵，有了儿子的撑腰，薄姬在刘邦心目中的地位就更节节攀升起来。

从上面我们可看到，刘邦身边最红的三个女人，各有各的特点。比如说吕后虽然人老珠黄，但拥有原配地位，这是她最大也是最不可动摇的优势。而戚姬和薄姬虽然不是原配，但却拥有着如花般的脸蛋儿，年轻美貌是她们最大的优势。

薄姬虽然无力撼动后宫的格局，但正是因为她的存在，使得后宫之中充满了更大的变数和悬念。

至于后宫三强还有一个共同的特点，那就是她们各自生有一个白白胖胖的儿子。

吕后生的儿子叫刘盈（太子），戚姬生的儿子叫刘如意（原封代王，后封赵王），薄姬生的儿子叫刘恒（代王）。

好了，介绍完毕，吕后和戚姬开始正式对打了。

如意真如意

首先出招的是戚姬。戚姬因为受刘邦的宠爱，同睡在一张床上的机会很多，于是就有了“近水楼台先得月”的条件。

“陛下的儿子很多都被封为王了，就连刘肥这个外室所生的也封了王，为什么不给如意封王呢？”戚美人开始“吹”耳边风了。

“朕的儿子自然都会有封号的，如意还小啊！哪能做一国之君呢？”刘邦搪塞着。

“他不能理政，就给他找一个好相国啊！臣妾只有这么一个儿子，你不封他我心里不安啊！”戚美人开始施压了。

“没问题，记住了。”事实证明，戚美人的浑身解数还未使全，刘邦就缴械投降了。

机会总是留给有准备的人。这不，说机会机会就来了。第一次亲征匈奴很失败很受伤的刘邦回到洛阳，屁股还没坐稳，他的胞兄刘仲就衣冠不整地闯进来，告诉了他一个惊人的消息：匈奴人已打到他的代地来了。

刘邦正一肚子火气没处发，见刘仲这样狼狈的样子，他也不顾兄弟之情了，当即就罢免了他的代王职位，改立他为合阳侯。而新的代王自然而然就给了戚姬的儿子如意，并命阳夏侯陈豨为代相。就这样，刘邦在“内忧外患”的焦头烂额之时，而戚姬却取得了她和吕后之争的第一场局部胜利。

一招得手后，戚姬并没有满足，她再接再厉，第二招随即出手。前面已经说过谋杀案经过长达数月的审理，赵王的冤案最终得到了公正的裁决。饶是如此，赵王张敖从此不再是赵王了，而是变成了宣平侯了。

那么空缺的赵王之位就得重新立一人啊！ 立谁呢？ 刘邦想也没有想，立如意呗。有人提出这样的疑问来：如意已经是代王了。刘邦是这样反驳的：他当了代王就不可以当赵王吗？ 就这样，年仅八岁的如意马上就集两王于一身，既是代王又是赵王（把代地纳入赵地，统称赵王）。

这一切都得归功于他的母亲戚姬。戚姬仗着刘邦的宠爱，不断吹耳边风，刘邦经不起“温柔的灌溉”，自然对她百依百顺了。因此她的儿子人虽然小，但官却越做越大，风头之劲盖过了太子刘盈。

刘盈作为一个十多岁的小太子，正值逍遥快乐的年纪，哪里会想到这个“小小”的如意已经在威胁他的太子地位了。但他的母亲，也就是大汉皇朝第一位皇后——吕后，就不会袖手旁观了。争夺与反争夺，一触即发。

不管怎样，战争前两轮却是呈一边倒的局面。第一轮：刘邦封戚姬的儿子如意为代王（吕后的儿子还是太子）。戚姬胜。第二轮：刘邦加封戚姬的儿子如意为赵王，小小年纪就集两王于一身。戚姬再下一城。

前两轮的争斗戚姬都取得了胜利，随着时势变化，第三轮的争夺就尤为关键了。

如意被封了几个王了，戚姬接下来还会仅仅满足多捞几个王吗？ 她已把目标直接锁定在了太子刘盈的身上。而吕后不可能会袖手旁观的，她将誓死力保自己儿子太子的位置，烽烟顿起，一场太子争夺战和保卫战马上就要拉开序幕了。

戚姬的理想

也许有人会说，这个戚姬胃口真大啊！ 这么快就想把自己的儿子往太子的位置上逼啊！ 戚姬究竟是一个怎么样的人，这里我也暂时卖个关子，暂不点评。因为后面还会讲她和吕后之间的恩恩怨怨。在这里只想对各位读者说：戚姬也是情非得已。

既然她是刘邦最宠爱的女人，就注定会这么想这么做。戚姬已是“人在江湖，身不由己”，不争取也不行啊。自己的儿子既然当了代王赵王，而如果不能当太子，那一旦刘邦归西后，她和儿子的人身安全保障谁来买单？

因此，除非戚姬像其他妃子一样，是一个默默无闻、一点都不得宠、对吕后构不成任何威胁的人。如果是这样，什么都不用去幻想，平平安安地过完一生就算是大富大贵了。但是她不是，所以她已经没有退路了。

闲话不多说，戚姬和吕后的第三轮太子之争得从一次狩猎开始。这次狩猎，刘邦带着太子刘盈以及宠妾戚姬。途中，有一只大兔子在草丛中，刘邦认为考验太子箭术的时候到了，于是叫他射这只兔子。

太子自然立马上箭拉弓，但他拉满了弓半天也没有射出去，良久，把弓放下吸了一口气，然后再次拉弓，可惜还是没有射出去，又放下弓吸一口气。如此反复了几次后，兔子被惊觉了，撒脚不管东南西北一阵猛跑就不见了踪影。

兔子都跑了，箭却连射都没有射出来。刘邦很生气，后果很严重，怒道：“想不到你的箭术这么差，不说射的本领了，连拉个弓都成这样。”

这个时候还痴痴望着兔子远去的方向的刘盈收回了目光，很平静地回了一句令人吃惊的话：“父皇，不是儿臣射术不精，是因为儿臣发现这只兔子是一只快要生小兔的母兔啊！ 儿臣每次就要把弓离手之时，都不忍下手啊！”

由此可见当时的刘盈是多么善良仁厚的一个人啊！ 可惜当时刘邦并不买他的账，说出这样一句意味深长的话来：“如此憨厚的小子将来能打理好朕的江山吗？”

其实刘邦这个感叹也有一定的道理。试想，一个连一只兔子都舍不得杀死的人，是不是太心软了点呢？ 对于平常人来说，心太软也许未必不好，但对于将成为一国之君的人，这样的人能把江山守住吗？

从来官场如战场，该出手时还是要出手，该狠心时也要狠心啊！ 做臣子的如此，做皇帝的亦是如此啊！ 如果你还不明白其中缘由，那就去找任贤齐的《心太软》来唱唱吧！ 一曲完毕，想必你就对刘邦的心情或多或少有点理解了。

因为戚姬当时就在刘邦身边，这一幕自然不能逃出她那双美丽的慧眼。于是回到宫中，戚姬就开始借题发挥了。她说话之前也很注重技巧，首先用盈盈玉手给刘邦斟了几杯热酒，然后等刘邦酒劲上来、情义正浓时，她说话了：“陛下以为，太子与如意哪一个更适合做皇帝呢？”

“如意。”刘邦想也没想就答道。说完这句，也不等戚姬相问又解释道：“太子太仁厚了，一点都不像我啊！”

“既然如此，太子一旦成了天子，他还能把你辛辛苦苦打下来的江山守住吗？”戚姬反问道。

“恐怕有点难啊！”刘邦一想到太子打兔子那一幕就来气。这样的妇人之仁能成什么大气候？

“既然如此，陛下为什么不立如意为太子呢？ 如意可不是一般的孩子，无论是弯弓射雕还是琴棋书画，无论是才情还是智商都比太子强上百倍千倍啊！”戚姬步步紧逼。

“这个恐怕不行，太子是很早的时候就立下的，不能随意更改啊。”刘邦虽然有点醉意，但关键时刻脑子还是蛮清醒的。

“有什么能比江山更重要的吗？”戚姬弱弱地反问了这么一句。

美人更重要！ 当时刘邦心里是这么想的，爱江山更爱美人嘛。

“陛下难道仅仅以为这是我为儿子着想吗？ 我这是为你们刘氏的万代江山着想啊！”说着戚姬使出了女人无敌的撒手锏——催泪弹。

她一把鼻涕一把眼泪，哭得那个梨花带雨，哭得那个伤心欲绝，哭得那个昏天暗地。总之，哭得那个死去活来时，刘邦那个心疼啊没法形容，他只能下定决心：换太子。

废立太子

由于戚姬总是不断在给刘邦吹耳边风，目的非常简洁明确：废刘盈改立刘如意为太子。刘邦天生就好色，在这个永远都令他着迷的温柔乡里，他又怎么能不动摇呢？ 因此，换立太子的事很快就提上了日程。

当然，吕后也不是吃素的，她早已闻到风声，这引起了她高度重视，她密切地注视着刘邦的一举一动，思忖着对策。没多久，刘邦就召集了朝中文武重臣，开始商量换太子的事。吕后此时也没闲着，她专心致志地躲在大殿的东厢房里，当了一回忠实的观众。

吕后此时虽然紧张异常，但她并没有慌张。因为以她的聪明才智和高人一等的判断力，早已算定了拥护原太子刘盈的人会多些，因为毕竟太子还是在楚汉相争时就立了的，又没有什么大的过错，怎么能说废就废呢？

刘邦待众人都到齐后，说出了他这次召集重臣的最终目的：换立太子。他的话刚一出口，众臣的反对之声就如滔滔流水不绝于耳。他们反驳的观点归纳起来大致为三点：

一、自古废长立幼乃是取乱之道。

解析：秦始皇就是没有早立长子扶苏为太子，才使赵高这样的奸臣把持政权，把大好江山白白葬送了，这是前车之鉴啊！

二、给换太子一个理由，太子没有什么过错，凭什么换了他？

解析：一万个理由太多，只要说出一个太子不好的理由来就行了。

三、吕后对汉室江山既有功劳，又有苦劳，她的儿子是最佳继承人。

解析：当初陛下参加革命时，吕家人倾家荡产地支持，可以说没有吕后就没有汉王朝的今天。

几乎所有在场的大臣都在口沫横飞地阐述反对换太子的理由时，众臣中唯有周昌一个人傻傻地站在那里，脸红得像三月里的姑娘，一个字也没有说。

正所谓，众口铄金，积毁销骨。刘邦见众人这般咄咄逼人的架势，他也不禁心有余悸，于是把目光投向了周昌。他把全部希望都寄托在了周昌这根救命稻草上，“周爱卿啊！ 你说如何呢？”

刘邦这样问是有目的的：一来如果周昌说可以换太子，那么他的底气又会上来，虽然只有一个人支持，但有总比没有人支持好。更何况周昌素来以宽厚仁义著称，在众臣中还是蛮有分量的。二来如果周昌不赞成，他也正好有一个台阶可下，大不了顺着他的意思，更换太子的事就此作罢！

刘邦也是聪明一世，糊涂一时，竟然忘了周昌有口吃的毛病。他这一问，那周昌可憋了大半天才挤出这么一句话来："陛……陛下……废……废掉太子，臣……臣……臣不能奉命……"

众人闻言都一改紧绷的脸，大笑起来。刘邦也笑起来了。话说到这个地步了，他还能说什么好呢！ 废立太子的事只能这样暂且作罢了。

众人退朝后，吕后找到了周昌。她不顾自己的身份和地位，竟然给这个"救命恩人"下跪了。周昌当时那个震惊和感动都是无与伦比的。在个人羽翼未丰时，吕后就是这样隐忍地来拉拢这些拥护太子的朝中大臣。

而通过这次废立太子的事，戚姬和吕后双方的较量再度升级。如果说以前她们在后宫的争夺还是犹抱琵琶半遮面的话，现在就已经撕破脸皮进行公开的较量了，由暗斗变成了明争。可惜的是，这极为关键可以说成败在此一举的第三轮较量中，戚姬几乎耗尽了全部力量，但最后获胜的却是吕后。

戚姬的烦恼

这一轮的失利，对戚姬来说打击是巨大的，可以毫不夸张地说，戚姬已有一只脚站在悬崖的边缘了。她本来以为把刘邦搞定，太子一事就搞定了。因此，对于刘邦这天说上朝讨论废立太子一事，她心里很是激动，她甚至认为，那只不过是例行公事。讨论的结果已毫无悬念，她不到十岁的宝贝儿子肯定会由"二冠王"提升为"太子殿下"。

然而，她一直苦苦等待的好消息并没有等来，等来的只是失魂落魄的刘邦。刘邦阴沉的脸已经告诉了她一切。一切尽在不言中，戚姬满怀喜悦的期待顿时化为乌有。她甚至怎么都想不明白连皇帝也有做不成的事。也直到这时，她才知道事态的严重性。她这才后悔起来，看来废立太子这步棋她走得太匆忙、太草率了，她满以为这步棋怎么走都可以稳操胜券，但棋盘上的风云变幻出乎了她的意料。一步行来错，回头已百年。戚姬又不是傻子，她知道自己一旦失败，她将面临的是什么？

吕后会轻而易举放过她吗？

因此，在刘邦面前，她又使出了撒手锏——催泪弹。事实证明她的撒手锏每次都是奏效的，刘邦原本受伤的心没有人去安慰，现在反而需要来安慰别人了。于是他向他最心爱的女人立下了这样一份保证书，中心思想是：好男人不应该让心爱的女人受一点点伤……

戚姬听了刘邦的保证，虽然稍稍宽心，但她心中的疙瘩却是如乌云般挥之不去了。从此，她的脸上再也没有笑容了。

刘邦看在眼里急在心里。是啊！ 昔日周幽王弄了个“烽火戏诸侯”，只是为了博他最心爱的红颜一笑。千金难买一笑。怎样才能让自己心爱的女人放下心中那千千结，重新展开笑颜呢？

刘邦手下的臣子也不全都是酒囊饭袋，这时御史赵尧主动献计了。他只说了十个字：为赵王选相，万事无忧矣。

刘邦是明白人，一听就明白了是怎么回事，他马上就召周昌进殿来。这周昌是啥子人，上次开太子大会时，他虽然也是反对派，但正是他那幽默搞笑的一句“臣不能奉命”解了他的围，让他有台阶可下。再加上他在楚汉相争中也立下了汗马功劳，在众臣中的威望是很高的。

当刘邦说出了要立他为赵王的相国时，本来已被吕后那一跪震惊得无与伦比的周昌一个趔趄差点跌倒。他也是个明白人，他很想做个中立派，他知道自己一旦卷入这场后宫的争夺战中，将会引火烧身的。然而，此时君命如山，他又怎么能违背呢？ 就这样，不久，周昌护着如意离京上任去了。太子争夺战总算暂时告一段落，这场战役最终以戚姬的失败告终。

而戚姬仗着刘邦签发的“保证书”，表面上仍可高枕无忧，但刘邦将来百年之后，他的“保证书”失效后，她该怎么办？ 她能斗得过心狠手辣的吕后吗？ 她儿子有周昌辅佐就真能永保平安吗？ 一切的一切后面将会给你揭晓答案。

第九章 叛 乱

逼上梁山

周昌是个正直的人，但正直的人也得为人做事，也有自己的一亩三分地，也不可避免地要为自己的利益着想。也正是因为如此，周昌上任后，和他直接有冲突的就是陈豨。

这个陈豨想必大家都不陌生吧！ 在分封大会时，他是被刘邦封为阳夏侯的。后来刘邦经不住戚美人的蛊惑封如意为代王时，由于如意太小，戚姬又舍不得让她才八岁的宝贝儿子远离自己去代地上任，于是陈豨的身份转身一变，由“阳夏侯”变成了代国的“代相”。

由于如意还是个小孩儿，代国之地就是陈豨说了算，说白了，他就好比是代王。也正是因为这样，代地的英雄豪杰无不对他敬重有加。而陈豨又礼贤下士，因此更得人心。就这样，陈府门前每天都可以用四个字来形容：门庭若市。

周昌来了之后，他代替了陈豨的地位，成了代相。而陈豨光荣地退居二线去了。饶是如此，陈豨并无怨言，相反他对周昌还是很敬重的，还经常去“问候”这个新代相。

然而，陈豨如果像普通人一样去找周昌，以周昌的为人和性情自然是很乐意，但问题出就出在，每次去周府，陈豨都太过重视自己的礼仪了。他每次随行的人员都有近千人，车子近百辆，场面可以用一个字来形容：牛。

这样壮观的场面着实让周昌吃惊啊！他经常在刘邦身边，就算皇帝出巡也不过千把人，而这个陈豨的出访竟然可以跟皇帝相媲美。

第一次，周昌除了惊羡外，并没有其他的想法。第二次，周昌除了感慨外，也没有其他的想法。第三次，周昌除了惊羡和感慨外，就有了其他的想法了。周昌再也坐不住了，马上赶到京城去见刘邦，并且以密谈的形式说出了陈豨的“作风问题”。

刘邦听说自己至高无上的权威受到了挑衅，怒不可遏，于是下令御史府（相当于现代的最高检察院）全权负责调查这件事。御史府的官员们一番忙碌的调查后，得出的结论和周昌的几乎一模一样：陈豨很多举动反常，似有造反之意。

陈豨很快知道了刘邦派人来秘密调查的事，他意识到事情的严重性，于是他马上召开了一次内部政治会议。会议一开始，陈豨就抛出刘邦调查他这个话题，问他的部下该怎么办？他手下这些门客正唯恐天下不乱，马上给陈豨举了两个例子来告诫他。

一、韩信在楚汉之争中起到了力挽狂澜、扭转乾坤的作用，还被除去了封国降为侯，现在还“软禁”在京城中，空有侯名，什么事都不能做。

二、原赵王张敖是刘邦的女婿，根本就没有反意，还被以“莫须有”的罪名除去了封王降为侯。

两个例子一举出，陈豨的心顿时凉了半截，都说用人不疑，疑人不用，既然刘邦都对他起了疑心，那他还坐在这里干什么，难道坐等刘邦挥刀来砍自己的头颅吗？ 思来想去，陈豨最终决定：造反。

当然，他反之前，还想去说服一个人，只要这个人肯和他联手，那么他成功的机会就会大大加大。

这个人就是淮阴侯韩信。统军百万的帅才，带兵打仗，战无不胜，天下英雄无人能出其右。

于是他派一个说客对韩信进行了说服工作。韩信看完陈豨的信后，半晌才说出这样一句话来：当初我兵权在握，谋士蒯彻劝我反叛，那时如果反，可能现在就是三分天下有其一了，但当时我都没心动。现在天下形势已定，我不想再蹚这浑水了。说客说服不了韩信，眼看交不了差了，于是退而求其次去说服韩信的两员部将王黄和曼丘臣。

陈豨当年就和王黄、曼丘臣有过深交，他们都不满汉王对主子韩信的态度，此时见主子不心动，他们两个却不愿一辈子被“软禁”在府上，于是决定去和陈豨一起再干出一番大事业来。

就这样，说客这次也没有白来，他虽然没有完成说服韩信的既定任务，但好歹还是带回了王黄和曼丘臣两员猛将（韩信的心腹）。

一场叛乱一触即发。

就在陈豨密谋造反的时候，刘邦也没有闲着。他忙得很，因为他痛恨也深爱着的父亲刘太公去世了。之所以说痛恨，是因为当年刘太公对他太有偏见了，总是看不起他。他甚至还清楚地记得，父亲当年那句常挂在嘴边的“不务正业的小子”，像一片乌云挥之不去。那个时候他对父亲是有看法的，说白了，他心里还带着些许恨意的。

那一年的元旦，刘邦举行了朝中盛宴，刘太公作为太上皇自然也参加了，酒席上的刘邦突然想起不堪回首的往事来，心中有点泛酸，于是乎，他就对刘太公说了这样一句话：“记得在家时，父亲大人总是说我不务正业，还总是说我不如二哥，父亲大人，现在你觉得你两个儿子谁的产业大呢？”

太上皇很是尴尬，只是笑笑，什么也没有说。

但父亲毕竟是父亲，母亲早逝，对于刘邦来说，他只有这么一个父亲了。因此，他原谅了父亲当年的“过错”。为此，他还为这个可爱的父亲建了一个“仿中原里村”。让父亲住在宫中也像回到了家乡一样。

种种迹象表明，刘邦都大有对父亲越来越好之迹象，但就在这时候刘太公走到了人生的尽头。看来他真是福大命不大啊！

破 敌

皇帝的老子葬礼安排得自然很隆重了。因此，朝中的大臣自然也就都要来参加了。陈豨也收到请柬了。收到请柬后，他就犯难了。他心就想了，该怎么办呢？ 是不是该去呢？ 如果去了会不会有危险呢？

这时他的部下就提醒他说：当初刘邦就是利用狩猎的机会把韩信擒住的。这次既然刘邦对大王你已产生了怀疑，你去参加葬礼肯定凶多吉少啊！ 是啊！ 这么说来那是不能去了。既然不能去，那就只有一条路可以走了：造反。

公元前197年九月，陈豨与王黄、曼丘臣等人把汉朝的大旗给撤下了，正式换上一面新旗帜，造反。

陈豨自立为代王，发兵攻打赵、代之地。但刘邦早有提防，于是乎他草草办理了父亲的葬礼，然后亲自带着大军来平叛了。刘邦的大军走到代地附近（邯郸），他就下令安营扎寨不再前进。他在这里做了三件安抚人心的事。

一、免去丢失了二十多座城池的常山太守与太尉的罪责，并且继续重用他们为常山太守与太尉，命其火速灭敌。

二、在赵地找了四个壮士，封他们四人为将，赐一千户封邑。让他们充当先锋队，为其他各路大军的到来赢得了宝贵时间。

三、花费大量的钱财去收买王黄和曼丘臣的部下，在金钱效应的带动下，让王黄和曼丘臣两人几乎成了光杆儿司令了。

做了这几件事后，刘邦采用了武侠中最为经典的武功战术：以静制动。面对刘邦的不“动”，陈豨却坐不住了，他开始行动了，他把他的部下分成了三路来和刘邦展开对战。

一、王黄、曼丘臣带兵一千屯扎曲逆（只有这么多人可派了，谁叫他手下的士兵纷纷倒戈到刘邦那里去了）。

二、张春率一万人渡过黄河攻聊城，侯敞负责接应。

三、赵利守东垣，另勾搭上韩王共同进军。

“敌不动，己不动，敌一动，己先动。”这是武学中的至理名言。

看似刘邦在邯郸静悄悄得很，但陈豨刚刚行动，刘邦也行动了。他采取了最稳妥也是安全实惠的办法：瞄准目标，各个击破。刘邦针对陈豨进行了如下部署：

一、郭蒙及曹参迎击聊城，对付张春。

二、樊哙来对付侯敞一路。

三、灌婴去曲逆，目标直指王黄、曼丘臣。

四、柴武负责去平定韩王。

刘邦自己亲自率大军，任郦商和夏侯婴为大前锋，直逼东垣。

以上是刘邦针对陈豨而出的招。而除此之外，刘邦派了周勃去偷袭赵地的城都（陈豨的老窝）。事实证明，刘邦果然是出色的军事家，以牙还牙，双方对阵的结果是汉军全线告捷。

周勃不负众望，他的大军以最快的速度荡平了武郡，动摇了陈豨的根基。接着，捷报频传：郭蒙大败张春；樊哙平定清河常山，斩杀了侯敞；灌婴更是威不可当，赶走了王黄和曼丘臣。

面对各路大军的全线胜利，刘邦亲自坐镇的这一路同样不甘落后，他们也顺利拿下了赵守利的东垣城。对陈豨打击更大的是，王黄和曼丘臣被灌婴打败，押送给了刘邦，免去了刘邦一番“相思”之苦。对待甲级战犯，刘邦不再心慈手软，马上把这两人送上了断头台。

而此时唯一不明朗的就是柴武对韩信这一路了。

韩信投靠匈奴后，心里并不很快活。他虽然也得到了冒顿的重用，但再多的钱财也不能消除双方血性上的差异。更要命的是，他忍不住思乡之情了。都说叶落归根，他也早已过了不惑的年龄了，想到自己的下半辈子将再也无法回到自己的家乡了，他心里那是啥滋味，谁也说不清。

也正是因为这样，接到陈豨的求救信后，他便决定南下支援，顺便回到中原去看看。然而，这一看，又看到了什么呢？ 他刚刚出发，就看见他的一个故友。这个人的名字叫柴武。

也不知是巧合还是刘邦的故意安排，两个昔日的好朋友此时却在战场上相遇了。两人眉目传情了一阵，并没有交手的意思。双方就此僵持着。

但很快柴武的仁慈之心就消除了，因为这时其他各路大军已频频告捷了。唯有他这一路还是静悄悄的没有一点动静。

“如果主子将来怪罪下来，我的乌纱帽就不保了。我岂能为了友情，而葬送了美好的未来？”柴武想到这里，拔出身边的剑，一剑斩断自己的衣袍。

既然此情无计可消除，那我就来个割袍断义好了。柴武割袍断义后，老友的情义才下眉头，计谋就上心头了。当然，说是计，也是最简单的计谋而已，因为柴武只不过来了个突然大撤军。

本来叙旧的好朋友突然走了，韩信心里很是失落。于是他马上决定去追击。当然，他此时追的目的也不再想跟柴武重修于好，而是想捉住他去向冒顿请功。

可惜，事实证明，韩信没有经过大脑的这一举动是很不明智的，他追啊追，当追入一片丛林时，他的人生也走到了尽头。中了埋伏的韩信被好友柴武亲手斩于马下。

而陈豨此时早已如丧家之犬逃到了匈奴人的地盘，去当冒顿的走狗去了。至此，陈豨的造反宣告失败。

第十章　韩信之死

成也萧何，败也萧何

我们常常听到这样一句话：成也萧何，败也萧何。这句话并非空穴来风，它是有事实依据的。

首先我们来看第一句：成也萧何。

其实这句话我们并不难理解，相信读者一定都对“萧何月夜追韩信”记忆犹新。换句话说，韩信之所以能被刘邦重用，完全是萧何的功劳。当时他不断地向刘邦推荐，并且不惜追出千里去追这个人才，才使得这个当年默默无闻的人才得到了刘邦的重用。刘邦拜韩信为大将军后，韩信终于走上了历史的舞台，特别是东归时他对汉中三王初试牛刀后，其天才般的军事才华终于有了用武之地。因此，功成名就后的韩信感谢了很多人。感谢生他养他的父母，感谢小时候给他热馍馍的老婆婆，甚至还感谢那个逼他受胯下之辱的小混混。而在韩信心里，他最想感谢的人就是萧何。

前面已经说了，陈豨被刘邦逼得叛乱时，他首先想到的就是联合用兵如神的韩信一起造反，但韩信此时已“咬定青山不放松”，决定继续愚忠下去。但“欲加其罪，何患无辞”，韩信虽然决定愚忠下去，但事情的发展却并不允许韩信得过且过地活下去。

正所谓，树欲静而风不止。直接拉韩信下水的是他手下一个叫尹中胜的人。尹中胜悄悄地到吕后（刘邦此时正在前线平定陈豨的造反）那里，告发韩信造反，不为名也不为利，就是因为他哥哥尹中魁的事。那么尹中魁终究又干了什么事，非要逼得尹中胜撕破脸皮把韩信往绝路上逼呢？

其实尹中胜的哥哥尹中魁也没干什么大事，只是干了一些勾搭女人的偷情勾当，谁知却惹到韩信的头上来了。尹中魁利用英俊的外表和韩信一个侍妾陈姬好上了，有了一腿后，如果韩信不发现那倒也罢了。但韩信是啥人物，他不知道的事，自然也会有人告诉他的。告诉韩信这件事的是韩信的另一个侍妾孙姬。告发的原因不说大家也明白了。同是侍妾相煎能不急吗？

韩信虽然是率兵百万的帅才，为人做事也不拘小节，但他又岂能容别人动他的女人呢？ 于是尹中魁马上蹲监狱去了。而且派人去审讯他，待证据齐全后，他就要向尹中魁开刀问斩了。

对于这一切，尹中魁的弟弟尹中胜看在眼里急在心里，他马上就想出了一条救兄长的妙计来。在前不久陈豨派来使者说服韩信造反的事上大做文章。

面对尹中胜的造访，吕后正中下怀。此时她已成功捍卫了自己儿子的太子位置，她正野心勃勃地想在朝中树立自己的威信，于是，韩信很光荣地成了她的磨刀石。吕后知道韩信也不是省油的灯，要对付他也不容易，于是她找来了一个得力的帮手——萧何。两人在密室中进行了一次对话。

“韩信吃了豹子胆，居然想与陈豨里应外合来造反，该如何处理这件事啊？”吕后直接问。

“证据何在？”萧何吃了一惊，轻声反问道。

“都是尹中胜的举报，他说韩信要乘皇帝出征之际，乘机袭击太子啊！”吕后说道。

“口说无凭，只有拿到他造反的真凭实据才能定罪啊！”萧何其实对韩信还是挺信任的。

“当年韩信是你一手提拔和推荐起来的，如果真出了什么大事，只怕你这个做丞相的也脱不了干系啊！”

这句话说到萧何心坎里去了，他默然不语起来。

“韩信不服朝廷管理已经很多年了，如今又要谋反叛乱，这样的人留着岂不是对我大汉皇朝的威胁？”

“皇后的意思是……”萧何看着吕后眼神中透露出来的杀意，感到了一丝寒意。

“你既然已明白，就出一个主意吧，能把韩信神不知鬼不觉地干掉最好。”

“是……臣……这就想想。”萧何已是满头大汗。

随后聪明的萧何出的主意是：诱歼韩信。

萧何的具体步骤为：

一、先造声势：佯说皇帝已凯旋，陈豨也已被擒住了。

二、顺理成章：朝中大臣听到这样的好消息必定都会前来朝贺。

三、连锁反应：韩信如果能自动送上门来最好，如果他不来，也不用着急，我萧何再亲自去请他来。

四、手到擒来：皇后您只需要先派刀斧手埋伏在宫中，韩信一到，就杀无赦。

这无疑是一个绝佳的好主意，吕后连连称好。于是萧何马上就把这件事付诸行动了。

听到刘邦平叛陈豨凯旋的消息，朝中大臣们的反应很是积极热烈，第一时间纷纷到朝中表示祝贺。只有韩信的脸上面无表情，无喜、无嗔、无怒、无怨，难道他是真的已修炼得心静如水了吗？

答案是否定的。其实在他内心里，他真希望刘邦这次最好是失败，败得一塌糊涂最好。如果是这样，已被“架空”的他才会再次显示存在的价值（吃了败仗，刘邦也许才会想到用兵如神的他）。因此，听了刘邦大获全胜的消息，他反应很冷淡，并没有像其他大臣们一样去朝中道贺。

既然韩信不肯自动送上门来，萧何于是采用了下策，亲自去请韩信。到了韩府，当时韩信正在下围棋，他一边下还一边有感而发地吟道：“酒不醉人人自醉，棋不迷人人自迷。”

“夜等客人人不至，闲敲棋子落花灯。”萧何顺口也吟了一句有关“棋”的诗。韩信这时才发现萧何来了，他先是吃了一惊，然后笑道：“有朋友自远方来，不亦乐乎。”

“古人云：三人行，必有我师焉。韩兄不但用兵如神，是我望尘莫及的老师，单看棋盘上你的棋路清晰如行云流水般豪迈奔放，如此不拘小节的思路，境界之高，在棋道上亦是我的老师啊！”萧何亦笑道。

就这样，两人交谈得轻松而愉快，一如往日地促膝而谈。只是两张笑脸背后，一张是纯真无邪的，而另一张却是略带苦涩的。

一番海阔天空后，萧何知道该演的戏已经演了，该是进入正题的时候了。于是他来了个单刀直入。

“近日从前线传来好消息，皇上打败了陈豨，马上就要回朝了，这件事你不会不知道吧？”萧何问。

“听到了一点风声。”韩信淡淡地答道。

“既如此，大臣们都去朝中道贺，为何唯独不见你去呢？”萧何反问。

“我近日身子不舒服，所以……”韩信搪塞道。

“你是朝中重臣，别人都去了，你不去，只怕有点说不过去啊！”萧何说道，“今儿我正好有空，不如我陪你去宫中转转吧！”

“如此，恭敬不如从命了。”韩信对这位大恩人哪里会有提防呢！

就这样，韩信当即换了衣服跟着萧何去了宫中。但他哪里知道，他此次去宫中竟成了他人生中的绝唱。刚一到宫中，早已“恭候”多时的武士们就把韩信捆了个“活木桩”。

惊呆了的韩信，急忙回过头找萧何求救，这时却发现萧何不知道什么时候已练成“凌波微步”了，转眼间已没了踪迹。

“罪人韩信，你可知罪？”萧何走了，吕后出现了，她来了一个下马威。

“臣何罪之有？”韩信反问道。

吕后随后说出了韩信两项罪名。

一、陈豨被圣上擒住后（纯属吕后信口雌黄，陈豨此时正在匈奴那边度蜜月呢），已供出你和他有暗谋之实，想里应外合来对付朝廷。

二、你府中的舍人尹中魁之弟供出你和陈豨有书信来往。

随后，吕后就直接宣布，韩信“谋杀”罪名成立，判处死刑，并立即就对他施行了“虎头铡”。

可怜的韩信哪里说得一句争辩的话来，只是在头颅掉下来的那一刹那间，吟出这样一句挺有深意的话来：“悔当初没有听从蒯彻之言，如今居然栽在一个女人的手上，这是天意啊！”

一代名将就此乘风而去，他挥一挥衣袖，来不及告别昨日的云彩，带走了无尽的怨恨。这就是“败也萧何”的由来。

悲喜两重天

刘邦平定陈豨造反后，回到朝中就听到韩信死的事，他的反应是：喜忧参半。喜的是韩信一直是他的眼中钉肉中刺，现如今钉拔了刺没了，一大心病也就消除了；忧的是吕后以这种“赤裸裸”方式直接就把韩信“咔嚓”了还是不妥的，至少朝中的大臣会有看法的。

只是他知道事已至此，已无弥补的余地了。当然，刘邦就是刘邦，对细微之处恐怕比女人还要敏感。韩信临死前那句话，又让他劳师动众地去寻找一个人——蒯彻。

成了通缉犯的蒯彻马上就被抓住了。刘邦听说蒯彻被擒后，亲自来审讯这个有“反革命思想”的人。

“听说你当初曾力劝韩信造反，可有此事？”刘邦的审讯以问话的形式展开。

蒯彻没有多大的惊慌，答道：“是又如何，不是又如何？”

刘邦终于大怒了，他认为审讯没必要再进行下去了，马上给蒯彻判处了煮杀的极刑。你既然这么嘴硬，就让你清清白白地来到这个世上，然后再清清白白地去吧！

“且慢，臣是冤枉的。”关键时刻，蒯彻还是镇定自若。

“你散布反革命反大汉帝国思想，罪不可恕，何冤之有？”刘邦跟项羽交战久了，也学会了“狮子吼”功夫，只可惜他的火候跟项羽来比相差何止十万八千里。

“此一时，彼一时，当初天下混乱，英雄并起，不想当元帅的士兵不是好士兵，因此，我劝我的主子反叛，好立下千秋功业。可惜他并没有听从我的意见，否则我和他也不会落到如此的地步了。”蒯彻冷笑道，“当时想成大业的英雄那么多，难道陛下您都要煮了不成？”

刘邦闻言半晌说不出话来，蒯彻这是大彻大悟之感言，还是发自肺腑之言已并不重要了，重要的是这话说得确实高深啊！ 寓意太深了。于是，刘邦收回成命，放了蒯彻。

蒯彻出了宫后，并没有急着离开，而是直奔韩信那座孤坟而去。他没有像寻常人那样对韩信磕头祭拜，他只祭不拜，因为他对这个自己的主子感到惋惜的同时也很痛惜，如果他当初能听自己的话，结果就不会是这样了。

是啊，韩信可以在行军打仗时料事如神，可以比别人见识远上百倍甚至数千倍，但对自己的命运却一点都没有预料到。

这样窝囊地死去，韩信死不瞑目，蒯彻也无法释怀啊！ 他以自己的方式祭拜了一番，最后吟唱了一首诗，随后飘然而去，消失在滚滚红尘中。而他的歌声回荡在山谷久久不曾散去，竟成了千古绝唱。

新的起点

平定陈豨的叛乱后，刘邦马上又对赵、代两地分而治之。赵王如意管他的赵地，代地由他的另一个宝贝儿子刘恒来掌管。

这个刘恒乃是刘邦另一个爱妃薄姬的儿子。刘邦最宠爱的两个妃子，除了戚姬就是薄姬了。如果说戚姬如同山野里娇小可人的百合花的话，那么薄姬就是幽谷娇娆冷艳的郁金香。

刘邦虽然也喜欢这个冷美人，但毕竟他最爱的还是热美人——戚姬。再加上他后宫佳丽三千，每天晚上都有交不完的“家庭作业”。因此，冷落冷美人也在情理之中了。

说白了，封刘恒为代王，就是刘邦对薄姬的一种补偿。而即将去上任的新代王刘恒马上就得寸进尺，向刘邦提出了一个更为苛刻的条件。他以自己年幼为名，要求母亲薄姬一同去上任。

刘恒这样做是有深意的（其实是薄姬教刘恒这样做的）。一方面母亲在宫中遭冷遇，本来就可有可无；另一方面却是因为后宫之争。前段时间戚姬和太后的太子之争，已让后宫之争的问题真真切切地摆在众人面前了。

吕后现在正在拉拢后宫的其他贵妃们。而戚姬仗着是刘邦最宠的妃子，也不甘落后，自然会全力出击。薄姬也是聪明人，她自然不愿意卷入后宫的是是非非中。而只要脱离了宫中就可避开卷入这场战争。

海阔凭鱼跃，天高任鸟飞。选择离开，这是最明智的选择。然而，她到代地后就真的可以暗淡刀光剑影，就真能稳处一方的平安吗？ 让我们看看后面历史的发展进程就知道答案了。

第十一章　风云再起

一波未平，一波又起

前面已经说过，当初刘邦在彭城兵败逃到下邑后，召开了一次总结大会。会议上张良根据形势的需要提出了三步走的计划。他建议刘邦把三个很重要的人才都搞定，才能与强大的项羽抗衡。这三个人分别是：韩信、彭越、英布。

果然，刘邦搞定这三个人后，最终打败了项羽，夺得天下。然而，随着形势的转变，当初他最得力的三虎将，现在变成了三个心腹大患，“功高震主”这是历代皇帝的一大心病。

韩信平白无故地被吕后的妙计处理掉后，天下并没有就此太平。相反，正是由于吕后草率的行为造成了很严重的后果。

韩信死后，第一个站出来反对刘邦的就是“三步走”的另一个重量级人物彭越。当然，彭越此举与其说是居安思危主动站出来反刘邦，还不如说是被刘邦逼起来造反的又一典型案例。

刘邦去平叛陈豨时，曾召令彭越一道前去。但当时彭越以身体有疾为由，推托不去。按理说人家有病不能去，作为一国之君应该体谅一下，但刘邦当时却不这么认为，为此还大发雷霆。叫韩信出征，韩信以病推托，现在叫你彭越出征，你彭越也以病推托。怎么会这么巧，一到关键时刻都病了。

什么病，怎么早不生晚不生，偏这个时候生？ 当时有点愤怒的刘邦就写了一封信送到彭越那里，极尽挖苦之能事。看了信后，彭越心里不好受，其他病倒没有，忧郁病倒是马上发作了。他的忧郁也不无道理，自刘邦夺到天下后，到现在诛杀的诸侯王也有好几个了。

燕王臧荼第一个被他干掉，但好歹这个人也死有余辜（谁叫他整天高喊着“我要造反”……）；其次是楚王韩信突然连降三级，让人丈二和尚摸不着头脑。接着韩王韩信被逼着投靠匈奴，后又被刘邦的大军所灭。这几个人除了燕王臧荼是主动扯起造反的大旗，其他人都是被逼着造反的。居安思危，彭越心里就想了：刘邦的下一个目标该不会是我吧？

正巧这时，韩信又被斩了。这下彭越就再也坐不下去了。他马上召集心腹召开了一次政治会议，讨论下一步该何去何从。

会议开始后，部将们就以手中无一兵一卒的韩信被冤杀为突破口，力劝彭越起兵造反。但面对部将一浪高过一浪的造反声，彭越却总是摇头，并且说出了自己三点理由：

一、刘邦封我为王，待我不薄，我怎能轻易言反？

二、退一万步来讲，此时的汉王朝已强大无比，就算想造反，也只有一个结果：死路一条。

三、自己的死是小事，但不能牵连到我的家人及众将你们啊！

但他的观点并没有得到部下的共鸣，相反他们马上进行了最强有力的反驳。理由同样有三：

一、诛杀功臣是每个开国君主的优良传统作风，高祖刘邦只怕有过之而无不及。

二、韩信已是前车之鉴，刘邦的下一个目标已经锁定在大王您的身上了。

三、刘邦现在召你去朝廷，如果大王真的应召而去，那么结果只有步韩信的后尘：死路一条。

这下，彭越左右为难了。他一时拿不定主意。但真要他现在去造反，就算他有反心，也没有反胆啊！ 于是彭越选择了“等”的战术，他决定等到刘邦消了气，再去负荆请罪，化干戈为玉帛。然而，树欲静而风不止，就在彭越举棋不定时，一件芝麻大的小事却把他直接给逼上梁山了。

这件小事得从彭越手下一个叫蒋公的人说起。这个蒋公因为和彭越是老乡的关系，再加上他以前行军打仗时，每每都身先士卒冲在前面，屡立战功。因此，在彭越被刘邦封为梁王后，彭越也让蒋公做了自己的太仆（类似于秘书）。

都说饱暖思淫欲。这太仆以前在行军打仗时是个好士兵，但当了太仆后，他的人生观念就转变了，思想也腐化堕落了。太仆仗着是梁王身边的大红人，目中无人，目空一切起来。

一次，他喝了酒后，驾着他的豪华马车四处溜达，并美其名曰：兜风。

人家兜风一般是到人少景美的地方去，但他为了显示自己的“百里挑一，与众不同”，他兜风时哪里人多就往哪里钻。于是闹市成了他的首选地。驾着豪华马车在闹市上横冲直撞，这样的回头率肯定是很高的，太仆也着实风光了一把。但太仆这种“飘飘然”的美好感觉并没有维持多久，就被刺鼻的血腥味给冲淡了：他的马车撞死了街上一个路人。

杀人者偿命。彭越在“法律”问题上，一向以“铁面无私”著称，接到群众的联名举报后，他毫不手软，把太仆囚禁起来，准备从严从重处理这件案子。

被关在黑屋里的太仆酒醒后不由冷汗如雨，不说单这次撞死人的事就该被砍头，要是以前的罪行都被彭越知道了，他的头掉一百次也不够啊！于是他苦思脱身之法。

彭越念其往日情分，只是把他关在一间通风性能良好的黑屋子里，并没有把他打入“地牢”里去。这给太仆的出逃创造了机会。他先把捆在双手上的绳子在石墙上摩擦着，费尽九牛二虎之力磨断绳子后，再施展“壁虎爬墙”的功夫，从通风条件良好的破漏的黑屋顶上爬出去了。

逃出黑屋后，太仆一不做二不休，直接就上京城向刘邦告状去了。他驾车撞死了人，现在却来了个恶人先告状，他状告彭越谋反。

刘邦一听又有一个谋反的，怒不可遏，他马上派人去梁地把不明所以的彭越给抓了起来。彭越交由最高人民法院（御史）院长王恬来审讯。王恬开庭审讯后，明明知道并没有彭越造反的确切证据，但他能混到最高人民法院院长的职务，也不是吃白饭的，行军打仗、治国安邦的本领他没有，但见风使舵、溜须拍马的本事却无人能及。

他通过察言观色，暗自窥探，已明白了刘邦的心意。于是乎，他随便审了几下，就作出如下判决：彭越“谋反”罪名成立，判处死刑，剥夺政治权利终身。

判了彭越的死刑后，按理说刘邦应该满意了，这不是他一直想要的结果吗？ 然而，当彭越真的被判死罪后，刘邦却又犹豫了。吕后已经错杀了一个韩信，如果这时又把彭越干掉，只怕真会惹怒其他诸侯，群臣激怒，到时候只怕又会生出一些是非来。

思来想去，刘邦最终推翻了王恬的判罚，进行了终极判罚：免去彭越的死罪，给他留一点活罪。当然，这活罪也不单单是重杖屁股这么简单，而是直接把他流放到蜀郡那片荒凉之地去。

刘邦当年被项羽赶到那个荒凉无比的汉中，此时也让彭越去那里体验一下生活，这叫有福同享、有难同当。按理说死里逃生的彭越捡回了一条性命后，理应马上去上任才对。但他心中总是觉得愤愤不平，甚至还想直接去找刘邦让他“回心转意”。

但此时绝情的刘邦已打定了主意避而不见，彭越吃了数次闭门羹后，才不得不慢腾腾地收拾奔赴蜀地，内心里却还在等待刘邦的“回心转意”。最终，他没有等到刘邦“赦免”他的诏书，相反，却等来了一个女煞星——吕后。

这时彭越就像病急乱投医一样，见了吕后，就像抓住一根救命稻草一样。他直接就向吕后诉苦了，他信誓旦旦地说自己从来没有想过造反，说到动情处不禁泪水涟涟。

“让你受委屈了。”等彭越说也说完了，哭也哭够了，吕后这才安慰道，“这样吧！你也别往蜀地去了，跟我去见皇帝去吧！我帮你去美言几句，让你官复原职。”

“多谢！”彭越感激的泪水在眼眶中直打转。于是，他放着好好的蜀地不去了，又鬼使神差般跟着吕后回皇宫了。他满以为凭着吕后跟自己这次“美妙的邂逅”，梁王的位置将失而复得。但他哪里知道，他这一趟回京城竟是他人生的终点站了。

吕后见到刘邦后。直接说出放彭越去蜀地等于是放虎归山。面对吕后不断放大的“因果论”，刘邦心中也是一颤一颤的。嘴里直叫道：“如此，我该怎么办，我该怎么办？那彭越已确定去蜀地了啊！总不能再派人去追回来吧！那样等于是自己打了自己一个耳光啊！”

“这个你不用操心，人我已经请来了。”吕后说到这里狡黠地一笑。

于是，彭越在盼星星、盼月亮、盼吕后的好消息时，盼来的却是又一张逮捕令。罪名是：“彭越舍人孙毅，控告彭越不服朝廷判决，前往蜀地的途中招兵买马，欲有不轨之举，特捉拿叛臣彭越。”

彭越又回到了那个熟悉的监狱，直到这时的他才感到了前所未有的寒意。最毒妇人心，可惜他已明白得太晚了点。可怜的彭越最终落得和韩信一样的下场。

而吕后在韩信的问题上初露锋芒后，这一次再展雄风，一个蜕变后的皇后正逐渐露出狰狞的面孔。

背后的故事

韩信死后，蒯彻对他进行了一场极为特别的“祭祀”——只祭不拜。而彭越死后，有没有人为他进行特别的“祭祀”呢？

也许是为了防止出现韩信死后蒯彻那惊世骇俗的祭祀方式重演，刘邦下令把彭越的头颅挂在城墙上，下写有一封诏书：敢有收起或祭祀彭越的头颅的人，与彭越同罪。

一连几天都没有人敢来祭祀。这天，忽然出现一个身穿白衣白裤，脚踏白靴，头扎白巾，总之一身“白”的人。他手里拿着祭品，对着彭越的头颅边拜边哭。那些守吏也不是吃素的，不由分说，就把那人抓起送到朝廷。

“你是何人？”刘邦怒骂，“敢来祭祀彭越？”

“我乃梁大夫栾布是也！”那人平静地道，“前些日子某奉彭王命到齐国出差，今日回来，特向他复命……”

“你难道没有看到诏书吗？ 居然敢在大庭广众之下哭祭，这是同谋之罪，来人啊！ 快快把他煮了。”刘邦怒火冲天。

此时殿前正摆着汤镬，卫士一接到命令，二话不说，将栾布提起，就要往汤镬中送。说时迟那时快，就在卫士要下手的当空，栾布撕心裂肺般大叫了一声：“臣有一句话，如果不说出口，将死不瞑目。”

“但说无妨。”刘邦这时倒显得很大度。

既然你要我说，那我就不客气了，于是栾布的口才得到了充分的发挥，举出了彭越的两大盖世功劳。

一、陛下败走彭城，败走荥阳、成皋之间，项羽强兵压境，如果没有彭王居梁地，助汉击楚，这天下早就是姓“项”的了。

二、垓下决战，彭王如果不来，项王也未必就会败。

结论是：如今天下已定，彭王受封，肯定想将封地传于万世，又怎么会去想造反的事呢?

刘邦是聪明人，个中缘由一点就破，静心一想，彭越的事他也自知做得太过分了。于是不但赦免了栾布，还给了他一个官来当。于是乎，栾布就靠这样一场祭祀得到了一个大官职，让人哭笑不得。

刘邦的做法是欲盖弥彰，然而群众的眼睛是雪亮的，正如栾布所言：功臣人人自危，不反也被逼反了。

不该反的都要反

记得曾看过这样一个笑话。一个主人请客，他一共只请了三个客人，来了两个后，还有一个没有来。于是主人就发话了：“该来的还没有来。”听了主人的话，两个在场的客人都很难堪，其中一个大为恼火，竟然拂袖而去了。这时主人急忙去阻拦，他是这样说的：“该走的还没有走。”这下剩下那个客人气量再大也忍不住了，于是他也愤然而去。最后这个主人请客，却只剩下他一个人了。

这个故事从我们现在的角度来看，主人错就错在他的言行，是他逼着客人都怒而离去的。

而此时的刘邦所遇到的情况也一样。吕后先设计来了个先斩后奏把韩信干掉，随后又想方设法干掉了彭越。要知道当初张良就曾把韩信、彭越和英布归为三虎将的。现在两虎将死了。另一员虎将英布自然也坐不住了。吕后斩韩信诛彭越，实际上正如“请客的主人”，已经把“客人”英布逼上了绝路。

前面已说过，韩信的造反，彭越的造反，都是因为手下的人因为个人的利益，又利用皇帝对他们的猜疑来“恶人先告状”的，从而给了吕后借刀杀人的机会。

而相对于韩信的人头落地，彭越的死就惨不忍睹了，他被剁成了肉酱。于是一个月后，也就是公元前196年端午节这一天（彭越遭诛杀在3月），各大诸侯都接到了刘邦送上的一份特殊的礼物——彭越的肉酱。

有了一包剁碎的肉酱，端午节包粽子的肉不用再犯愁了。单从这一点来看，这刘邦真是善解人意啊！ 还真是急大臣之所急啊！ 当然，刘邦想用这种方式来唬住手下重臣，使他们安分守己，不再生出“谋反”之心。但事实证明，刘邦这种做法非但没有起到“杀鸡儆猴”的作用，反而适得其反。

英布接到肉酱后，其个人的震惊是无与伦比的。于是他加紧了个人防备，把自己的地盘守得严严实实的（说白了，这时的他采取的是观望的政策，他还远远没有到达造反的地步）。然而，该来的终归会来，躲也躲不掉，把英布逼上绝路的同样是一件小事。

韩信被人告发，是因为麾下一个侍妾和手下的臣子私通，他愤怒之下欲斩了那通奸之人，最后被那通奸之人的弟弟反咬一口。结果，被吕后砍了头（刘邦确确实实当了一回观众）。彭越则是因为放纵一个心腹，平时管教不严，偏生他犯了人命官司时才想到要治人家的罪。心腹就不干了，逃出去到刘邦那里直接就告了他一状。结果，被刘邦砍了头（吕后算是幕后主使了）。而此时英布被告发也是因为一个妾。

这个妾是他最为宠爱的女人——陈姬。

话说有一天，陈姬突然病了。英布对这个大美人宠爱至极，自然马上就叫医生给她看病了。按理说，生病看医生，这都是自然的事。但有人却想利用这个看病的医生大做文章。这个人便是英布的一个部将，姓贲名赫。

他想趁陈姬生病时，多去照顾陈姬，赢得这个美人的芳心，到时候她只要在英布面前美言几句，那么他的仕途就会青云直上了。于是他今天提着燕窝来看陈姬，明天又提着人参汤来看陈姬，后天等陈姬的病好了一些后，还请她到自己的府上去“接风洗尘”。

女人是水做的，这话一点都不假，贲赫一切的努力并没有白费，几个回合下来，陈姬又是激动，又是感动。只恨不能以身相许了。

英布不大不小也算是个英雄了，但他却是典型的“英雄难过美人关”的代表。陈姬病刚好，他可就按捺不住了，抱着这个心爱的大美人又亲又啃起来。一番亲热之后，陈姬也不忘贲赫在她生病时的关心和照顾。于是，她柔声地说了这样一句话：“中大夫贲赫真是一个好人啊！”

这原本是一句类似于感慨的话，言者无意，但听者却有心。英布听了疑窦顿生：“此话怎讲？”

陈姬便把她生病时贲赫的照顾简单地说了一下。说到动情处，她的大眼里竟然闪动着些许晶莹。她满以为英布听了也会感动的，但哪知英布越听脸色就越阴暗，到最后就像乌云密布的天空要下雨了一般。

陈姬这才意识到自己犯了一个致命的错误，那就是在男人面前永远也别提另一个男人怎么样好怎么样优秀。因为男人很容易为心爱的女人吃醋的。然而，此时已晚。英布爆发了："你们该不会做了什么见不得人的事吧？"所谓爱有多深，恨就有多切。当时英布在没有证据的情况下，因为"爱生恨"而直接派人要去把贲赫抓来。

贲赫哪里知道自己拍马屁没拍好，反而拍到马脚上去了。幸好他还有"顺风耳"这一绝活，因此，英布派的人到他的府上时，他早已脚底抹油逃了个无影无踪了。其实他逃跑的路线也很明确，直奔刘邦所在的京城（和韩信、彭越手下告状的形势如出一辙）。

刘邦此时已是草木皆兵，英布造反的事引起了他高度重视，于是乎他马上派人去调查这件事。而英布听说贲赫拒捕而逃，自然认定他这是"畏罪潜逃"了。看来他果然给我戴了绿帽子了，英布盛怒之下，便把贲赫的家人全部给杀了。

事实上证明，英布制造"灭门之灾"是很不识时务的，这给了刘邦派出来调查的最高检察院的工作人员机会，本来就是走过场的他们，这时只在英布的地盘上白吃白喝了几天，就马上打道回府向刘邦报告调查的详情去了。结论是：英布诛杀贲赫全家，确实想谋反啊！

刘邦一听，火冒三丈。英布你这小子活腻了是吧！ 看我怎么收拾你。但在派人去出征的问题上他却左右摇摆起来。

思来想去，他最终决定派太子刘盈出征。此时朝中已无能挑起大梁的帅才替他出征了，他自己也已年老力衰，有点心有余而力不足了。他现在派太子出征是有很深刻的目的的。归纳起来为两点：

一、试一下太子的能耐。后宫的戚姬和吕后之争日益严重。而戚姬自太子争夺战失败后，一直郁郁寡欢，刘邦为此也很着急。现在这样做，正好可以试一下太子的斤两（能力大考验）。换句话说，如果太子这次胜了，他就死心塌地地让他作为自己的继承人。如果太子败了，对不起，这太子的位置还是交给他最宠爱的妃子戚姬的儿子如意来当吧！

二、打击一下吕后嚣张的气焰。自从太子保卫战告捷后，吕后一下老练了许多，她处心积虑，表面上对戚姬嘘寒问暖，处处关心。但实际上，她的暗刀子已瞄在戚姬身上了。只是因为刘邦尽力保护她，才使得吕后不敢轻举妄动。因此，刘邦此时派太子出征，也有杀杀吕后威风之意。

太子出征，正可谓一箭双雕。

当然，这是刘邦出的招，吕后会甘心逆来顺受做待宰的羔羊吗？

看过韩信和彭越怎么死的，肯定知道吕后定然会反击的。那么她究竟是怎么反击的呢？

太子保卫战

在武侠小说中，我们常常看到这样的称号：什么“黑白双煞”，什么“江南七怪”，等等，不一而足。反正大侠们一般都有属于自己的绰号。而绰号取得好不好，将直接影响到你的知名度。

这不，这里就得提一个特别的名号——“商山四皓”。这“商山四皓”顾名思义，肯定是四个人的组合，他们虽然不是江湖上一等一的大侠，手上功夫虽然不咋的，但肚子里的学问可就只能用“博学”来形容了。

戚姬策动废立太子的事情虽然未果，但取得局部胜利后的吕后并没有放松警惕，她对朝中重臣很是重视起来，每一位重臣她都会争取去拉拢，对于支持她的大臣，她会感恩戴德（她不顾自己皇后的身份和地位给周昌下跪就说明了这一点）。而对于不听她的话的人，她就会千方百计去除之以绝后患（韩信和彭越等人就是被她认为的“危险股”而直接给咔嚓掉的）。

当然，朝廷中除了听话的和不听话的人，还有一个特殊的人——张良。

自从刘邦夺得天下后，张良就归隐家中练“辟邪剑谱”去了，因为他练功的目的就是明哲保身。他那把老骨头，还想真练成绝世武功，那只是痴人说梦吧！ 但为了能保住性命，练功对他来说已是别无选择的最佳办法了。

废立太子的事出现后，吕后把目光锁定在了这个极有分量，而且又很“懂味”的明白人身上。她向张良去求教，太子该如何才能“明哲保身”。

张良本来已是两耳不闻朝中事，一心只练圣贤功。但面对吕后的苦苦纠缠，他被逼得情非得已，只好说了这样一句真心话：“要阻止陛下废立太子，有四个人可以去请。”随后他说出了这四个人的名字：东园公、绮里季、夏黄公、角里先生。这就是所谓的“商山四皓”。

据说此四人都年逾八旬，长得童颜鹤发，仙风道骨，非同常人。又据说当年刘邦曾派人去请这四个人下山来助他，但都遭到了拒绝，可见这四人来头不小。吕后被张良点拨得茅塞顿开后，便决定亲自去请“商山四皓”下山。

于是，《三国演义》中的三顾茅庐的故事提前上演了。吕后备好重礼，先后三次上商山，终于凭着金钱效应和一颗真诚的心打动了这四位世外高人，结果是吕后三顾商山，终于抱得四位仙人归。

就这样，太子身边拥有了“商山四皓”组成的强大智囊团，实力和地位得到了大大的巩固和提高。因此，面对刘邦的出招，吕后就询问太子身边这四人组成的智囊团该怎么办？

四人马上就给吕后支了招。吕后自然依计行事，先是端着一碗熬好的鸡汤来到刘邦的身边，然后极尽温柔体贴之能事。“今天太阳是打西边出来的吧？”刘邦也不禁被吕后的温情弄得丈二和尚摸不着头脑了。

吕后表演完后，再借机提起太子出征的事来。而且严格按照商山四皓的部署，只说了几句就放声大哭起来：“盈儿还小，而且从来也没有打过仗，你现在叫他带兵出征不是把他往绝路上赶吗？”此后吕后的泪水一发不可收拾，滔滔不绝，大有“水漫金山”之势，刘邦只好乖乖地投降了。

“既如此，还是我亲自带兵去出征吧！”刘邦说完这话时，吕后立马收住泪水，破涕为笑，高兴地抱着刘邦又亲又啃，全然不顾自己的粗嘴厚唇磨在刘邦的脸上，要多恶心就有多恶心，要多难受就有多难受。就这样，在这次刘邦和吕后的“暗斗”中，吕后又一次取得了胜利。

料事如神

刘邦决定自己再次领兵出征时，他的亲信秘书长兼私人保镖（马夫）夏侯婴变得忙碌起来。他通过各种渠道打听到原楚国的令尹薛公很了解英布，就向刘邦推荐此人。

夏侯婴那是啥人物，他的话自然极具分量，刘邦于是马上传薛公前来问话。密室里，两人的对话开始了。“你看朕跟英布的形势如何？”刘邦意思已经很明确，是问自己的形势好还是英布的形势好呢？

“英布有三条路可走，如果走正确的第一条路，他的形势一片大好；如果走不好不坏的第二条路，鹿死谁手，双方还是一个未知的结果；如果走错误的第三条路，他必败无疑。”薛公语出惊人。随后薛公详细地分析了所谓的上、中、下三条路的情况。

一、上策（上路）。英布的进军方针：向东攻取吴地，向西夺占楚地，吞并齐地，占据鲁地，巩固燕、赵两地，然后固守大本营淮南。结论：崤山以东就不再是朝廷所有的了。

二、中策（中路）。英布的进军方针：向东攻取吴地，向西夺占楚地，吞并韩地，占领魏地，掌握敖仓的储粮，阻塞成皋通道。结论：谁胜谁负将充满悬念。

三、下策（下路）。英布的进军方针：向东攻取吴地，向西夺占下蔡，然后把辎重送回越地，自己返回长沙。结论：这是一条神奇的通往天堂的天路。

面对薛公有条不紊的分析，又惊又喜的刘邦马上生出一问：“英布会采取上、中、下中的哪一策呢？”薛公胸有成竹地说英布绝对会选下策的路走。然后又说出了论据：英布只能够看到眼前蝇头小利，他哪里能看到更远的东西呢？

真是听君一席话，胜读十年书啊！问完话后，刘邦心里的底气更足了。于是他在带领十万大军出发前，就立皇子刘长为淮南王（已经把真正的淮南王英布当成是透明的了）。

正在这时，久未露面的张良出现了。他消瘦的身子盈盈一弯，苍白的头发在阳光下格外刺眼。

“陛下，恕臣身体有恙，不能随你一起出征。”张良道，“臣特为你这次出征饯行，并且告赠陛下一言，那英布乃匹夫之勇，只需智取不要硬拼啊！”

“朕明白了。”刘邦此时像个温顺的小孩，对张良频频点头哈腰。

“陛下还应任太子为将军，监领关中军队，以防陛下走后发生意外啊！”张良提出自己的第二个忠告。

“朕明白了。”刘邦说着马上下了一道命令，抽调关中三万精兵作为太子警卫队，由太子亲自指挥，负责关中的安全保卫工作。

临走前的两个忠告，看似微不足道，却让刘邦更加看重他了。从这些细微之处，我们不难看出，张良就是张良，他的计谋比起“汉中三杰”中的其他两位韩信和萧何都要高明百倍。也正是因为这样，刘邦先后对韩信和萧何都动了手，唯独对张良始终没有一点“表示”，最后让他平安完整地走完了自己的一生。

忽剑狂花

英布自从被逼着起义造反后，已是箭在弦上不得不发了。出发前，为了活跃气氛，鼓舞军中士气，英布首先宣读了出发前的口号：“宁可站着死，不可跪着生。”

也许是他的口号说出了大家的心声，众士兵一时间热血沸腾。好，出发。

他首先选择了东边最弱的刘贾进攻。事实证明，英布的出发点选择得还是很不错的，这刘贾看似马屎面上光，但肚子里哪里有一点真才实学呢！ 因此，英布的大军很快就势如破竹般杀到了吴地荆王之地。刘贾打仗的本事没有，但逃命的本事却不是一般的强。

他很快就逃出了英布的包围圈，然后慌不择路之下，带着几个亲信逃到了一片荒凉的坟地里。这里成了刘贾最终的归宿地。晚上，自感无颜回去见刘邦的刘贾，乘陪同他的几个亲信睡着之际，用一根绳子结束了自己的生命——上吊了。

英布旗开得胜之后，马不停蹄地挥师渡过淮河向楚国杀去。

刘邦称帝后，本来是封韩信为楚王的，但后来因恐韩信功高盖主，在陈平的妙计下，借用狩猎之名擒住了韩信，剥夺了他的楚王之职。后来刘邦最小的弟弟刘交成了楚王。这个刘交想必大家还有印象，他是当年班上三个学生中唯一的“三好学生”。但最终勤奋好学的“三好学生”刘交还是回到家里脸朝黄土背朝天地当了一介农夫。而刘邦经过流氓的洗礼后，站在了革命的最前线，并且最终在楚汉之争中战胜了不可一世的项羽成为一国之君。以致刘邦后来常用这样的打油诗来表达自己的心声：书不在多，能读就行。学不在深，识字就行。斯是流氓，唯吾独尊……

在刘邦的提拔下，刘交一下子由老农升格为楚王，可谓时来运转，飞黄腾达。因为从小就喜欢读书，当了楚王后，刘交不用再像以前那样，整天在田地里干活做事了。空闲时间多了后，他整天抱着兵书研究行军打仗的事。用他的话来说就是活到老，学到老。

现在他骤然听闻英布的反军朝他这里来了，经过一番冥思苦想后，决定兵分三路去迎敌。他这样安排是有根据的，兵书有云：兵分三路，可以彼此呼应，出奇制胜。可以说刘交对兵书了解得还是比较透彻的，但他同时也忘了一句很重要的话：尽信书不如无书。

试想，英布那是啥人物，他和项羽一样，都有以一当十之勇。对于兵力本来就不多的刘交来说，兵分三路，让自己的实力进一步削弱了。只要英布的大军集中火力击败了刘交三路大军的其中任何一路，那么其他两路大军就会不战而败。

可惜当时的刘交只懂得一点表面理论的东西，哪里知道用兵的精髓？英布集中火力，击败了刘交布好的“三龙阵”的中路军马，其他两路果然不战就崩溃了。就这样，英布几乎没有费什么周折就取得了第二次大胜。

就在英布乘胜将要再度出击时，刘邦的大军终于来了，真正意义上的对决终于要展开了。公元前195年10月，英布和刘邦的大军在蕲州属境会甄相遇。

不是冤家不聚头。英布早就盼着和刘邦决一死战了。因此，他马上就摆出决战的阵形。而刘邦那是何等人物，他观察了一下形势后马上决定：坚守不出。你不是急于跟我决战吗？ 我偏不给你打的机会。刘邦把军队退守在庸城。

既然你守我就攻好了，面对刘邦的坚守，英布也不是吃素的，他学着项羽当年对付刘邦的绝招，采取强攻之术。但对刘邦来说，这招就像对牛弹琴一样根本起不到任何作用。英布决战又没有决战的机会，强攻又强攻不下，急得像热锅上的蚂蚁。

兵法有云：一鼓作气，再而衰，三而竭。两军相持了一段时间后，养精蓄锐的刘邦，终于趁城下英布疏于防备时，来了个突然袭击。刘邦连续多日都闭门不敢出战，英布本以为他吓破了胆，哪里料到他会突然来进攻？ 于是乎，面对铺天盖地而来的楚军，他很快就只有退的份了。退了一阵就到了淮河了。

此时已是初冬的寒霜时节，淮河啊淮河，一个字：冷。形势所逼，英布只得下令将士们进行游泳比赛。于是士兵们都以转体一周半或腾空前后翻的高难度跳水动作跳进了淮河。只是当他们落到冰肌侵骨的河里时，才发现这一趟浑水蹚不得。

除了抗寒能力特强的或者是像杨过一样练过“御寒功”的人外，绝大多数士兵都步屈原的后尘去了。可谓：“淮河尸骨臭，内有冻死骨。”

英布举行了游泳比赛后，刘邦自然也不甘落后，他马上举行了砍瓜比赛，把河里的冰冻人一阵胡剁滥砍。等游泳和砍瓜比赛结束后，英布回过头来清点人数时才发现自己数万人马只剩下一千多人了，而且这一千多人还都衣冠不整，伤痕累累。

但此时英布除了拼命地逃命还能做什么呢？ 而刘邦充分发挥其骨子里的流氓作风，穷追猛打了两天两夜，直到英布身边只剩下百来人了，他突然下令停止追击。刘邦不再去追杀英布，并非手下留情，想放英布一条活路。

他早已胸有成竹，已成瓮中之鳖的英布，是逃不出他的手掌心了。

舍身忘义

事实上刘邦只写了一封信给长沙郡郡主吴臣，就一切都搞定了。刘邦为什么单单写了一封信给长沙郡的吴臣，不写给别人呢？ 其实这是有原因的。英布的妻子乃长沙王吴臣之妹。换句话说，吴臣就是英布的妻兄。以刘邦的聪明才智自然知道走投无路的英布首先会选择去投靠吴臣。吴臣本来王当得好好的，哪里料到自己的妹夫真的造反了，接到刘邦的信后，他吓得两腿直打哆嗦。他面临两大艰难的选择。

一、放下眼下的荣华富贵，支持妹夫（造反），和他一条道走到黑，从此踏上人生的不归路。

二、坚决和反革命反政府的阶级敌人划清界限，来个大义灭亲，以确保自己的地位不动摇。

考虑来考虑去，最终吴臣还是理智战胜了冲动，个人利益战胜了亲情，为了保住自己的“乌纱帽”，他决定：大义灭亲。

于是接下来发生了这样一幕，刘邦写信给吴臣，吴臣居然回信给英布。这其中的原因我们且不去多说，且来看一下英布接到吴臣的信的表情吧！ 喜，大喜，非常喜，特别之喜，胜过洞房之喜。

吴臣写给他的信的内容很简洁明了，一句话，就是请妹夫去长沙他的地盘去避难。

绝望中的英布似乎看到了一丝光明，他本来就打算投靠妻兄去，现在妻兄居然主动来请他这个败军之将，他能不喜不自胜吗？ 他认为有了妻兄的帮助，东山再起还是有希望的。

于是，英布马不停蹄地日夜兼程，不消几日就走到了鄱阳的洞庭湖。八百里洞庭湖风景之美那没得说，有诗为证：

八月湖水平，涵虚混太清。

气蒸云梦泽，波撼岳阳城。

连日来的奔波，心力交瘁的英布也确实感觉到太累了。于是他在这样风光秀美的洞庭湖边找了一家客栈住了下来。到了客栈后，他和他的亲信们开始喝酒了。正所谓，抽刀断水水更流，借酒消愁愁更愁。这些大老爷们儿所有的伤感和怨恨都化在酒中了，不久他们就都醉得像死猪了。

这时，客栈里闪出了一群黑衣蒙面的提刀刺客。他们对着这些醉得东倒西歪的醉客们就是一阵刀光剑影。

末了，为首的一名黑衣蒙面人还发出了阴冷的笑声："这七里香不错吧！ 无色无味，混在酒里喝下去，神不知鬼不觉，你们现在的内力已失，成了我的刀中之鬼也在情理之中了，哈哈哈。"

这些黑衣蒙面刺客其实并非什么杀手或是黑道打劫的团伙，他们是吴臣派来的"半路杀手"。说白了，这一切都是吴臣精心设下的局，一个必杀之局。可怜的英布还没有明白是怎么回事就成了刀下冤魂了。

而此时的刘邦没有追击英布，除了知道英布必死无疑外，更重要的是，他在冲出庸城和英布搞偷袭战时，中了一支冷箭。他边养伤边听英布的消息，不久吴臣就将英布的头颅给献上来了。

一切尽在他的掌握之中，刘邦对这样的结果很满意，马上给吴臣开出了奖赏单：赏黄金一千两。

第十二章 人生如梦

谁是最可爱的人

叶落归根，不管走到哪里，不管你身在何处，生自己养自己的故乡是谁也忘怀不了的。刘邦拔下英布这根眼中钉肉中刺后，凯旋正好要经过他的家乡——沛县。

刘邦想到自己自从参加革命后，已有近十年时间没有去故乡好好看看了（期间虽然去了一次，但因为那是彭城之败后的“胜利大逃亡”，情况十分狼狈，这样的辛酸史不提也罢）。

借着这个大好机会，刘邦决定回到故乡去看看。沛县的官吏自然也不是吃素的，早闻得了风声，于是，十里迎接的壮观场面出现了。

官吏们站在最前面，两边的百姓一字摆开，他们个个屏住了呼吸，睁大了双眼，翘首以待。待刘邦乘坐的辇车出现后，官民都沸腾了，他们齐刷刷地跪在地上，大呼“吾皇万岁，万岁……”

脚下的这块地就是生他养他的故土，这些声音都是来自故乡最亲切最淳朴的声音，而眼前的这些人都是故乡地地道道的最可爱的人。于是这一刻，刘邦感动了，他叫车夫停下车来，然后走进了人群中。人群顿时像沸腾了的开水炸开了锅。刘邦亲切地和大家交谈起来，于是接下来出现了这样一幕，现场就像在搞抢答比赛一样，刘邦每问一个问题，老百姓们都会争先恐后地抢着回答，场面亲切而热烈。

就这样，刘邦一边走一边问，花了好几个小时才走到行宫（官吏们安排的落脚地）。刘邦也许是意犹未尽，也许是不经意间触动了心底深处的情愫，总之他特批一些乡亲代表到行宫参加他的夜宴。

席间，喝着乡村特有的稻花香酒，吃着乡村特有的瓜果蔬菜，刘邦从来没有感到这么放松过，他突然聊发少年狂，叫人取来筑放在面前，一面击筑，一面吟出了千古绝唱来：

“大风起兮云飞扬，威加海内兮归故乡。安得猛士兮守四方？”

一曲吟罢，刘邦一行泪水涌出了他混浊的眼眶。刘邦的情绪感染了在座的父老乡亲，惹得众人亦是热泪盈眶。于是，一场酒宴的酒水和泪水马上混合成一体了。正所谓酒中有泪，泪中伴酒，酒泪不分离。

当然，众人跟着刘邦进行临时表演是没有错的，因为他们很快就发现他们的眼泪并没有白流。因为刘邦吟出千古绝唱后，马上就给沛县人民宣布了一项最优惠的政策：免除县中百姓的赋役。如果非要加一个期限，两个字：永远。至于永远到底有多远，就看大汉王朝能坚持多久才灭亡了。

当然，这期间，刘邦还看望了他的第一个女人——武负，以及他当年的“寡妇集团”。

岁月的沧桑写在每个人的脸上，但刘邦并没有忘记她们。他知道当年在没有姑娘愿意嫁给自己的时候，是这些“二手货”收留了自己，让自己的情感有宣泄的地方。

然而此时年老力衰的刘邦已无力再给她们“温存”了，但他在物质上却毫不吝啬，他给予了她们足够下一代下下代都饿不死的金钱，也算是给这些寡妇们一个交代了。

美好的时光总是短暂的，正如天下没有不散的筵席。几天后，刘邦的沛县之旅也该结束了。刘邦知道自己这一去可能再也回不来了，不免唏嘘一番。

而沛县数万名父老乡亲自发组织了一个欢送会。伴随着来自乡亲们最原始最淳朴的声音，刘邦受到与来时相同的待遇：绵延十里的相送。

此情此景，此时此刻，泪水再次打湿了刘邦的双眼。而他挥手的动作定格成了永恒：别了，我最亲最爱的父老乡亲们；别了，生我养我的这片热土；别了，我的寡妇们；别了，沛县……

再接再厉

搞定英布后，至此早期封的王已差不多都被刘邦给干掉了。随即，刘邦把目光停留在了汉中三杰中的萧何和张良身上。汉中三杰，韩信论行军打仗的本领无人能相匹敌，但在“明哲保身”上却和萧何、张良相差太远。

也正是因为这样，他们三人在第一轮对决过后，韩信就不出意外地第一个被淘汰掉了。按照游戏的规则，接下来就是萧何和张良之间的PK了。

萧何在楚汉之争中把后勤部部长当得好好的，为刘邦的最终胜利提供了最坚强、最有力的人力和物力支持。也正是因为这样，刘邦在建国后的分封大会上，把萧何排在第一的位置上。

而张良虽然在楚汉之争中起到的作用也是不可估量的，但毕竟被韩信抢去了不少风头，相对于萧何和韩信的“举重若轻”，他显得有点“举轻若重”了。

因此，在张良和萧何的个人对决中，很多人都会认为萧何的胜算大些。然而，结果却令人大跌眼镜，这一场对决最终的胜利者竟是张良。虽然张良在这场对决赛中根本就没有出招，但他却以武侠中的最高境界：无招胜有招，取得了胜利。

自从刘邦建国后，张良就一直在家里练心法，练气功，练长生不老术，练升天入地之法，练盖世无双之神功。事实证明，他练的武功虽然不是天下最厉害的武功，但却是可以使他永远立于不败之地的绝招。他的聪明之处就在于他视野广阔，料敌于先，从而占据了PK的制高点。

而萧何等人都是在刘邦的猜疑下才出招，效果自然不可与其相比了。话虽如此，但招还是要出的。下面我们就来看看这场大PK中，萧何是如何出招的吧！

为了取胜，从来不出手的萧何，一出手就不凡，连出三招，招招逼人，招招封喉，体现出一名出色“政治家”的修养和素质。

第一招：妙计擒韩信。当初陈豨叛乱时，萧何还在帮刘邦修造皇宫，他只是停留在“国事，家事，事事关心”的份儿上，因此行军打仗的事他都可以只“闻”不管。

但随着皇宫的修成，他还来不及享几天休闲的生活，吕后已开始母老虎发威了。在母老虎的威逼下，他不得已之下只好设计擒住了韩信，最终让他的对手减少了一个。也正是因为这样，萧何得到了刘邦的嘉奖：增封五千户食邑，特派五百人作为他的侍卫。

赏五千户食邑我们很容易理解，钱财土地谁不希望越多越好？但特派五百人来做侍卫里面就大有文章了。皇帝给我增加警卫那是为了我的安全着想啊！这是皇帝对我的关心啊！一开始，连萧何也这么认为。但他手下一个叫召平的人却对他进行了另一种解释，他说刘邦名义上加派五百人来当你的警卫员，是为了增加你的安全保卫系数，但实际上不是保护你，是疑心你，是监督你啊！召平的话让萧何顿时惊出了一身冷汗。

第二招：倾家荡产支持刘邦平定英布的叛乱。萧何知道刘邦给他加派警卫员是“别有用心”后，便坚决辞让了刘邦的封赐。理由大抵是：现在国家正是用人的时候，怎么能因为我而浪费这么多人力资源。

非但如此，听说刘邦要亲自带兵去平叛英布的叛乱时，他还倾家荡产地献出自己所有的家当充当军饷。这一招真够绝，刘邦对萧何的“识时务”大为满意。然而平定英布后，刘邦把目标又锁定在萧何身上。因为萧何的威望在京城一带太大了，大有盖过他这个真龙天子的态势。而这时的萧何也看出刘邦对自己投来的不善的眼神，于是他马上想方设法地去降低声望。

别人是梦寐以求能得到一个好名望。而萧何却是想尽一切办法去降低自己的声望，由此可见“伴君如伴虎”并非空穴来风。

萧何马上实际行动起来，他开始四处购买房子，而且均是赊账，从来没有付过钱。这种购买方式，按照现在的说法就是强买强卖了，等于是强占了百姓的土地了。于是个别胆大的就告到刘邦那里去了。

刘邦一听，笑了，这样的事对国家和朝廷没有一点损害，倒是把萧何廉洁奉公的名声给彻底毁了。通过这件事，萧何的声誉受到了一定的影响，刘邦的心里也得到了一些平衡。前面两招一出手，使得面临信任危机的萧何暂时得已进入“安全席”。

第三招：建议长期荒废不用的皇家林苑借给百姓。也许是前面两招出得太漂亮太完美了，萧何的第三招马上又出手了，他的招式一招快过一招，令人叹为观止。把皇家林苑借用给百姓，让本来就缺田少地的农民能有田可种，有饭可吃，有衣可穿。

这封奏书上报后，他本来认为通过这件事会使刘邦觉得自己对朝廷很忠心，但他万万没有想到，这一次他的善举善过了头。刘邦看完奏书，脸阴得就像是要下大雨了，二话没说就叫人把萧何给绑了。

萧何那是何等人物，大臣们见他被抓了，向刘邦去求情的人自然很多了。其中“最高人民法院”中的“院长”王恬王卫尉和萧何的关系最铁，他也向刘邦求情了。他到了刘邦那里，也不顾什么君臣礼节了，直接就问刘邦为什么要抓萧何。

刘邦给萧何定的罪是：萧何接受商人的贿赂，替他们向朕要上林苑，讨好百姓，诽谤他人。王恬马上对刘邦的话进行了反驳，他提出了两个“凡是”：凡是对百姓有利的事都应该做，凡是对国家有利的事都应该做。这正是一个宰相的正直之处啊！ 陛下怎可疑心相国受了商人的贿赂呢？ 接下来他又像其他能言会道的说客一样，说出萧何当年在楚汉之争中如何如何有功。眼看他话匣子一打开就没完没了，刘邦没辙了，最后只得说了这样一句话：我放他还不成吗？

就这样，萧何“二进宫”后，暂时又渡过了一个难关。

造反没商量

想必大家对和刘邦同年同月同日生的那个卢绾还记忆犹新，这个从小和刘邦称兄道弟的铁哥们，刘邦待他并不薄，封了他做燕王。

随着朝中原封大王的一个个被诛杀，这个时候非刘氏宗族的异姓王已经是稀有动物了，只剩下燕王卢绾和长沙王吴臣在每天重复念着这样一句话：多乎哉，不多也！ 多乎哉，不多也！

而陈豨被逼造反逃到匈奴后，刘邦并没有放过他。他派出的“夺命杀手”是周勃。周勃果然不愧是刘邦最得力的部将之一，他利用“和亲蜜月”和还处于摇摆中的匈奴人“中立”，集中火力很快就消灭了陈豨这个反革命团伙。

但在这个看似简单的过程中还生出一些是非来，“说服”和“沟通”匈奴的外交政策是燕王卢绾去办的。卢绾当时派出的使者是张胜，这个张胜的使命是以三寸不烂之舌说服“大汉女婿”冒顿收起支援陈豨之心。

但外交官张胜之行并不是一帆风顺的，因为他在说服匈奴人的同时，还将面临匈奴外交官对他的“反说服”政策。说白了，张胜当时面临的情况是，说服与反说服。当时匈奴的外交官其实也是汉人，他的名字叫臧衍。他的父亲大家相比都比较熟悉，叫臧荼。臧荼被刘邦除掉后，他儿子臧衍逃到了匈奴。这个时候臧衍就对同样是黄皮肤黑眼睛的张胜进行了攻心政策。他说的话就是引用韩信的那句经典的警世名言：“飞鸟尽，良弓藏；狡兔死，走狗烹……”

其实面对张胜这样聪明的人，根本就不需要再解释什么了。因为此时臧衍的这句话的含义已是司马昭之心，路人皆知：一旦陈豨真的被消灭了，刘邦的下一目标就轮到你家燕王了。一语惊醒梦中人，臧衍的话不无道理啊！ 那刘邦是啥人物，行军打仗的本事没有，猜忌、多疑、心狠手辣却是他的特长。

权衡利弊后，张胜的心开始动摇了。于是接下来发生了这样一幕，说服官张胜本来是来说服匈奴人不帮陈豨，让他自生自灭，但到了冒顿面前说的话却是完全相反，居然强烈要求匈奴人出兵去救陈豨。

在张胜的煽风点火下，原本决定“中立”的匈奴人再也坐不住了，他们马上发兵去支持陈豨。幸好素来以雷厉风行著称的周勃早已趁张胜和匈奴人周旋期间，快刀斩乱麻，把陈豨给解决了，并不给匈奴人有交锋的机会就班师回朝了。按理说这件事应该画上一个小小的句号了，但周勃回到朝廷后，马上递给刘邦一个奏折：燕王有造反的迹象啊！

当时的卢绾被蒙在鼓里，等张胜回来知道情况后，心中暗叫“苦也”！ 而张胜却转念了韩信那几句话。

卢绾也不是傻子，刘邦屠杀功臣的事他也是极为关注。虽然他仗着“同年同月同日生”这个护身符暂时得以安全。但“山雨欲来风满楼”，面对腥风血雨阵阵扑面而来，这时的卢绾也头脑开窍起来，他最终决定听从臧衍和张胜的建议，和匈奴联盟。

匈奴方面正求之不得呢！ 燕国和匈奴相毗邻，平时的压力本来就大，匈奴人一旦侵犯中原就肯定要与他来个亲密接触，与其到那时再亲密接触，倒不如现在就来个亲密接触更实际更划算些。但他这种和匈奴人若即若离的关系并没有维持多久，因为刘邦很快就来了个“大捉奸”。

刘邦因平叛英布时受的箭伤并不轻，回来后时常复发的缘故，他没有亲自来办这些事，而是耍了两个小动作。

一、派出了手下两个亲信审食其和赵尧去燕地搞调查（至于调查什么，想必大家都清楚）。

二、下诏书召卢绾入京（这个是刘邦的惯用伎俩）。

这便是病中的刘邦的“双管齐下”。这个审食其和当年刘邦手下最优秀的外交官郦食其的字是一模一样，只是姓氏不同而已。但两人却各有千秋，郦食其口若悬河，一张嘴巴能说会道，有“铁嘴”之称。而审食其却长相英俊，一双眼睛含情脉脉，绰号少妇杀手。至于为什么会有这个绰号，后面的章节会讲述到的，因为大汉第一皇后吕后也跟他有一腿。

审食其此时虽然还没有达到大红大紫的地步，但已跟吕后对上了眼，但因为刘邦尚且健在，他们还只是停留在“暗送秋波”的份儿上，并没有其他的越轨行为。也正是因为这样，审食其说话的分量可想而知了。

接到诏书后，卢绾就犯难了，韩信当年被擒那一幕又出现在眼前。去还是不去，让他左右为难。最终他的心腹手下都力劝他千万别去自投罗网。于是怕极了的卢绾最终还是决定拒绝入京。他甚至还产生了和当初英布一样的想法，等有机会再向刘邦去解释。然而，稍有头脑的人就会知道，他这个解释的机会是不可能会得到的。

审食其去调查也只是走了一下过场，然后抓住卢绾不肯去京城的问题大做文章，直接上奏：卢绾不肯来京城，其造反之心已昭然若揭。

刘邦听了后，大怒，什么“同年同月同日生”，什么兄弟情义都统统见鬼去吧！敢跟我作对，我不会给你好果子吃的。于是他还是使用先前平定其他诸侯王的惯技，来了个先斩后奏，立皇子刘建为燕王，然后再派出他的连襟樊哙带兵去平定卢绾。

然而这次事情的发展并不是一帆风顺，樊哙走到半途时，他自己也将面临人生中的一场大浩劫。

原来，樊哙带兵出发后，刘邦手下一个亲信侍卫，因为当年一点个人私怨而忌恨樊哙，又见病重期间的刘邦对戚姬很是怜爱，对吕后大为反感，甚至一见到吕后和太子就会发起无名的火来，深恶痛绝的态度很明显。于是这个侍卫就乘机进谗言，说吕后和樊哙因为“血缘”关系，他们“勾搭”在一起，准备等陛下您死了之后，谋权夺位，让刘氏天下变成吕氏天下。

此时已病入膏肓的刘邦听了大吃一惊，他心里叹道：看来这年头除了自己，真的没有一个人可以相信了。于是，他马上把陈平和周勃两大心腹叫来。让他们两个马上去把樊哙的人头提来见他。当时刘邦吩咐的还有板有眼，陈平负责捉拿樊哙，周勃去负责平定卢绾之乱。

陈平和周勃哪里料到刘邦突然要杀他的连襟，这一惊非同小可。但刘邦此时已是“难得糊涂”了，知道再劝也没有用。于是他两人合议了一下。决定把刘邦的“砍人头”先变成“抓住人”再说，至于其他的只能走一步算一步了。

而事实也正是因为他们两个私自变通，才最终保住了樊哙的性命。因为刘邦不久就撒手归西了。

第十三章　陨　星

第二次废立太子

第一次废立太子，刘邦面对大臣们“众志成城”的反对，最终不得不放下皇帝“至高无上”的架子，坚持最民主的“少数服从多数”原则，在周昌的笑语中顺水推舟地宣告废立太子一事暂时告一段落。

但此时因为箭伤复发而感到来日不多的刘邦，看着整天梨花带雨的戚姬戚美人衣不解带地守在自己身边，他的心里也不好受。他知道凭着吕后的心狠手辣，一旦他撒手而去，吕后仗着皇后和新皇帝他妈的双重身份，戚姬便会如同一只蚂蚁一样任她蹂躏。

迫不得已之下，他决定再次更换太子，以确保他最爱的女人——戚姬在他死后不受一点点伤。于是，顺应形势的需要，第二次罢免太子大会马上举行了。

会议主持：刘邦（带病主持，敬业精神堪称典范）。

参会人员：朝中重臣（大抵是封王封侯的重量级人物）。

特邀嘉宾：张良（难得他这次还愿意出山）。

严禁参会人员：吕后。

会议一开始，刘邦也不拐弯抹角，直接就把会议的中心议程摆在大家面前：废立太子。

刘邦是这样阐述他废立太子的理由的：太子刘盈生性柔弱，哪里有一国之君的阳刚之气？朕决定把太子改换成如意，各位意下如何？

众人一起发言：陛下万万不可废掉太子。随后大臣们的发言跟第一次废立太子的发言别无二致：什么废长立幼乃是取乱之道，什么刘盈心慈仁厚将来是个明君，什么大秦王朝就是前车之鉴。总之，他们的态度很明确：坚决反对废立太子。

对于群臣的一致反对，刘邦在会前就有了充分的估计，所以与会时他费了九牛二虎之力把张良请来了，他想利用张良在朝中的威信来助他一臂之力。然而，令他始料不及的是，当刘邦向张良投去询问的眼神时，张良居然也反对废立太子一事。这差点没气得刘邦吐出血来。

即使是这样，刘邦还是不想让他的女人失望，他一口咬定青山不放松，坚决要废掉太子。众臣们眼看他们的建议刘邦竟熟视无睹，他们自然也不会轻易妥协了。

读者朋友看到这里，定然会以为将会演变成一场新版的“刘邦舌战群儒”的故事来。但此时一个人的出现，让这一幕推迟到几百年后的三国时期才上演。这个人就是太子太傅叔孙通。

叔孙通虽然满腹经纶，但和周昌一样，也不善言辞，因此，会议开始后，他没有说一句话。但此时眼看刘邦来软的不吃，干脆就来硬的了。他唰地拔出剑，顿时剑光闪闪，寒气逼人。

就在群臣们吃惊的时候，叔孙通并没有把刀架到刘邦脖子上，而是不急不慢地架在了自己的脖子上：“如果陛下非要改立太子，臣与其看到我大好江山不久就动乱而败亡，不如臣这就先去一步吧！”

废立太子一事，眼看就要闹出人命来了。刘邦没辙了，他深深地体会到了“孤掌难鸣”这句话的深切含义，于是他最终只好妥协了：罢了，罢了，废立太子的事就此作罢。

刘邦第二次废立太子的事就这样草草收场了，结果是刘邦和戚姬再度失败。而这也是戚姬最后一次反击吕后的机会。从这以后，戚姬只能希望刘邦能长生不老，永远也不要死去，否则……戚姬根本就不敢往下再想。

善解人意的刘邦自然察觉到了戚姬的忧郁，于是在一天，他看着一直陪在自己身边而眼睛却哭肿得像水蜜桃似的戚姬，有感而发，吟出了千古佳句来：

鸿鹄高飞，一举千里。
羽翮已就，横绝四海。
横绝四海，当可奈何？
虽有矰缴，尚安所施？

当年项羽被困垓下，吟出了“力拔山兮气盖世，时不利兮骓不逝。骓不逝兮可奈何？虞兮虞兮奈若何？”他的爱妾虞姬听后，跟他对了一首：“汉军已略地，四方楚歌声；大王意气尽，贱妾何聊生。”言毕，虞姬来了个一剑穿喉。可以说虞姬的选择是非常明智的，证明她忠贞勇敢的同时，也使他避免了随着项羽失败后，落入敌手可能会出现的惨剧。

而此时已明明知道“前途凶险”的戚姬并没有像虞姬一样，在刘邦面前来个大殉情，成就一个烈女的形象。也正是因为这样，才有后来戚姬被吕后折腾得不成人样子的“人彘”事件，让她受尽了活罪才明明白白地死去。这是后话，这里暂不多提。

绝招

刘邦知道自己来日不多了，然而，此时他已对吕后以及吕氏家族的强大感到了很大的压力。他此时担心的不仅仅是他最心爱的女人的问题了，还担心一个问题就是：他死后，他辛辛苦苦打下来的江山能不能保得住。

自从吕后诛杀韩信、诱杀彭越后，刘邦对这个多年来的结发妻子终于有了清醒的认识。

心狠手辣，这是刘邦对吕后的最终评价。他已敏锐地感觉到，他死后吕后将是对大汉江山威胁最大的人。太子刘盈不但懦弱，而且尚在年少。他继位后，吕后独揽大权也是必然的。也正因为这样，病危中的刘邦对吕后极为反感，甚至一见到吕后他就会怒气冲天。

当然，吕后虽然在某些方面心狠手辣，但也并非一点情义也没有，为了医好刘邦的病，她花重金请来了南山的一个神医。

看过《三国演义》的人都知道，曹操晚年中风时，神医华佗曾专门来医治他，并且大胆提出了“劈开头颅”来治病的超级想法。应该说这样的想法还是很有创造力和想象力的，但问题是当时处于封建社会的时期，这种“赤裸裸”大胆的方式是无法让人接受的。因此这样的后果是导致曹操误认为神医华佗想谋杀他。曹操那是啥人物，想谋杀他，你自己先拿命来吧！ 曹操一声令下，一代神医就升天成神去了。

而这个南山的华太仙，单听他说话的口气，只怕医术比华佗还要高，他见了刘邦，是这样说的：“只要陛下还没有咽气，我就可以治好您的病。”

如果这个华太仙真能把已病入膏肓的刘邦治好，那么，中国古代最牛神医的帽子就该从华佗头上取下来，戴在他头上。可惜的是刘邦并没有给这个华太仙表现的机会。刘邦拒绝接受华太仙的治疗，也许是他在人生的最后关头不想再欠吕后的人情吧！

刘邦非但不想接受吕后的人情，而且还在病榻中想出了两个“制服吕后”的绝招。他甚至有些自负地认为，这两招能够确保大汉江山在自己的儿孙手上世代传下去。

第一招：饮血酒。

前面我们已经说过了，刘邦行军打仗的本事不怎么样，但他最大的优势就是会拉拢人。而他拉拢人心的最常见办法就是拜把子。

不管什么人，不管什么时候什么地方，也不管白天还是夜晚，只要他认为这个人有利用的价值或者说有挖掘的潜力。他就会主动和人拜把子，结为异姓兄弟，以后就是靠着这层“兄弟”情义闯天下。

当初项羽就是这样上了刘邦的贼船的，他和刘邦那一拜，便把天下这大好江山拜给了别人。而在这个关键时候，刘邦只得又使出了自己的绝招，只是稍稍改了一下，把“拜把子”改成了“饮血酒”。

他把朝中重臣召进宫来，然后叫人杀了一匹大白马，再把马血混合成血酒摆在众人面前。刘邦端起了杯，郑重宣誓：“从今而后，非刘氏而王，非有功而侯者，天下共击之！”

说着也不管大臣们反应如何，答不答应，总之他发挥先下手为强的流氓作风，一口喝干了杯中的血酒再说。

这一幕有点像当年他逼着项羽和他结拜一样，他比项羽大十多岁，产生结拜的想法后，二话不说，扑通一声，先跪下去再说，这使得项羽最终也不得不弯下他宝贵的膝盖。

刘邦先饮了血酒后，群臣们只得跟着宣誓道：“从今而后，非刘氏而王，非有功而侯者，天下共击之！”说完也都饮下了血酒。看到这里，一脸病态的刘邦脸上终于有了一丝笑意，大伙喝了这杯血酒就意味着要为这个誓言而为刘家朝廷尽忠职守一辈子。

第二招：重用两个人。

陈平在楚汉之争中最后时刻起的作用是巨大的，可以说他是刘邦能最终打败项羽的不可或缺的人物。而且在大汉皇朝成立后，他随刘邦亲征讨伐匈奴，刘邦被围白登山时，他的妙手帮刘邦解了围。因此，在刘邦心目中，他的地位是很高的。

关键时刻刘邦自然不会忘了这个忠心耿耿的人，刘邦此时派陈平和他手下最为得力的武将灌婴共同驻守在军事要地——荥阳。

荥阳是通往关中的咽喉，也是兵家必争之地。换句话说，一旦天下有变，首先就要过荥阳这一关。

后来的事实也证明，刘邦这一招是绝招，在吕氏掌握天下大权，席卷天下时，他们虽然曾风光一时，但正是因为刘邦早就留有这一招，陈平和灌婴守在荥阳，吕后才不敢把大汉王朝的“刘氏”大旗改成“吕氏”大旗。

王者归去

做完这两件事后，刘邦本来已累得够呛了，但还得回答一次吕后的问话。

刘邦在位时任萧何为相，这是尽人皆知的。那么萧何之后谁人可以为相呢？吕后也有这样的问题：“陛下百年后，萧丞相也百年后，谁人可为相？”

“非曹参莫属。”刘邦答道。

“曹参之后，谁人可为相？”吕后接着问。

“王陵吧！”刘邦说着叹了一口气道，“不过，王陵有点直得过了头，不能单独用他，须用陈平来辅助他。只是陈平智识有余，厚重不足，须兼用周勃。”

“那王陵之后呢？”吕后接着问。

刘邦没有再回答了。

此时天际突然坠落一颗耀眼的流星。

公元前195年四月十日，刘邦与世长辞，享年六十一岁。后来唐代史学家司马贞在《史记索隐》中将刘邦的一生归纳为：

高祖初起，始自徒中。言从泗上，即号沛公。

啸命豪杰，奋发材雄。彤云郁砀，素灵告丰。

龙变星聚，蛇分径空。项氏主命，负约弃功。

王我巴蜀，实愤于衷。三秦既北，五兵遂东。

汜水即位，咸阳筑宫。威加四海，还歌大风。

第十四章　悲　情

强大无比的讣告

刘邦死后，与他同年同月同日生的卢绾此时虽然已成“叛臣”，正在逃亡匈奴的途中，但他听到这个噩耗后，一个大老爷们儿竟然放声高哭起来。当卢绾蓄存了几十年的泪水一次性消耗完毕后，果然起到了很好的感化作用，已奉刘邦遗命来砍他人头的樊哙居然半路就停止了追击。

当然，樊哙之所以没有追上来，倒不真是因为卢绾的眼泪感化了他，而是因为他不能再追击卢绾了——樊哙自己也变成了通缉犯。

他成为通缉犯的原因很简单，有人把“莫须有”的罪名挂在樊哙身上，已病得神志不清的刘邦下了最后一道圣旨，叫陈平去砍了他这个连襟的头颅来见他。

陈平当时虽然知道皇帝可能是冤枉了樊哙，但君命难违啊！ 他只能带人把樊哙在半路上劫住了。然而，刘邦没有能看到他连襟血淋淋的人头，因为时间不等人啊！ 他挥一挥衣袖就这样走了，却抛给陈平一道很大的难题。面对这个已被擒在手中的樊哙，面对刘邦的这个连襟，面对吕后的亲妹夫，该如何处置呢？

足智多谋的陈平

话说刘邦说走就走，连半点讨价还价的余地都不留，只留下陈平望着满脸横肌的樊哙直发呆。当然他此时的眼神中并非少女般的含情脉脉，而是笼罩着浓浓的忧愁。对于他来说，刘邦这个顶梁柱突然倒下后，他该不该再按刘邦的圣意办事，取樊哙的人头回京城呢？

当然，陈平不是傻子，刘邦还没死时，他就打定主意只抓住樊哙，而不是就地砍了他的头以绝了刘邦的“后悔之路”。思来想去，陈平最终作出决定：火速回京。

原因很简单，刘邦死后，大权一定会落在吕后的手上，而吕后的心狠手辣他又不是不知道，如果不及时回京把这事的来龙去脉向吕后说个清清楚楚、明明白白，那么紧跟着刘邦去赴黄泉之路的就是他陈平了。

于是乎，接下来出现了这样的一幕，囚犯樊哙非但不像一个囚犯一样关在木枷里，享受非人的折磨，反而是坐在宽大的马车里，一路吃香的喝辣的，要风得风要雨得雨，完全像在旅游观光一样。

这样的囚犯谁都想当啊！ 面对陈平的“格外恩典”，当时樊哙还不知道刘邦已死的消息，所以对陈平的通融很是感激。可以说，陈平通过一路的小恩小惠已顺利求得了樊哙的“谅解”了（樊哙那是啥人物，他虽是奉命捉拿，但谁也得罪不起啊）。

那么接下来就该面对吕后这一关了（这才是最最重要的一关）。

当然，想见吕后还没那么容易，因为还没到京城长安，此时他已接到新诏书了，内容很简单：命他和灌婴去守荥阳。

其实这是刘邦临死前对吕后进行了充分的评估后，防止吕后颠覆刘氏江山出的绝招。事实上也证明刘邦就是刘邦，这一招究竟有多绝，大家看到后面就会知道的。于是陈平在去守荥阳还是去京城问题上又面临左右为难的选择。

关键时候陈平展现出非凡的魄力，他没有犹豫多久，他马上决定“违令”，先回京城去摆平樊哙这件事再说。他明白，他虽然是奉刘邦之命去抓樊哙的，但刘邦去世后，吕后掌权已是板上钉钉的事了，现在如果不及时回京到吕后那里消除“误会”，那吕后一旦生气，后果是很严重的。而守荥阳，现在有灌婴在那里，已无什么大碍了。所以他作出了抗旨入京的决定。

按理说，到了京城，吕后已是近在咫尺，陈平应该马上直奔吕后的后宫去“解释”该“解释”的才对。但陈平却没有这么做，以他的聪明才智，他知道如果直接就去找吕后解释，事情只会越描越黑。本来是无辜的他，最后变成“罪魁祸首”也是极有可能的事。那他进京后，该做什么呢？

卢绾用积蓄了几十年的泪水来了个一次性大决堤，结果顺利地阻止了樊哙的追击，也许陈平从这里得到了启发，他也来了个“男人哭吧哭吧不是罪”。但是，陈平选择哭的地点大有讲究，那就是刘邦的灵柩前（请注意这个地点至关重要）。

地点选好后，接下来陈平就要充分发挥他哭的天赋了，他左也是哭，右也是哭，上也是哭，下也是哭，泪水就像断线的珠子，总是掉个不停（天生当演员的料啊）。

当然，如果只是哭，那动作太单一了，还不足以产生强大的效果，于是陈平在哭的同时手脚也不闲着，在阵阵哀乐声中，他一会儿跳慢三，一会儿跳快四，一会儿又表演“磕头功”……陈平这些随意发挥的招式虽然显得很不成“体统”，但效果却是显然易见的。

而躲在暗处的吕后却犯难了，她心里那个急啊，如果不是身份不允许，她真想从帷屏后的厢房里出来劝阻陈平。好不容易熬到天快黑时，陈平终于离开了。也许是吕后怕他第二天还会来“哭刘邦”，一大早就传见了他。本来陈平是急着自己亲自去找吕后，而现在经过这一哭，居然使得吕后来找他了。这正是他想要的结果。

两人见了面，陈平是这样说的：先皇死了，此正值不安之际，臣恳请皇后，让臣来守卫内宫，保卫皇后的安全工作。陈平之所以违背刘邦的意愿，不去和灌婴去守荥阳，而申请留在宫中，这是权宜之计，原因有二：

一、感动吕后。事实上吕后也的确很感动了。对她来说，从昨天看陈平的大哭，到今天的贴心话，心里很快就得出这样一个结论：这是一个大忠臣啊！ 都说女人经不起温柔的灌溉，果不其然，吕后马上对陈平充满了信任。

二、防止吕媭向吕后进谗言。这个同样也是重中之重。前面已经提到，吕媭的丈夫樊哙是被陈平抓起来的，对于一个小心眼的女人来说，她自然会对陈平记恨在心。她一恨陈平，自然就会到吕后那里去告状了。如果陈平不能先在吕媭还未出招时就摆平吕后，到时候只怕要吃不了兜着走了。

面对陈平的请求，吕后显得很大度，表示可以考虑考虑。“考虑”虽然是个中性词，但对陈平来说，无疑像是吃了一颗定心丸般踏实了许多。

料敌于先

陈平果然料事如神，第二天吕媭就到吕后那里去告状了。她使用的也是女人通用的撒手锏——眼泪。

理由：陈平在皇帝面前诬陷樊哙，才使樊哙锒铛入狱。

罪名：诬陷。

结论：坚决不能放过他。

面对吕媭的告状，吕后先是给她吃了一颗定心丸。她以“代国家主席”的身份下令赦免了樊哙，并且让他官复原职。待吕媭心里悬着的一块石头落地后，她才对陈平的问题作出如下回复：陈平是个好同志，我不能动他。

理由：一个大男人能当着众人的面一次性哭个够，这着实需要勇气和实力。

结论：这个人是个大忠臣。

吕后的裁决让吕媭一边欢喜一边忧，喜那是不用说了，樊哙的冤情总算得到了伸张，而忧的是姐姐居然偏袒陈平，和他一个鼻孔出气。吕媭天生就是犟脾气，她还是对陈平耿耿于怀，还想对姐姐进行“攻心”。但吕后根本就没再给她机会，下了两道裁决书后，就不再搭理了，只剩下吕媭站在那里怔怔发呆。就这样，陈平凭着自己的巧计，使他避免了人生中的一大劫难。而随后他也在大汉王朝发挥了巨大作用。

刘盈的登基

公元前 195 年 3 月 17 日，刘邦同志安葬在长陵。葬礼过程中，哀声、哭声、叫喊声，响成一片，场面极为壮观。这里还想说一个小插曲，在刘邦下葬的一瞬间，原本晴空万里的天空突然阴风突起，随后在乌云笼罩下，倾盆大雨瞬间就落下来了。据说，当时曾有识天相的老人说了这样一番话：“这雨不是一般的，名叫‘发后雨’。”

有人就会问了，什么叫“发后雨”啊？ 其实也很简单，就是指先帝（刘邦）之后又要发达了，又要出大贤帝了。

后来历史的进程果然验证了老人的话，不但刘邦的软弱儿子刘盈在吕后的指使下，坐稳了刘氏江山，而且到第五代刘彻（汉武帝）时，大汉王朝迎来了一个太平盛世。这些都是后话，这里且提一下。

就在刘邦下葬三天后，也就在公元前 195 年三月二十日这一天，太子刘盈登基做皇帝了，后人称为惠帝。

当这个只有十七岁的年轻人坐在那龙椅上，朝中文武百官齐刷刷地跪在大殿里时，此时最高兴最激动的不是刘盈本人，而是大殿帷屏后“垂帘听政”的吕后。是啊！ 没有哪一天有今天这么令她心里感到踏实，她的儿子登上了权力的最高殿堂，也就意味着她在和戚姬的这场后宫争夺战中笑到了最后。

没有人知道，为了这一天，她付出了多少努力，在丈夫胳膊肘往外拐（站在戚姬一边），在太子地位岌岌可危、形势十分严峻时……她主动出击，通过不懈努力，终于打了一个漂亮的翻身仗。刘邦二废太子都没有成功，这其中吕后鞍前马后又做了多少努力呢？ 是啊！ 一切的一切都没有白费，是啊！ 一切的一切如今都换来了丰硕的果实。

而就在这一天，吕后还特意召来了陈平，把他升为郎中令，令他辅助皇帝。陈平终于舒了一口气，他的努力也同样没有白费，他终于在“眼泪表演”中赢得到了吕后的赞同。当然，此时的他没有意识到，被封为郎中令后还将面临一次考验。

那吕媭听说吕后任命陈平为郎中令后，心中极为不满，她上次没有“击倒”陈平就感到很委屈了，此时就陈平的问题，又一次来后宫和吕后进行了一次“面对面”。

“太后，那陈平当初奏请先帝抓我丈夫，他本人为了邀功更是不辞辛苦地亲自动手去抓。现在先帝去了，他又百般讨好你，这样的势利小人不能重用啊？”吕媭一开始就直奔主题，显得来势汹汹。

吕后倒是显得不慌不忙，胸有成竹。她没有直接回答吕媭的话，而是淡淡地反问了这样一句话：“妹妹倒说说看，樊哙的头最终被砍掉了没有？”

就这一句话，吕媭顿时无言以对，是啊！ 刘邦当初叫陈平出发时，给他下达的指标是“提樊哙的人头来见我”。可最后陈平却是用豪华马车把他平安送到长安来的。

“人家救了你老公，你非但没有感恩，还要以怨报德吗？”吕后的第二问发出后，吕媭再次无言以对，只有败走的份儿了。

而此时，樊哙也对陈平一路的关照很是感激。吕媭在一个巴掌拍不响的情况下，最后只得暂时放弃对陈平的攻击。而吕后两个反问搞定吕媭后，并没有高兴起来，相反，她显得忧心忡忡。通过今天的“继位大典”，她发现刘盈柔弱得像一个姑娘，根本就不适合做一个主宰全国大权的一国之君。

她为刘盈能不能驾驭得了朝中重臣开始忧心起来。思来想去，想来思去，吕后最终想出了一个绝妙的办法，那就是把朝中重臣都一一给铲除了，没有人能对我儿子产生威胁了，这天下就太平了。

当然，吕后这个想法的产生并非空穴来风，还涉及一个人，一个对吕后来说很重要的人，这个人就是她的私人秘书加情人——审食其。

第十五章　后宫那些事儿

饮食男女

刘邦死后，审食其正式浮出水面。审食其和吕后千丝万缕的关系，还是先从一段故事开始说起吧！

当初刘邦在沛县参加革命时，他考虑到父母年纪大了，而自己的老婆吕雉带着两个孩子也很不容易，于是请了同村一个青年人来他家打长工。这个青年就是审食其。审食其父母早亡，当时无依无靠，到了刘家后，勤勤恳恳，很得吕后的欢心。渐渐地，这个小她七八岁的小伙子走进了她的内心。

当然，当时的吕后和审食其只存在一种朦胧的感情，并没有跨越雷区，做出有伤风化的事来。后来，随着刘邦和项羽的楚汉之争，机警的吕后意识到，身在项羽地盘上，如果她继续待在这个小山村里，结果只有一个：抛头颅、洒热血。于是，她决定举家逃亡（回到刘邦身边）。

逃的时候，她还把审食其打工的钱来了个一次性大结账。令吕后意想不到的是，审食其并没有接他应得的工钱。

“莫非你嫌我付的工资少？”吕后这般问。

“不。”审食其摇了摇头，坚定地道，“我什么都不要，我只要跟着你们，尽自己的一份微薄之力来照顾你们就心满意足了。”

他的话打动了吕后，吕后感动的泪水当时就流了一脸。一路上，审食其像《西游记》中的沙僧一样，光荣地成了一个“挑山工”，行李的重担都落在他的身上了。后来，在乱军中，吕后及刘太公和孩子走散了，但审食其并没有走散，他紧跟着吕后和刘太公昂首走进了项羽的大营。

在项羽的营中，因为他的身份和地位卑微，项羽对他很不重视。有的时候就把他丢在营中，既没有上枷锁也没有关黑屋，他的意思已经很明确了：像你这样没有升值空间和利用价值的人哪儿凉快就上哪儿待着去吧！要我长年累月地供养着，我还舍不得那些金灿灿的粮食呢！ 但审食其却很不识趣，他就是不走。气得项羽这样感慨道：“无赖见得多了，没见过这样无赖的。”

俗话说，患难见真情。从此，吕后对他又多了一份感激。再后来，终于守得云开见月明，在“楚汉和约”中，他们三人成了最大的受益者，被项羽无条件释放，他们终于拥有了一片属于自己的自由的天空。

刘邦统一天下进行分封时，并没有对审食其进行封赏。吕后不干了，亲自去为审食其鸣不平。她的话归纳起来为两点：

一、没有小家哪有大家？ 没有审食其当初的帮助和照顾，你父亲、老婆、孩子只怕都见不着你了。

二、没有功劳也有苦劳。审食其虽然没有上过战场，但同样功不可没啊！

刘邦听后，觉得吕后的话很有道理。于是把他封为辟阳侯。直到这之前，吕后和审食其之间还是清白的，但当审食其当了辟阳侯后，形势就开始转变了。原因很简单，那刘邦已五六十岁的人了，精力本来就下降了，而且后宫佳丽何止三千。刘邦对这些美女们都关照不过来，哪里还会有兴趣临幸已是人老珠黄的吕后呢？

于是吕后夜夜独守空房。这时审食其也早已在吕后的安排下结婚生子。但审食其成亲后，并没有忘了吕后，相反他很是感激吕后对他的关照，他知道没有吕后就没有他今天的一切。于是，就在吕后孤独寂寞时，审食其常常去后宫陪她唠唠嗑，聊聊天，为她排忧解难。

他的到来虽然让吕后心情好了那么一丁点，但问题是，吕后那时正值如狼似虎年龄，在锦衣玉食下，人都是有七情六欲的。偏生刘邦就是不能满足她。这让她常常苦恼不已。

那是一个中秋月圆之夜，正值吕后的生日。吕后抓住这个机会，邀请刘邦中秋之夜来陪她过生日。刘邦被逼无奈之下，只得“爽快”地答应了。

中秋这一夜，把自己打扮得花枝招展的吕后很早就摆好了月饼等点心，专等刘邦的光临。然而从傍晚一直等到深夜，圆月也快落柳梢头时，刘邦也没有来。差人一打听，原来是她的“情敌”戚姬抢先一步把刘邦夺走了。精心准备的一切，精心打造的一切，精心憧憬的一切，就这样泡汤了。

伤心、绝望、孤独、无助、失落、凄凉……吕后心中一时间涌起千万种感受，她的泪水像决堤的河水流了出来。就在这时，出现了一个人，这个人默默地站在吕后身后，良久，温柔地说了这么一句话：“如果你真想哭，就靠在我的肩膀上哭吧！”

吕后听到这个既熟悉又亲切的声音后惊喜交加，回过头来，她果然看到了审食其这张在她梦中出现过千万次的脸。她这时就像抓住了一根救命稻草，突然扑进了审食其的怀中，放声大哭起来。审食其双手抚摸着吕后的后背，没有言语，任吕后的泪水打湿了他的衣衫。

“你是不是想看着我哭死啊！ 你就不知道安慰人家吗？”哭累了的吕后急了，突然来了这么一句。

“只有把伤心的泪水流尽了，将来才能流出幸福的泪水。”审食其幽幽地道。

“我只想知道，如果我的眼睛哭瞎了，你会怎么办？”吕后问道。

“那我愿意白天做你的太阳，晚上做你的月亮，让你的生命永远充满光明。”审食其说着，接着来了一声感叹，“今晚的月亮真圆啊！”

“嗯，今晚的月亮是好圆啊！ 只是可惜已快要月落柳梢头了。”吕后叹道。

“那我就放心了。”审食其道。

“……”

“你还能看到月亮，说明你的眼睛还并没有哭瞎啊！”审食其笑道。

“你真坏！”吕后倚在审食其怀中，身子早已软得像一摊泥，而这时审食其也不再犹豫，他的手已由抚变摸，由摸变抱，当能感觉到彼此心跳时，两张嘴终于对在了一起……

阴　谋

自从中秋月圆夜吕后和审食其突破道德的防线后，两人一发不可收拾，极尽缠绵之事。俗话说，若要人不知，除非己莫为。吕后偷情的事她的贴身宫女们自然知晓了，但她们慑于吕后的淫威，都不敢声张半句。还有刘邦又很少来后宫，因此，被戴绿帽子的事，直到他死也没有发现。

刘盈继承皇位后，吕后再也不用害怕偷情的事被人发现了，但她还是高兴不起来，原因很简单，他的儿子太心慈手软了，这样的人当一个“活雷锋”还行，但是要当一个皇帝就不适合了。

只是当时由不得适合不适合，换句话说，既然你刘盈接了这个烂摊子（事实上这个摊子还是比较好的），这个皇帝不管好不好做，你都得必须做下去。于是，吕后就在想如何才能使儿子的皇位更加稳固，他的情人审食其自然也少不得出谋划策了。

审食其当时提出的是“三光政策”：即杀光所有朝中元老级重臣，让天下从此太平；杀光所有知道他们偷情的人，防民之口甚于防川；杀光一切阶级敌人，把一切不良因素消灭于萌芽当中。

应该说审食其的“三光政策”很是符合吕后的胃口。吕后当即表态，一个字：诺（同意）。

随后吕后把诛杀朝中众功臣的事交给了弟弟吕释之。随后，吕释之经常出入宫中，商议一些不可告人的事。也就在吕后、审食其、吕释之等人准备的同时，一个小小的插曲让他们精心策划的阴谋付之东流。

这里得提一个人：郦寄。这郦寄也许大家会很陌生，但如果我告诉你他的父亲叫郦商，也许你就会有那么一点印象。当然，此时还没弄明白郦商是谁也没关系，如果我继续告诉你这郦商就是刘邦当年手下第一外交官郦食其的弟弟时，你肯定会大有豁然开朗之感吧！

好了，了解关系后，就来说正事了。这个郦寄和吕释之的儿子吕禄很要好。两人的关系有点类似于当年刘邦同卢绾的关系。

因为两人总是形影不离，一日不见就会如隔三秋。后面的事想必大家都猜想得到了。郦寄从吕禄嘴里知道了太后的“阴谋”。郦寄知道后，他父亲郦商自然也知道了。

这郦商当年因为兄长郦食其的事，和韩信有过节，恨不得把韩信置于死地，只是刘邦要他以大局为重，不要太计较个人恩仇。但兄长之仇不共戴天，郦商总是耿耿于怀，于是，在吕后的暗送秋波下，两人自然对上眼了。只是这次“密谋”的事太过重大，吕后连郦商等“自己人”也给直接隐瞒了。

郦商从吕禄嘴里知道这件事后，他马上就找到审食其。

“‘三光政策’不可取啊！ 这天下的功臣多如牛毛，试问一个杀字能解决问题吗？”郦商开门见山地问道。

“是，杀不完……”审食其吃了一惊，转而又道，“不过，杀不完也得杀啊！”

“先帝的‘收拢人心，双重防备’，你难道忘了？”郦商反问道。随即他对“收拢人心，双重防备”作出了详细的解释。

收拢人心：先帝临死前，曾召集朝中重臣举行了“喝血酒的仪式”，让这代表着汉朝世世代代永存下去的“红心”印在每个人的心中。

双重防备：先帝派灌婴统十万精兵驻守荥阳，陈平手中亦有先帝的诏令，可往助灌婴。此是先帝的第一手也。周勃已取代了樊哙统兵在北方（追击卢绾）。既可防北方匈奴的骚扰，又可防朝中有变。此第二手也。

当郦商把刘邦临死前饮血酒和重用几个人的中心思想归纳起来，总结出“收拢人心，双重防备”这么两句经典的话来后，审食其听后脸上煞白得就像一张纸。

郦商果然不愧是天下第一外交官郦食其的弟弟，他只是说了“一颗红心两手准备”的政治思想，就把吕后的小情人审食其搞定了。接下来搞定吕后的事就交给审食其去办了。鉴于吕后早就被审食其给搞定，后面的进程毫无悬念可言了。

审食其马上去见吕后，说了这件事。太后听了同样吓出一身冷汗，又想到他弟弟吕释之也同样说，现在太子刚刚即位，如果对朝中重臣大动干戈，只怕会引来杀身之祸。

就这样，诛杀朝中功臣的阴谋破产了。这件事与其说郦商功不可没，还不如说刘邦真是料事如神，饮血酒，派灌婴、陈平领重兵守荥阳，他已经布下了一个“如来佛掌”。吕后再阴险毒辣，也只能在他的手掌心里活动，如果她想篡夺汉室江山，四个字：白日做梦。

复　仇

诛杀朝中重臣的“阴谋”失败后，吕后并没有灰心。她把目标进行了适当的调整，枪口由“外”转到了“内”，戚姬该你上场了。戚姬这个当年她最大的对头，如今在“保护伞”刘邦倒塌后，已是“人为刀俎，我为鱼肉”。

太子还是那个太子，赵王还是那个赵王，而这时的戚姬却已不是那个戚姬了。因为吕后对她进行了“吕氏美容手术”，彻底改变了她的模样。且看吕后是如何把“倾国倾城”的绝世美女戚姬打造成“丑女无敌”的：

按现代的标准，衡量一个美女的标准，一头乌黑的如瀑布般的秀发是必需的。同样的道理，要想由美变成丑，首先就得在头发上下功夫。吕后挥一挥手，戚姬乌黑靓丽的秀发顿时随风飘落。

剃光了戚姬的一头青丝，再给她穿上素衣，效果是立竿见影的，戚姬马上就完成了由绝世美女向乡野“尼姑”的大转变。当然，戚姬变成“尼姑”后，吕后给她安排的不是尼姑庵——那时候也没有尼姑庵——而是一个永不见天日的巷子——永巷。

戚姬入住永巷后，从天堂掉进了万劫不复的地狱。天堂和地狱的区别在于，以前衣来伸手、饭来张口、要风得风、要雨得雨的戚姬，此时面临着新的生活——打工。吕后给她安排的工作任务是每天舂一斗米。古人曾有“为五斗米折腰”的说法，此时的戚姬却真真切切地感受到了为一斗米而折腰了。

她这样一个娇滴滴的大美人，在还没有遇到刘邦之前，他老爹因为很小的时候就给算过命，说她将来长大后必将大富大贵。所以什么事也不让她做。而遇到“贵人”刘邦后，刘邦对她宠爱有加，捧在手心怕掉了，含在嘴里怕化了……

戚姬又哪里知道，她人到中年之后，还会面临下岗再就业呢？以前捧着金饭碗、银饭碗，她从来不知道碗中的饭来得并不容易，直到此时，她才明白“粒粒皆辛苦”的真正含义，可惜她明白得太晚了点。

“什么，叫我舂米，我不会。这是什么世道啊！太阳从西边升起来了吧！”戚姬醒来时，还没搞清楚状况，说了这么一句话。

“你以为你还是那个高高在上的贵妃啊！你也不抬起头来看看，这个深巷子里不说太阳从西边升起来，只怕是连太阳的影子也看不见了。”一个宫女睁着一双恶毒的眼神盯着她。

“不会，自己学。每天完不成任务，休怪我手下不留情。”宫女说着挥了一下手，手中的长鞭就直生生地打过去，厚厚的城墙上顿时留下一道又长又深的痕迹，灰垢四起。

戚姬被她的举动吓得脸色苍白，她终于体会到了“沧海桑田”四个字的含义，现在居然连一个宫女都敢在她面前摆威风了。那宫女冷看着戚姬的慌乱与无助，嘴角露出一丝狡黠的笑意，又冷嘲热讽一番后才趾高气扬地去了。

从此，永巷出现了这样一幕情景。在秋风秋叶秋满天的时候，在一条阴森恐怖的永巷里，在一棵高大挺拔的梧桐树下，在一个硕大的石磨边，总有一个纤弱瘦小的身影在闪动着，从天亮到天黑，永无停息。

如果仅仅是这样的折磨，戚姬哪怕拼得玉手粗糙身子憔悴还是能忍受过去的。但她明白这点折磨还只是万里长征的第一步，更多更大的折磨还在后面呢！于是，她也在时光的变迁中改变了许多，她甚至释然了。此时，再多再多的苦对她来说都无所谓了，但唯一让她牵肠挂肚就是她的思念之心。她思念起自己的宝贝儿子来。

自己已受到了如此非人折磨，那么吕后又会怎么样来对付自己的儿子呢？吕后一定不会放过他的，可是她被关在这深巷里，又有谁能保护他呢？于是，一天黄昏，她望着四角天空那一轮已隐淡隐淡的残阳，有感而发，发出这样的感慨来：

子为王，母为虏。
终日舂薄暮，
常与死为伍。
相离三千里，
当谁使告汝？

戚姬终于在关键时刻展现出了自己的才华，然而，这一吟唱竟然成了千古绝唱。因为那个监视她的宫女听见了，她静静地听完戚姬吟的诗，怔了半晌，才惊悟过来，然后及时去了吕后那里做工作汇报。

吕后一听宫女的“工作报告”，又惊又怒。惊的是这个戚姬果然不愧是才女，在这么短的时间内就从“甜美型歌手”转变成了“沧桑派歌手”；怒的是这个戚姬在诗中不是说“当谁使告汝”吗？原来她还想期待她的儿子来救她啊！哦，你不提醒我差点忘了，那我的下一个目标就是你的儿子赵王了。

真实的谎言

话说那赵王如意到了赵地后，当上了土皇帝，他人虽然小，但在相国周昌的管理下，要风得风，要雨得雨，生活得倒也有滋有味。但他逍遥快乐的日子并没有过多久，因为刘邦死后不久，他所在的邯郸城就来了一位吕太后专门派来的使臣。使臣带来了吕后的一封诏书，诏书简洁明了：恭候赵王进京，以叙相思之苦。

小赵王看了很惘然地把诏书交给周昌。周昌脸色大变，吕后的这点雕虫小技对他来说，太小儿科了，一看便知其险恶用心。于是，他对使者说话了："烦请您禀告太后，赵王最近身体有恙，此去京城路途相隔千万里，他经不起这等折腾，等他身体好了，再上京城负荆请罪。"

这周昌是何人物，当年刘邦都对他喜爱有加，他说的话是很有分量的。这个使者也不好再说什么，只得回去向吕后禀告了。

"等他身体好了，只怕我等到花儿也谢了。"吕后觉得自己已经禁不起这等折腾，马上又派人去请。结果和第一次一样，又被周昌给挡了回来。这样一来，吕后就对周昌刮目相看了。

一边的审食其可不干了，他可是要吕后的眼里只有他没有别人："都说擒贼先擒王，太后要想擒赵王，只需搞定那个可恶的周昌就行了。"

真是一语惊醒梦中人，太后眼珠子一转，一条妙计油然而生。其实吕后的招式还是老的，粗粗一看似乎根本就没有变什么。还是像前几次一样，派人送了一封诏书到赵地去了。只是和前三次不同的是，以前的诏书都是"点名"送给赵王看的，而这一封却是送给周昌的。

"请周爱卿火速进京，有要事相商。"周昌接到这封诏书后，泪水便如断了线的珠子直流个不停，他知道自己此时不得不进京了，否则就是"违抗圣旨"了。因此，他走之前对小赵王千叮咛万嘱咐，目的只有一个，希望赵王一生平安无事。可怜的赵王当时毕竟还小，竟然不知道这是周昌对自己最后的"遗言"，他甚至在送周昌走的那一天，还天真地问："相国什么时候回来啊？"

"嗯，我想会尽快的，不过有些事情不是我能左右的。"周昌有点凄凉地说，"不是在此时，不知在何时，我想大约会是在冬季。"

周昌果然有先见之明，他一到朝中就被太后召入后宫问话，接着太后就下了一道诏书，撤了他的赵地相国的职位，然后声称朝廷对他另有安排。只是进入“待定席”中的周昌又哪里知道，太后在他离开赵地后才几天就派人请赵王上京城了。

赵王此时已没有“保护伞”周昌，又想到京城的种种美好，自然很是乐意上京城了。只是他全然不知道这将是他人生的终点站。

关键时刻，又不得不提一个人。这个人便是刚刚才坐上皇位的惠帝刘盈。刘盈上任后，在吕后的干预下很少上朝，当时他心里牢记的是吕后在他登基前这句话：“我说盈儿啊！ 你毕竟还年轻，为人又厚道，我怕你上朝时在重臣面前吃亏啊！ 但如果我出面就不一样了，我一个妇道人家，他们不敢乱来。等你长大了，能独当一面了，我再把实权交给你吧！”

当时刘盈几乎想都没有想就答应了，只是他不会知道，从此，他就成了中国历史上继秦二世之后的第二个“傀儡皇帝”。

当然，傀儡不傀儡，惠帝上任后还是做了一件很有正义感的事。这件事就跟赵王有关。因为他没有关注朝中的事，但却在无意中知道了这样一件事：赵王的母亲戚夫人犯了错，被太后送到永巷去了。

对于这件事，刘盈很是吃惊，别人都说宫中的生活如何如何，要什么有什么，想什么有什么，可他从小到大好像过得并不快乐。小时候他的童年在乡村里度过，那个时候陪他玩的人虽然并不多，但好歹还有姐姐鲁元公主。待他稍稍长大后，他很快就被革命战争的阴影笼罩了，跟随着母亲大逃亡……后来他以皇帝儿子的身份进入了宫中。随后的宫廷生活在别人的眼里是羡慕的，但在他的眼里却是枯燥无味的。宫中的争夺何等激烈，就连和他从小一块长大的姐姐鲁元公主都很难见上一面了，更别说宫中的其他弟弟妹妹了。这些弟弟妹妹虽然总有那么一点隔阂，他们的关系说白了就是：同父异母。刘肥、刘恒、刘恢、刘友、刘如意……但吕后从来就不许他和他们亲近，用她的话来说就是：距离产生美。他知道母后的命令不可违，因此虽然心里很不满，但也只能深深地埋藏在心里。即便是这样，在刘盈的心目中，他对这些异姓兄弟还是很关注的。当他们一个个封王封侯时，他高兴得手舞足蹈，由此可见刘盈是怎样的一个人。

当听到刘如意的母亲被打入永巷后，他就格外留意母后对戚姬的一举一动。也正是因为这样，刘如意进京的事很快就被他知道了。刘盈联想到戚姬的事儿，知道母后这次召如意进京，一定是“不怀好意”的，于是他决定想方设法去保护这个异母兄弟。之后的情节发展是，他派了一队人马守候在京城郊外，把正欢天喜地进京城的刘如意迎进了自己的府中。如意以前虽然和刘盈相处的时间并不长，但两人却心有灵犀一点通，神交已久。

刘盈给他接风洗尘后，不再像小时候那样的嬉笑怒骂了，而是直接给如意提出了一个忠告：“从今以后，你只能待在我的宫中，哪里都别乱走。”赵王从刘盈严肃的面容上看出他不像是在开玩笑，惊骇中机械地点了点头。

接走了赵王，刘盈还得给吕后一个交代啊！ 于是他马上编了这样一个理由：儿臣到郊外打猎时，正巧碰到进京来的赵王，现已把赵王接到宫中叙叙旧，请太后勿念。刘盈也真够忙的，编了谎言忽悠了太后后，还得面对赵王如意的“质问”：我母亲在哪里，我好久不见她了。

刘盈只得搪塞着：你母亲前段时间得了风寒，现在正需要安心调养。你现在最好不要去见她，因为她现在这个样子见了你只会伤心，病情加重啊！ 如意就是如意，毕竟还小，对刘盈“真实的谎言”自然没有半分怀疑。

第二天，刘盈亲自带着赵王到后宫去见吕后，当赵王向吕后请安时，吕后定定地看着赵王，若不是儿子在面前，她真想就地就给如意戳上一百刀。

几句不冷不热的问候后，刘盈就领着赵王退去了。如意身后的吕后那双目光已如刀子般狠毒，如意成了她的眼中钉肉中刺。为了如意，吕后和刘盈母子之间展开了强大的攻防战。刘盈知道母后不会善罢甘休，所以一开始提防得很严，但令他惊奇的是，在随后的一个多月里，吕后并没有出招。他提防的心渐渐地慢慢放松了。于是接下来，关羽大意失荆州一幕提前上演。只不过这次的名称应该叫：刘盈大意失赵王。

请个皇帝当保镖

刘盈虽然懦弱，但这并不妨碍他参加一项彪悍的运动：狩猎。狩猎成了刘盈唯一的业余爱好。

那是寒冬的某天深夜，窗外的雪下了整整一天一夜。刘盈突发奇想，这种天气去打猎既刺激又可以赏雪，不是一举两得嘛！ 再说，他早就听人说下雪的时候如果运气好就可以遇到梅花鹿……梅花鹿，这正是他梦寐以求想捉到的动物啊！ 于是他给自己立下了这样的说法：明天若是雪停了就去狩猎。

四更时，雪真的停了。刘盈在天还没有亮就起来了，而此时睡在他身边的赵王却还正睡得香。此时刘盈站在窗角，面临了一个艰难的选择，带不带赵王如意去打猎。

就在他犹豫不决时，窗外的寒风如刀削般刮在他的脸上，他不由感到阵阵寒意，他赶紧加衣戴帽的同时，也决定不带只有十三岁的赵王一起去打猎了。“他毕竟还小，只怕是受不了这些风寒的，大不了我快去快回就是。”刘盈是这么想的。

这一次他的运气果然很好，一到林区就发现了一只又大又高的梅花鹿，向来心软的刘盈这一次狠下心来，第一次射出了手中的利箭，只是当利箭穿过梅花鹿身体时，刘盈的心里突然痛不欲生起来。

这就是传说中的心灵感应啊！ 一种不祥的预感油然而生。于是，他再也顾不得打猎了，掉转马头就往回赶。然而，他回来时已经晚了。因为他看到的赵王如意成了一具僵硬的尸体。刘盈除了流泪还能干什么？ 至于如意是被何人害死的，连傻子都能猜到个大概，吕后是也。

过程很简单，刘盈打猎的事，奉吕后命令监视赵王一举一动的“狗仔队”第一时间向吕后作了汇报。吕后知道机不可失，时不再来，马上派人捧着一碗熬好的鸡汤给如意送去。

送鸡汤的人不愧是吕后一手调教出来的，打着“皇帝叫我给赵王送鸡汤”的牌子，在东宫中一路畅通无阻，顺利地把鸡汤送到了如意的手中。

“皇帝打猎去了，他临走前叫我送鸡汤给你暖身子，赵王趁热喝了吧！”

如意想也没有想就把鸡汤喝下去了。如意喝下鸡汤的结果很简单，七窍流血而死。

就这样，刘盈以一个皇帝的身份却甘当赵王的保镖，虽然确保了赵王一个多月的人身安全，但这次“大意”却让他的保镖生涯过早地结束了。

赵王死后，一向仁慈得连一只蚂蚁也舍不得踩死的刘盈开始发飙了，他虽然知道吕后是“不动产”，他奈何不了。但那个假冒送汤的宦官却没有逃出他的手掌心，这次他找到这个宦官什么也不说，什么也不顾了，用大力金刚手直接就让他去当赵王的陪葬去了。

对此，刘盈给吕后的交代是：守东宫的一个宦官昨儿夜里突然发急病死了，他本着人道主义精神，已命人给埋了。吕后明明知道有鬼，但她心中也有鬼，于是她不得不放弃对这件事的追究，毕竟一个宦官的命就如蚂蚁一样微贱。

随后，朝中就传出这样的消息：赵王突然暴病身亡。朝中大臣此时对这件事睁一只眼闭一只眼，谁都没敢向吕后“兴师问罪”。

于是，吕后的胆子更加大起来。“戚姬啊戚姬，你不是想叫你的儿子来救你吗？ 现在该是折磨你的时候了。”

吕后把赵王死的消息告诉了还在永巷里做苦力的戚姬。戚姬开始发飙了，她恨不得生食太后的肉。而太后呢？ 也没有再手下留情。

人彘是怎样炼成的

泰国的人妖想必各位读者都有所耳闻。据说他们可以让女的变成男的，让男的变成女的，总之似男非男，似女非女，这大概就是人妖。两千多年前的大汉王朝没有人妖，不过，人彘却是有的。因为是新鲜玩意儿，太稀奇了，所以吕后请刘盈去看人彘。

人彘是什么啊！ 当时的刘盈满腹狐疑，可是又不好多问。

人彘居然在厕所里！刘盈捂着鼻子，当即就表示了最强烈的抗议。太监毕恭毕敬地回话了，这是吕后的旨意啊！刘盈还能说什么，只好探着头向黑漆漆的厕所里望去。这一望不打紧，他的心差点没被吓得从胸膛里跳出来。套用《尽美的石头》里的歌词来说就是：没有手脚没有耳鼻，我是一个两眼黑洞、嘴里没牙、血肉模糊的人彘……

"这就是人彘？"刘盈一脸的惊恐。

"是的，陛下。"身边的太监轻声回应着。

"这分明是一个残疾人吧。"刘盈眉头皱起来了。

"回陛下，这的确是一个人，但太后却只许我们称人彘。"

刘盈又仔细看了一眼那一团血肉模糊的东西，大吃一惊！

"她是……啊！是戚夫人……"刘盈直到此时才察觉到，这个所谓的人彘竟然是赵王的母亲戚姬。刘盈越想越害怕，越想越恶心，最后竟然"啊……"大叫一声，昏了过去。

第十六章　变　革

害人先害己

吕后搞了这次人彘表演给刘盈看，原本是想吓唬吓唬他，叫他完全投靠到自己身边来。然而，令她始料未及的是，刘盈自从被人彘吓晕过去后，就变了个人。醒来后，就把自己一个人关在屋子里，不吃不喝，清心寡欲，大有步张良后尘学练辟邪剑谱之态势。

当然，别人练功都是修身养性，而刘盈因为头上有一顶皇帝的帽子，行为举止就显得与众不同些。但见他在屋子里时而静坐，时而站起来大笑或是大哭，总之，什么叫千姿百态，什么叫千娇百媚，从他身上可见一斑。

皇帝变成这样了，别人可以不急，但皇帝他妈吕后可不能不急啊！吕后只得请最好的太医去给他宝贝儿子治病。然而，心病岂是药物能医治好的？在“失心疯”的作用下，一向滴酒不沾的他，开始嗜起酒来。

看着刘盈整天沉湎在酒色中，不问朝中大事。他的智囊团“商山四皓”心里那个着急，于是他们对刘盈进行了一次劝说。他们的话总结归纳起来有三个关键词。

第一个关键词：失败是成功之母。

解析：陛下身为一国之君，看到吕太后有了过失，不能只劝谏一次就灰心丧气了。应该从失败中找到原因，进行新的劝说尝试，最终让吕太后回心转意。

第二个关键词：身体是革命的本钱。

解析：陛下要想把大汉皇朝建设成为一个民主富强的国家，就必须注重身体，远离酒色，留得青山在，不怕没柴烧。

第三个关键词：不在沉默中爆发，就在沉默中灭亡。

解析：陛下如果把朝中大小一切事都交给吕太后去处理，那你就成了一个不折不扣的“傀儡皇帝”了，将来想要再收回权力时，只怕比登天还难。

应该说“商山四皓”的解析很精辟，只是当时已彻底心灰意冷的刘盈并没有产生共鸣：“朕无德无能，实在无力阻止母后的诸多行为，与其眼看着无能为力，还不如把权力彻底交给母后，任其逍遥快活。”

“商山四皓”眼见刘盈这般回答，知道这个“阿斗”算是彻底扶不起了。于是借口离开了这是非之地。

“商山四皓”走后，刘盈真的变成了“光杆儿司令”。而吕后这个时候已主宰了朝中一切。虽然一些大事她也会装模作样地去“征询”皇帝的意见。明眼人都知道，这只是走过场而已，或者说是她已拿定好了主意，然后直接叫皇帝签字就是了。

这里举两个例子说明一下吧！

例一，吕后征询刘盈立新赵王的事。“赵王病死多日，赵地不可一日无主啊！请皇帝把淮南王刘友调到赵地为赵王吧！”吕后的意思已经很明确了，我要改立刘友为新赵王，皇帝你签字吧！ 当时的情况无论是签还是不签，新赵王上任的事已是板上钉钉了。柔弱的刘盈除了点头答应还能做什么？

例二，搞工程建设。“国家最近几年发展太迅速了，不说别的，就拿长安来说吧！ 人口的增加已使得长安显得太拥挤了，我想马上扩建长安，皇帝以为如何呢？”

“搞这样大的工程，只怕又会劳民伤财，朕于心不忍啊！”

“大汉国都的百姓每天都在呼唤着两个字：房子，房子。”吕后说到这里，顿了顿，才又喃喃地道，“千言万语，柔情蜜意，竟抵不过一栋房子的诱惑，再不多搞工程建设，那些没有房子或者是住破烂房的人岂不是要造反，长此以往，天下岂不是会大乱？”

“罢了，罢了，这件事你去办就是。”眼见吕后要没完没了地说下去，刘盈知道再多费口舌也是白搭，还不如直接点头来的干净利落。

就这样，吕太后实际上此时已成了大汉的最高统治者。而刘盈也光荣地成了中国历史上第二个“傀儡皇帝”。

生死一瞬间

吕后掌握了至高无上的权力后，未雨绸缪，又居安思危起来。朝中的重臣虽然已铲除了不少，但战功赫赫的功臣还有二十多个。这些重臣的存在对她的统治是最大威胁，但此时她又不好再对他们下毒手，否则可能就会引火烧身。因此，她才想出扩建长安这项工程来。名义上是为了解决大家的房子问题，但实际上，却是加固城墙，扩张长安的军事防守力量。说白了就是，如果天下有乱，长安也可以暂保平安无事。

吕后除了预防这些异姓王的叛乱外，对自己家族的王也高度戒备。除了“吕氏”嫡系家族的人外，其他的“刘氏”王她都不放心。

比如说刘肥、刘交、刘恒等人就成了她的眼中钉、肉中刺，她觉得自己的儿子太懦弱了，而这些刘盈“兄弟们”的存在，将会对他的皇帝地位构成威胁，因此，她在成功除掉赵王后，也想把其他的封王除掉。

很快，吕后就把目光停留在刘邦的大儿子刘肥身上。刘肥论长相最像刘邦，用现代的话来说就是“一个模子里刻出来的”。鉴于刘邦其他的儿子都还小，因此，吕后的目光首先停留在刘肥身上。

俗话说，说曹操曹操就到。吕后正对刘肥“想入非非”时，刘肥自己却送上门来了。惠帝二年十月（公元前193年），齐王刘肥从齐地入朝来看望刘盈。情绪时好时坏的刘盈这次见了刘肥同样很高兴，一阵寒暄，二手相握，三分谈心，四目相对，“五”往情深，十分融洽。

刘肥的到来，吕后自然也很高兴了，于是设宴为齐王接风。由于是属于私人性质的宴会，与会人员只有吕后、刘盈、刘肥三人。

《诗·小雅·宾之初筵》云：“宾之初筵，左右秩秩。”意思是说来宾在筵会上左左右右有顺序，规规矩矩有秩序。按现在的说法，和长辈或者前辈一起吃饭时，有个“上席”“下席”之分，辈分或威望高的长者坐上席，而辈分或威望低的后辈理应坐下席。当然，这个说法，在古代就是左右之分。在古代“右”这个位置是最为尊贵的，酒席上的“右”也就是我们现在所说的“上席”位置了。接风宴开始后，刘盈和刘肥就入座的事犯难了。

刘盈，大汉国的皇帝，地位在万人之上。刘肥，大汉国的齐王，地位是皇帝他哥。按理说刘肥虽然是刘盈的兄长，但因为刘盈拥有皇帝的特殊身份和地位，因此，这个“右”（也就是上席）的位置理应是他来坐才对。

但厚道的刘盈却不这么认为，他固执地认为刘肥作为自己的兄长，这个“右”的位置应该他来坐。面对刘盈的谦让，同样厚道的刘肥见都是自家人，而且还以为这是家人之礼，就毫不客气地坐下了。

他这一坐，刘盈是高兴了，但吕后就不乐意了：我儿子尊你是兄长这是谦让，你小子倒理所当然了，一点也不知道谦让啊！那以后是不是这大汉的皇位你也一样不会谦让呢？于是，露出微笑看着两兄弟说话的吕后，心中已暗动了杀机。

随后，两兄弟就开始饮酒了。而吕后也没有闲着，乘伸手夹菜之际，故意打翻了一个杯酒，洒了自己的衣袖一大片，样子略显狼狈。于是她就以这个为理由，暂时离席了。离席后，她就召来一个心腹对他吩咐了几句。然后，换上衣服再入酒席中。她刚入座，便喃喃自语般吟道："九九女儿红，埋藏十八个梦，九九女儿红……"

说着她挥一挥手，马上就走来了一个侍女，但见这个漂亮的侍女双手捧着一个金盘，金盘里摆着两个金杯，玉手在金光的照耀下格外地妖娆动人。她不但玉手动人，声音更动人："此是埋藏于地下数千年的上等女儿红，吕后特令奴婢斟上两杯为齐王接风洗尘。"

刘肥一听，心里早已温暖得像六月里的阳光。这下不知道他头脑突然开窍了，还是心血来潮，还是突然之间学会了谦让。他双手捧着一盏酒没有自己独饮，而是直接送到吕后面前："既然是千年女儿红，理应太后来喝。"

"我老了，已不胜酒力了。齐王就不要再谦让了。"吕后摆了摆手。

"为感谢陛下厚爱，臣敬陛下一杯。"刘肥把酒又送到刘盈面前，毕恭毕敬地说道。

说来也怪，一向谦让、连入座也宁可自己坐"下席"也要让兄长坐"上席"的刘盈，这时居然不再谦让了，接过刘肥递的酒杯，然后将托盘上另一杯递到齐王手中。两人对视了一眼，就要把酒往嘴里送。正在这个节骨眼上，吕后突然站起身来，一个"鹰爪手"就夺掉了刘盈手中的杯子，把酒泼到地上，然后脚踩"七星步"飘然离席而去。接风宴就此结束。

酒洒在地上，地板上冒着的阵阵轻烟，刘肥再笨也终于明白了什么。因此，回到住处的刘肥就坐立不安了。这时他手下有个叫刘勋的人就出来给他献计了。

刘勋对刘肥说："把齐地最大的一个郡——城阳郡，献给太后的女儿鲁元公主，就能让吕后对大王您回心转意啊！"理由是，吕后只有一儿一女，既然儿子让她扶不起了，那么女儿就格外看重些。你把城郡献给她，就说明你是忠心的。

一语惊醒梦中人。刘肥连夜写好了一份奏折，第二天就交到吕后那里去了。吕后本来正为昨天的失态大为光火，正想采取下一步行动，把刘肥消灭于无形中，接到刘肥的奏折后，她脸上又乐开了花。这小子胆子很小嘛，不足为虑。

刘肥乘机辞行，但吕后并没有答应，只是回复还得考虑考虑。刘肥只好又找刘勋来商议了，刘勋又想出一个办法，那就是尊吕后的女儿鲁元公主为王太后，对她行母礼。

要知道按血缘关系来推，刘肥和鲁元公主是同父异母的兄妹，此时刘肥愿尊妹妹鲁元公主为王太后，并且行母礼，已是把自己的身份自降了一级，可谓隐忍至极，大有韩信当年受胯下之辱之气概。

这一招果然够绝，又过了一天，吕后和鲁元公主亲自来为齐王刘肥辞行。刘肥对鲁元公主行了母子相见的新礼后，又喝了“辞行宴”，刘肥好不容易脱身，再也不敢逗留，连夜就赶回了齐地。就这样，刘肥捡回了一条小命。

曹参上任

刘肥离开后，刘盈心有戚戚焉。他终于明白了这样一个道理：凡是和自己志同道合的人，吕后都会想方设法地除掉。于是他更少出宫了，整天在家里喝闷酒。他突然思念起萧何来，因为这个时候的萧何已在病危中了。

这个当年在刘邦手下大难不死的萧丞相，他的人生终究要走到尽头了。病重期间，刘盈看望了萧何。他代表大汉王朝最高领导去“慰问”这个朝中重臣，应该说是很有必要也很应该的。

事实上，刘盈看望萧何，在表示最亲切的慰问的同时，还有一件很重要的事要办。刘邦临终前，吕后曾问起丞相继承人的问题。当时刘邦的回答是，萧何之后，曹参为相，曹参之后，王陵接任（陈平和周勃辅之）。应该说刘邦作为大汉王朝的开国皇帝，他的遗言是肯定要履行的。但当时接班人刘盈并没有在场，虽然温顺的刘盈肯定会遵从刘邦的遗命行事，但此时就算走过场也得问问萧何的意见啊！

“不知相国百年之后，谁可接任你的职位啊？”刘盈问。

“一切都由陛下来定了。”萧何道。

“相国以为曹参如何？”刘盈小心地问。

“如此臣就可以安心地去了。”萧何的意思已经很明确了，就是说曹参是合适的人选，他接任，我就放心了。

公元前193年七月，萧何病逝。大汉王朝继刘邦之后，又损失了一位超重量级人物。在举国悲痛的时候，有一个人却是悲喜交加。这个人便是即将上任相国的曹参。曹参和萧何不但都是刘邦最得力的功臣，而且他俩都是沛县起义的嫡系功臣。他俩十分要好，一起在秦朝当小吏，共事过；后来发现“真龙天子”刘邦后，两人都第一时间归顺了刘邦，在以后的革命中他们双宿双飞，果然不是亲兄弟胜似亲兄弟。然而兄弟“反目成仇”的事在曹参和萧何身上又上演了。当然，反目成仇之所以带上引号，那只有一个含义，这个反目的意思得打折扣。

刘邦统一天下后，封萧何做丞相，这让同样劳苦功高的曹参心里很不平衡。当年萧何只是在后方筹粮征兵，做后勤的装备工作。而他却在最前线拼命。楚汉之争时，他随韩信参加了很多重要的军事行动，平魏国魏豹的反叛，打败赵相夏说，平齐地。建国后，他又随刘邦一起出征去平了陈豨和英布的反叛。可以说每一件事都是功不可没的。也正是因为这样，刘邦封他为平阳侯，赐他列侯爵位，可以世世代代承袭下去。应当说这样的封赏已是很多人都垂涎三尺的。但有句俗话说得好，人比人气死人。在别人的眼里曹参是风光的。但在曹参的眼里，他的官位跟萧何相比，就好比一个在天上一个在地下，没得比。于是，昔日的一对好兄弟因为官职的高低产生了分歧，两人也逐渐开始疏远了。

而萧何是何等聪明之人，他知道这样的事是说不清的，于是采取他的惯用为人之道，处处小心，处处紧谨，处处忍让。而刘邦见曹参对萧何颇有不服后，就采取分而治之的做法，任曹参为齐国的相国。从此曹参和萧何两人相隔千重山万里路，再无瓜葛可言。

虽然齐国的相国跟大汉王朝的相国比相去太远，但好歹也是个相国啊！ 曹参不满归不满，但还是很有上进心的。于是他到了齐地后，便开始学习治国之道。以前他在战场上是勇冠三军的战将，现在要学习治国之道，目的很明确，那就是和萧何较劲。

于是，齐地的儒生身份地位一下子高了起来，因为曹参对他们格外重视，处处向他们打听治国之道。然而，面对众儒生，曹参很快就体会到了市场“赶集”是怎么回事了。每次问一个问题，下面的儒生们就会闹得不可开交。就像我们最疑惑的一个问题：世上先有蛋后有鸡，还是先有鸡后有蛋一样。站在不同角度，从不同的观点来看，这个问题的答案就会不一样。

正所谓公说公有理，婆说婆有理，不是没有理，要看如何理。眼看这样讨论来讨论去，都没有讨论出一个所以然来。曹参最后没辙了，大手一挥：你们都下岗吧！ 曹参之所以叫儒生们都下岗，原因是他找到了一个旷世之才。这个人的名字叫盖公。据说这个盖公有经天纬地之才，治国安邦之术。大凡这样的人都很难请。曹参提着重礼，亲自去请了三次，才把这个人才请下山来。请来后，曹参还与这个盖公进行了超简短的“宫中对”。这个“宫中对”果然超级简短，只有一对一答。

“请先生赐教治国之道？”曹参问。

盖公回答得很简单，只有八个字：无为而治，清心寡欲。

曹参虽然当时还一知半解的，但他已知道这个盖公确实是超一流的人才。于是，就把他供养在宫中，尊为贵宾了。以后齐国的一些大事，或者说难事，他都会请盖公“指点”。盖公对曹参态度满意，人品满意，于是他就知无不言，言无不尽了。

很快齐国这个“直辖区”就在大汉国中脱颖而出，无论政治、经济、商业、工业、农业都名列全国之前茅。

接到调令后，曹参同样是喜忧参半。喜的是他终于通过自己的努力，登上了他梦寐以求的人生最高职位——丞相，这么多年的心血和努力总算没有白费。忧的是即将离开已和自己有着深厚感情的齐地，告别一直尊敬有加的师父他舍不得啊！ 盖公给曹参的话只有一句：天下没有不散之筵席，相国去吧！

曹参这才收敛起悲悯之心，上任去了。都说“新官上任三把火”。曹参上任后，朝中大臣们都战战兢兢，诚惶诚恐起来。这个新丞相上任会有什么样的举动呢？ 个别官小或是政治作风有问题的人更是感到世界末日正一步一步向他们逼近。然而，曹参上任后，非但没有对他们进行开涮，而且还连朝中的规章制度也都是外甥打灯笼——照舅（旧）。

这样一段时间后，众人提着的心终于放下来了。于是，又各就其职，各自在自己的工作岗位上做好自己的工作。朝中不动，但各封国却是要动的。各封国中的夸夸其谈、咄咄逼人的人被安排光荣地下岗了，而那些不苟言笑、默默无闻的干实事的人很荣幸地上岗了。

当然，曹参这样做是有原因的。

朝中之所以不动，一则朝中大臣都是当年刘邦一手提拔的，他们大多都是功臣，虽然这个功有大有小、有多有少，但只要知道他们是功臣就足够了。还有一点就是，功臣们在朝中的分量很重，即便是极个别的“干部”在权色下略有迷失方向，但这无关大局，其他人完全可以睁一只眼闭一只眼的。如果一上任就马上拿他们开涮，只怕会引来动乱。而各封国就不一样了，他们一向要听从朝廷的调遣，不听调遣的后果详情看一下彭越等人是怎样死的就知道了。

曹参对这些封国重人才远小人，一来确保封国的安稳，二来又可以树立自己的威信，真可谓用心良苦。

治国之道

曹参上任之后，花拳绣腿似的出了两招后，就再无举动了。因为他马上就变成了一个酒鬼，整天在相府里把酒言欢，不亦乐乎。长此以往，朝中一些大臣就看不下去了，一些人就去劝曹参远离酒色了。而曹参对这些登门造访的人并不拒绝，他来者不拒，热情地欢迎他们的到来。但是无论他们怎么劝说，还是无济于事。

相国整天花天酒地，劝说无效后，其他人也都纷纷效仿。于是朝中出现这样一个风气：国事、家事、天下事，事事不关心；大宴、小宴、天下宴，宴宴杯酒情。眼看整个大汉王朝都快要被酒给淹没了，一些正直的老臣就去惠帝那里告状了。此时的惠帝刘盈不满吕后独权专政，但在“无可奈何权落去，无计再把权夺来”的情况下，同样也是整天沉溺酒色，醉生梦死。

听了老臣们的话，他有些不耐烦，搪塞道：“朕知道了，你们先回去吧！ 我先派人去查查。”搪塞归搪塞，过场总得走，刘盈没有直接找曹参，而是找到曹参的儿子曹密。

曹密得到了皇帝的“委婉”提醒后，回到家里自然得跟他老子曹参说：“父亲继任相国后，新皇年幼，朝中大事理应由父亲去处理，父亲现在整天喝酒，只怕要误事啊！”

“混账。”曹参一听怒发冲冠，立即给曹密安排了二百板刑伺候，他给儿子定的罪是：儿子管老子的事，没大没小。

曹密无缘无故挨了打，不干了，他托着被打烂的屁股去找刘盈讨说法。这件事是因为刘盈而起，刘盈当然要给他个说法了，于是第二天退朝后，刘盈让曹参单独留下来。

“是朕让曹密劝你的，你怎么能让他受这样的皮肉之苦呢！”

“臣让陛下忧心了，罪该万死。”曹参跪地道。

“相国一向是个恪尽职守之人，如今却为何不思进取呢？”刘盈问。

“陛下与先帝相比，哪个圣明些呢？”曹参突然来了个反问。其实问这样的问题很需要勇气和胆量的，还要看对哪个皇帝说，若不是柔弱仁慈的刘盈，这样的话很可能就要祸从口出了。

“我不如他啊！”果然，刘盈没有一点生气，反而如实地回答。

“那么陛下，以臣的才能跟萧何相比又怎么样？”曹参接着又问。

"恐怕也不如吧！"刘盈还是实话实说。

"陛下说的对极了。既然是这样，先帝和萧相国把所有的法律法规都制定好了，如今我们只要照他们的规章制度做下去就行了。如果想来个创新，再弄一些新的东西出来，只怕反而会多出些事端来。"

刘盈没有再说话了，略有所思、略有所悟，吟出了一首随后流传后人的民谣：

萧何制法，整齐划一；
曹参接替，守而不失；
做事清净，百姓安心。

第十七章　枪口怎么对

求婚的代价

就在萧何死去、曹参继任相国，继续保持大汉王朝的稳定时，沉默了数年的匈奴可汗冒顿又坐不住了。刘邦在世时，他碍于刘邦是“真龙天子”有神灵保护（白登山围放刘邦就是证明），再加上刘邦又与他实行“和亲”政策，所以他才在对汉的政策上有所收敛。

然而，当他听说刘邦死了，新皇帝年幼，大权落入吕后这个妇道人家之手时，他心里又开始发痒了。作为大汉的“女婿”，他一直很关心大汉方面的事，所以不但大汉王朝的一切变故他都看在眼里，甚至连吕后跟一个叫审食其的大臣有“不明不白”的关系他都知道。那个人模狗样的审食其都可以和吕后“有一腿”，我堂堂草原第一英雄、第一美男子怎么就不能想入非非呢？

事实证明冒顿并不是一个只想不做的幻想家，因为他马上就付诸行动了。他用尽身上全部热情写了一封信给吕后，信的封面很有讲究：吕后亲启。

他这样写是有目的的，一来表明“傀儡皇帝”刘盈没有资格来看这封信，二来是因为这封信里涉及一点“特别”的东西（说白了这是一封求爱信），隐蔽一点好。

当然，这求爱信一发出后，冒顿心里并不是很踏实，他厉兵秣马，准备随时迎接吕后的“野蛮报复行动”。然而，冒顿很快就发现自己错了，因为吕后在“怒发冲冠”中拒绝他的“美意”后，并没有什么过激行为。接下来出现了这样一幕，冒顿虽然没有接到令他心花怒放的回信，但却接到了一些很贵重的礼物：两辆彩车，八匹马，无数的丝绸和瓷器。

其实吕后这样做也是逼不得已啊！ 面对冒顿的“嚣张气焰”，本来以她的火气是可以煮一顿饭的，但她以大局为重，当时马上召了朝中重臣来参议这件事。

樊哙一听自己的妻姐受到这样的羞辱，强烈要求亲自带精兵十万去给冒顿一点颜色看看。吕后见有人为自己撑腰，自然是满心欢喜了。就在她要轻点玉头时，群臣中闪出一员大将。此人身高八尺，气宇轩昂，却是朝中中郎将季布，他说话了：“该斩！”

樊哙要亲自去打冒顿，而此时的季布说“该斩”，大家也很容易理解，毕竟这个“色心不改”的冒顿犯了不可饶恕的罪，理应砍头啊！ 吕后正要把这个豪气逼人的季布派为樊哙副将一道出征时，季布这才把他这句话后面两个没有说完的字说出来了：樊哙。

季布的意思合起来就是：该斩樊哙！ 这下不说吕后，连群臣都满地找眼镜去了。季布见把大家的胃口调得够高了，于是马上进行了他的解释。理由有三点：

一、当年先帝率汉兵有三十多万之众，非但没能平定匈奴人，反而差点在白登山上一去不复返。

二、当时的樊哙将军身为上将军却没能及时帮先帝解围，以至于让先帝受了数日非人生活的折磨，此乃是樊将军一大过失也。

三、天下刚稳定没有多少年，怎么能又兴起战乱来，让天下百姓陷入水深火热之中呢？

他的三点理由说出来后，一直对他怒目圆瞪的樊哙彻底没了脾气。这三点理由太经典了，句句说到他心坎里去了。吕后和众臣自然都对他竖起了大拇指。于是吕后最终决定化干戈为玉帛，送了一些东西给冒顿作为补偿。

冒顿接到礼物后，又惊又喜，心中的震撼是无与伦比的。自己无理取闹地求爱，大汉朝竟然能处理得这么好，真不简单啊！ 于是他打消了对大汉再“动武”的思想，决定继续敲诈下去。

财色财色，在词语中之所以总是把这两个字联合在一起，是因为这是人最渴望的两样东西。于是，他这回决定再敲诈个大汉朝的“美女”。刘邦当年已经给他送去一个如花似玉的大美女，虽然是个假公主，但姿色在匈奴人那边来说绝对是一流的。

冒顿尝到甜头后，一个中原美女已经不能满足他了。又向吕后提出了要一名美女的要求。吕后知道冒顿这个人惹不起，自然答应了他的请求。对于拥有天下的她来说，甭说一个美女了，就算一百个、一千个、一万个在她眼里又岂是难事？

在一番努力之后，吕后终于寻到了一个绝世美女，然后冠以“公主”的名号进行包装后，把她成功地推销到了冒顿那里去了。就这样，大汉和匈奴的关系又得以维持下去。

亲上加亲

把匈奴的事摆平后，吕后也许是受到这件事的影响，她为儿子刘盈的婚姻大事着急起来。虽然刘盈身边的美女多如牛毛，但那些都只是他的玩偶而已。当时的国家大权掌握在吕后手中，刘盈只有纳妾的权力，并没有娶妻的权力。说白了，虽然他是皇帝，但婚姻大事，还得由吕后说了算。

古人的婚姻大抵是父母之命，媒妁之言。吕后为他找的妃子只有十岁……晕，不会是搞错了吧！ 只有十岁？ 嗯，没错，这个妃子的确只有十岁，还是个不折不扣的小萝莉。而当时刘盈十七岁即位，已在皇帝的宝座上坐了几个春夏秋冬，已是二十一岁了。十岁和二十一岁，且不说两人之间年龄的差距，单是这才十岁的小姑娘就可以嫁人了吗？

世界上很多荒唐的事都是可以解释的，或者说一定有原因的。同样，让吕后来说媒本来就是大姑娘上轿——头一回。而她介绍的姑娘虽然只有十岁，但来头却不小。这个十岁的姑娘的娘亲叫鲁元公主。而鲁元公主大家都不陌生吧！ 她就是吕后的亲生女儿。这下大家就明白了这个十岁小姑娘的来头了吧！ 她是吕后的外孙女。叫她儿子娶外孙女，这是典型的“亲上加亲”结合方式。当然，吕后这样做是有理由的，如今她已经掌握着国家的最高领导权了，她不想以后后宫的权势落入外人之手，亲上加亲就是最好的稳固儿子皇位和自己权力的办法。吕后就是吕后，她的招数够狠了吧！

刘盈不幸又成了政治的牺牲品。当然，他开始自然反对这样的婚姻，但吕后晓之以理，动之以情，什么这关系到江山社稷啊等大道理不一而足，总之，在吕后的淫威和攻心下，刘盈最终只得低下其高昂的头颅。

就这样，中国历史上最尴尬、最难堪的一幕出现了。亲舅舅迎娶亲外甥女，说白了这是乱伦啊！ 但吕后开了金口，谁也无法阻挡他们两个结合的步伐。而本来被逼结婚的刘盈，面对只有十岁、却长得身材高挑、姣美动人的小皇后时，他释然了，从此他们双宿双飞，快乐似神仙。然而，他的“蜜月”刚过，新婚的喜悦就被一件突如其来的事给冲没了。

俗话说，若要人不知，除非己莫为。天下没有不透风的墙，刘盈虽说有点后知后觉，但吕后和审食其的事终究还是被他知道了。

都说家丑不可外扬，家中出了这样一件丢人的事，一向懦弱的刘盈终于愤怒了。刘盈很生气，后果是直接让吕后的情人审食其入狱。

捉放审

一向“柔弱”的刘盈打了吕后一个措手不及。审食其被刘盈捉拿入狱后，最着急的自然是他的“情人”吕后了。别看平时吕后心狠手辣，但一到了审食其怀中便变得柔情似水。如今突然离开了这个温暖的怀抱，吕后竟然茫然失措，虽说她拥有至高无上的权力，但在这件“家丑不能外扬”的私事上，她陷入了困境。

救还是不救这不是个问题，但如何救怎样救却是个不小的问题。

正在吕后黯然神伤老泪纵横时，一个人却不请自来，自告奋勇地站出来救审食其。朝中大臣无不对“吃软饭”的审食其恨之入骨，眼下他落入牢狱，众人高兴还来不及，是谁又这么不识时务，偏偏来蹚这浑水呢？

这个人的名字叫朱建。

朱建在长安城里算是一个风流人物。原因有二：其一，他出身豪门。这个朱建原本是楚人，是淮南王英布的门客。英布造反时，朱建不为所动，没有跟随英布出征，而是做起了为刘邦通风报信的“间谍”，刘邦平定英布叛乱后，自然对他重赏，于是封他为平原君，从此他成了贵族。其二，他为人正直。用句话来形容就是，弱不欺，强不畏，淡泊名利，敢作敢为。因此他结交的朋友都是一些才学之士。

审食其在京城有吕后这个至高无上的保护伞，平时目空一切，自然不把朝中重臣放在眼里，却唯独对这个“初来乍到”的朱建格外看重，想尽一切办法来结交朱建。

朱建也鄙夷审食其的为人，自然不屑和他为伍，因此，审食其最初求着想和朱建“拜把子”时，他自然打死也不肯答应了，所以两人关系一直处于平淡的状态。但世上的事往往无常，都说有钱能使鬼推磨，这话一点也不假。正是金钱效应的介入，让原本是两条平行线上永远都不可能走到一起的人走到了一起。

有人就会问了，这个朱建不是淡泊名利，视钱财如粪土的人吗？ 为什么会被审食其的金钱攻势所打动呢？ 那是因为审食其送金钱的时机掌握恰到好处——朱建母亲逝世时。

正是因为这个朱建平时为人极为廉洁大方，不趋炎附势，所以在他母亲去世时，他想“奢侈一回”厚葬母亲以尽孝心，但这时他才发现自己的口袋中空空如也，活了一辈子，竟然拿不出钱财来尽孝，人生最大的悲哀莫过于此了。

一直对朱建处于“观望”状态的审食其知道他的窘境后，携带百金以“吊唁”的名义来了，借着这个时机送礼对朱建来说可谓是雪中送炭。在那种面临借钱葬母的尴尬情况下，朱建低下了他高昂的头颅，不得不接受审食其的“嗟来之食”。

滴水之恩，当以涌泉相报。此时审食其有难，朱建自然也不会袖手旁观了。要救审食其自然不能直接去求刘盈放人，因为这样的做法就像去摸老虎屁股，自讨没趣，聪明的朱建自然不会选择这种方式了。

也许是对当年审食其的金钱攻势记忆犹新，此时，朱建也来了个以其人之道还治其人之身，他通过金钱买通了刘盈身边的一个最为亲信的侍卫——闳孺。然后对他说了这样一番话：“你是皇帝身边最宠爱的人，这次辟阳侯审食其入狱，据有人说是你出的鬼主意。辟阳侯要是有个什么三长两短，吕后会放过你吗？”金钱攻势再加威逼利诱，侍卫闳孺哪里还有反抗的余地，直问朱建他该怎么办？

朱建眼看时机已到，不再拐弯抹角，说了他的最终目的：你劝皇帝放了审食其，这样一来，太后不但不会怪罪于你，还会感激你的。

好了，说到这里，不关朱建什么事了，就看闳孺的表现了。闳孺也不是吃素的，凭着一张“三寸不烂之舌”不断在刘盈耳边吹风，晓之以理，动之以情，总之，到最后刘盈被说服了，把审食其“无罪释放”了事。

一段捉放审食其的插曲也到此结束。

情难断

审食其大难不死，从鬼门关上走了一回，他心有余悸。通过这件事，他着实吓得不轻，于是决定狠下心来和吕后来个一刀两断。然而，无数的婚外情都证明，当爱的种子播下后，结果就是抽刀断水水更流。

吕后正值四五十岁的黄金年代，正是心理需要的时候，她岂能忍受无尽的孤独和寂寞？ 见审食其总是不来后宫找她，她便不顾太后的身份和面子主动派人去找他。

这个时候的审食其坚决拒绝了吕后的美意，宁可清心寡欲，也不敢再入宫了（其实他这时家里还有一个老婆的）。连召两次都没有见到她苦苦相思的人影，吕后并不灰心，她决定来个“三召”审食其入宫。吕后对办事的太监这次下达死命令了：这次不把审食其带来，就提着你自己的人头来见我。

太监也不是傻子，话一变通，到审食其那里就是：这次你不去宫中，那你就准备你全家人的后事吧！ 审食其这下没辙了，他可以看淡自己的生死，但一家人的性命可不是闹着玩的啊！ 于是他只得跟着太监去吕后的后宫了。到了后宫，吕后脱掉了“冷酷无情”的外衣后，露出的是千娇百媚的风姿，于是一对干柴烈火一点又着了。

从这以后，他们两个变本加厉了，以前他们还是偷偷摸摸地做“露水夫妻”。现在居然像一对新婚夫妇一样，审食其竟然从此常住吕后的后宫了。而且吕后为了不让刘盈来打搅他们的两人清净世界，还把刘盈从长乐宫“赶”到未央宫去了。这未央宫是当年刘邦花了大量财力物力新建的宫殿，按装修标准和豪华程度那是没得说了。

而刘盈本来想好好地惩罚一下审食其，没想到自己的努力不但付之东流，而且还让他更加嚣张起来，这让他很是不舒服啊！ 通过捉放审其食，刘盈也知道“以武力的形势”来解决这个问题，在目前无凭无据、只靠耳闻和口传的情况下是站不住脚的，于是他决定去吕后那里“取证”。于是，接下来发生了这样一幕，刘盈经常带着他的新婚小妻子去长乐宫朝见吕后。

这让吕后大为头疼。因为刘盈去的时间不定，或上午或中午或晚上，多则一周五六天，少则一周两三天，真是明枪易躲，暗箭难防啊！ 面对刘盈的“突然袭击”，偷情中的吕后终于体会到了什么叫“做贼心虚”。可是她一时间也找不到对付的好办法。

而刘盈此时也面临一个问题，那就是，他隔三岔五地往长乐宫吕后那里赶，可未央宫和长乐宫毕竟是有距离的。距离虽然能产生美，同时也能产生安全问题来。刘盈每次到吕后那里，都得劳师动众，负责保卫工作的卫士可就有的忙了。长此以往，众人都有点吃不消了。于是刘盈决定从未央宫到长乐宫之间搞一道工程建设，这里姑且命名为“未长高速公路”吧！

“未长高速公路”从未央宫外的武库南面直到长乐宫，刘盈下令修这项工程后，工程负责人快马加鞭，不到半个月就建成了，速度之快，效率之高，令人咋舌。然而，令刘盈意想不到的是，“未央高速公路”建成后，他正要进行隆重的剪彩仪式时，一个人的出现让刘盈从满心喜悦中顿时掉入了冰库里。这个人便是太常叔孙通。

“陛下，‘未央高速公路’修的质量那是没得说，但陛下您知道吗？这条公路是建在先帝衣冠仪式出巡的道路上啊！作为先帝的子孙，陛下怎么可以在宗庙上筑路行走呢？”叔孙通说完这话时，刘盈顿时傻了眼，心里气道：早不说晚不说，偏生等这公路建好了再说，你是故意看朕的笑话吧！嘴里却道：“既然是这样，那就把这条道路再拆了就是。”

“拆倒是不必要了，一来这一修一拆花费太大，二来这样明摆着不是让天下都知道陛下的过失了吗？”叔孙通马上说出了他早已胸有成竹的想法来：再建一个更大更好的宗庙，以后到那里举行高祖的衣冠仪式。

扩大宗庙是大孝之举，刘盈自然答应不迭了。就这样，刘盈在皇帝的位置上终于干了两件大实事：修建“未长高速公路”和“扩大宗庙”。不过令刘盈始料未及的是，虽然有了这条快捷的“未长高速公路”，从未央宫到长乐宫的时间和安全都得到了最高效率的保证，但吕后并没有因此而收敛什么，她依然每天和审食其厮守在一起。只是她的暗室设得特别好，刘盈一来，审食其就钻进密室里去了，刘盈一走，他又从密室里钻出来。什么叫“地下游击战”，这里便可以知晓一二。

就在刘盈和吕后斗智斗勇时，长安城突然接连出现了一种怪现象。那就是宫中总是起无名之火。今天烧这里，明天烧那里，更有甚者，连宫中的藏冰室里都起大火。总之这冬天里的无名之火烧得让人丈二和尚摸不着头脑。

据气象专家分析，这是阴阳失调所致。气象专家的意思很简单明了，男人主阳，女子主阴。如今的朝廷是太后做主，而皇帝只是挂名。因此阴盛阳衰。当然，这种说法从科学的角度来看是站不住脚的。然而种种不祥的气象说明，天下肯定有大事要发生了。接下来宫中果然又有大事发生，“汉初三杰”硕果仅存者张良，该轮到你最后登场表演了。

第十八章　前赴后继

会流泪的石头

吕后和审食其在后宫中共享二人世界时，她饮水思源，不忘当年给予她不少帮助的张良。当年张良建议她去搞定“商山四皓”，从而才保住太子的位置。单凭这一点，吕后就对张良很是感激。于是，一天有空，吕后去看望了张良。

此时的张良却是一副弱不禁风的样子，他已瘦得像一根竹竿子，仿佛一阵风都会被刮倒一样。据说是张良每天都不吃不喝才练成这个样子的，吕后当时的心里是挺不好受的。她决定强迫张良停止练功，要他进食，要他恢复正常人的生活，于是，她召张良进宫赴宴。面对吕后盛情相邀，张良面临一个艰难的选择，去还是不去？

去，以他的聪明才智和应对能力，去了之后，应该没有什么后顾之忧，他知道凭他当年对吕后的帮助，吕后是绝不会再把屠刀伸向他的。不去，那是要砍头的，再说，吕后的美意，他又是不能拒绝的。于是他最终还是决定去赴宴。

事实上证明他的判断是很正确的，吕后的宴会肯定不会是“鸿门宴”，而是“感恩宴”。看着瘦骨嶙峋的张良，吕后心里很是不好受，于是她就问了：“留侯啊！你都瘦成这样了，你平时都吃些啥啊？”

张良淡淡地道：“自从我练功后，就不再吃饭了，每天只是吃少量的人参和汤水。”

“人是铁饭是钢，一餐不吃饿得慌啊！留侯怎么聪明一世就糊涂一时呢？”

张良其实比谁都明白吕后句句说在他心坎上，然而，他这是在万不得已才采用晦韬之策啊！事实证明他这功并没有白练，自从他练功后，当年刘邦把不信任的目光投向了每个朝中重臣，唯独对他是一个例外。如今大汉江山还是大汉江山，但早已物是人非了。天下的主人由刘邦换成了刘盈，而吕后成了这天下真正的主人了。吕后决定让这个她认为是心腹的人恢复正常人的生活，不再练功了。

因此，在宴席上，吕后以这样命令的语气对张良说：“今儿个是我做东请你吃饭，你吃也得吃，不吃也得吃。”话说到这份儿上了，没辙了，都好几年不怎么进食的张良只得端起了香喷喷的白米饭。

而吕后为了让张良彻底恢复体格，让他每天按时吃饭，居然不顾审食其略带吃醋的眼神，把张良留在后宫达十余天之久。每天都亲自陪着他入宴，看着他进食才行。即使张良走后，她仍然不放心，隔三岔五就派人去把张良请到宫中来进食。就这样，他告别了“非人”的生活。可以说吕后对张良的关心和热爱让我们第一次感受到吕后充满人情味的一面。然而，吕后不会想到，原本她想帮张良，最终却是害了他。

因为恢复进食的张良很快就病倒了。他已多年不进食了，肠胃已经萎缩了。恢复进食后，且都大抵是山珍海味，他的身体怎么会受得了，他不病才怪呢！

不久，张良与世长辞了。

临终前，他唯一的要求就是：把家中那块黄石和他埋在一起。看到这里，很多读者就会很奇怪了，这个张良真是有点怪，别人要的陪葬物都是金银珠宝之类的宝物，他为何却独独要求一块毫不起眼的黄石呢？

当然，这其中肯定是有原因的。据说当年那个桥上指点张良的老人声称自己就是一块黄石的化身。那个时候，张良就在心里默默发誓：一定要找到那块黄石。后来刘邦得了天下，张良专程跑到谷城，在老人说的地方果然找到了一块大黄石。于是他把黄石带回家供养起来，每天早问候晚跪安，香火不断，比他人供奉老母还来劲。就这样，这块黄石和他融为一体了。

据说，张良咽下最后一口气时，那块黄石上冒出细密的水珠来。黄石流泪了。其情也真，其意也深，其泪也悲。这只是传说，我们不去讨论真实度如何。但随后在张良的葬礼中却出现了这样的奇观：送葬时，竟有两副一模一样的棺材，一副棺材是运着张良的尸体，而另一副却是装着那块大黄石。这是一个奇观，也是一个奇谈，更是一个传说。

而吕后在自责自己“无意”中害死张良后，也进行了补偿：赐张良谥文成，让张良之子不疑袭留侯封号，这也算是对一代忠臣的慰藉吧！

张良死后，就像一阵瘟疫一样，大汉王朝的重臣们纷纷步张良的后尘而去。首先是一代武将樊哙紧跟着张良去了，接着曹参也不甘落后。汉惠帝五年（公元前190年）八月，曹参病逝。曹参死后，谁来接替他的位置成了一个大难题。

按当年刘邦的遗嘱：曹参之后，可用王陵为相。如果刘邦就只有这么一句话也好，直接把王陵推上相国的位置即可。但问题是当时病危中的刘邦还补充了一个附加条件：然王陵稍显愚直，不能独任；须用陈平辅之。而陈平智识有余，厚道不足，最好兼用周勃。这句话，虽然看起来有好几个转折点，但刘邦的意思已经很明确了：这一届的相国，要么不上，一上就得三个同时上，王陵、陈平、周勃一个都不能少。

关于这件事，吕后和刘盈进行了一次商榷，结果是，把周勃安排在太尉的位置上，再把相国称呼改成另一种称呼：丞相。而丞相的位置设左丞相和右丞相，以便把王陵和陈平两人同时都安排上。

任命通知书下达后，结果是：王陵任左丞相，陈平任右丞相，周勃任太尉。好了，丞相的事总算这样就搞定了。

借腹生子

时光荏苒，春去秋来，秋来春去，张皇后已由十岁变成十三岁了。这个时候的张皇后已发育成熟，是一个大女人了。

这几年，吕后对刘盈什么也不关心，却很关心张皇后的肚子。每次都问相同一句话：你的肚子啥时候能大起来呢？ 然而，欲速则不达，就在吕后着急时，张皇后偏生就是不给面子，肚子依旧空空如也。

吕后为了大汉江山的稳定，眼看再这样下去不是办法，她想出了聪明绝顶的一招：既然张皇后的肚子不争气，那就找其他肚子争气的女人去好了。如果非要把吕后的计谋说个清清楚楚明明白白的话，那就只有四个字：借腹生子。于是乎，首先从后宫传来一阵风，说皇后怀孕了。而对突然刮起的风，众人自然是议论纷纷了。总之，一句话：对张皇后的怀孕一事持怀疑态度。

风刮出后，吕后自然也得让众人相信并非空穴来风啊！ 于是他马上举行了盛大的家宴。在盛宴上，众嫔妃们都见皇后的肚子果然“鼓”起来了，对这事的怀疑就大大减少了。

几个月后，张皇后生了一个大胖儿子。与此同时，刘盈后宫中一个怀孕十个月正要临产的宫女离奇失踪了。失踪的原因很简单，张皇后的儿子和她的儿子是同一个人啊！

两母生一子，那是不可能的事啊！ 既然如此，那就得除去一个母亲啊！ 这个姓陈的宫女，当天生下一个胖男孩后，她还来不及为初为人母而高兴，就被吕后送来的一碗“人参汤”（内含鸩毒）给解决了。随后她的儿子马上就变成了张皇后的儿子。就这样，张皇后借腹生子的事画上了一个圆满的句号。

最后的表演

就在吕后用妙计让张皇后生下一个“太子”后，刘盈并没有因为“喜事”而高兴，相反，他的身体一天不如一天。

自从他当上皇帝后，由于他的仁慈和善良，朝中的大权一直都由吕后掌握，而刘盈只有在为“亲情、友情、爱情”时才会和吕后发生一些小冲突。当然，冲突的最后，小事或者说无关紧要的事都是他赢，而大事或者说有“政治价值”的事都是吕后赢。

赵王他想保护，结果自己亲自出马，对赵王陪吃陪喝陪睡了近一个月，赵王还是没能逃出吕后的“九阴魔鬼掌”。这件事的失利对刘盈的打击是巨大的，从此他有点心灰意冷。随后太后把赵王的母亲戚姬弄成了人彘，看完人彘表演后，刘盈更加失落。从此，刘盈患上了“精神分裂症”。朝廷大事彻底交给吕后全权处理。

如果仅仅是这些，刘盈倒并不是看得很重。毕竟经过了这么多风雨，他看淡了权力，看淡了名声，看淡了一切。然而，吕后和审食其“通奸”的事，他却无论如何都不能原谅。也正是因为这样，他才会把审食其直接捉拿入狱，把吕后惊得心口直打战，她不得不直视自己这个儿子，她发现，原来自己的儿子也有这么强悍的一面啊！

就在吕后无计可施时，也算是审食其命不该绝，白道黑道通吃的朱建妙手为他解了围。“捉奸”之事失败后，刘盈知道他一生中最正义的表演结束了。从此他将再也没有这样的表演机会了。

事实上也的确如此，审食其出来后，吕后和他的关系更加如胶似漆了。也许审食其被关在牢里的日子更让吕后觉得人生苦短，春宵一刻值千金，于是她立即行动，把审食其直接召入后宫，两人整天厮守在一起。而刘盈此时只得每天去看望吕后，去做毫无意义的“督查”工作。

而吕后为了分散刘盈的注意力，也给他安排了十岁的张皇后嫁给他，直到成功“生”出一个儿子来。然而，刘盈并不快乐。张良、曹参、樊哙这些国家栋梁都先后归西后，他有一种“岁月催人老”的感慨，虽然这样的感慨对于一个才二十四岁的人来说，未免太早了点，但刘盈就是刘盈，他此时这样感慨却是心里的真实感受。刘盈在感慨，老天却在感叹。

公元前 188 年正月初一。这一天是中国传统的春节，正是举家团圆，阖家欢乐的时候，然而就在这一天，发生了一件很特别的事。

这原本是一个大晴天，金黄的太阳露着笑脸挂在天空中，人们在太阳下放鞭炮的放鞭炮，玩耍的玩耍，气氛很是融洽。然而，就在这时，突然变天了，太阳笼罩在一片乌云当中。

“不好了，天狗要吃太阳了。”有人这样喊道。

当然，大家并没有慌张，而是搬出家里的所有的坛坛罐罐，敲打着，意在赶走天狗，还天下一个金黄的太阳。也不知是众人敲的声音起了作用还是别的什么原因，总之，这次天狗只把太阳吞了一半就吐出来了。

随即天狗迅速消失了。当然天狗临走前它说了这样一句话：我还会来的，你们等着瞧吧！ 果然，只过了四个多月，五月二十九日那天，也是中午时分，这回天狗出现后，根本没有理会人们拼命地叫喊和敲打，把整个太阳都吞了。天空顿时全变了。变天后的连锁反应是：真龙天子刘盈也变了，变得弱不禁风，变得骨瘦如柴，变得只能躺在床上了。

原来就在张皇后坐“月子”生太子的时候，刘盈却每天都酗酒纵色，这让他原本就不太好的身体变得更加糟糕。当然，刘盈的最根本目的可能是要“报复”吕后，只是他选择的这个“报复”有点搬起石头砸自己的脚。道理很简单，就算你对吕后不满，就算你眼里容不得审食其这粒沙子，但你这样以“自残”的方式来报复，最终是害人先害己啊！ 身体是革命的本钱，留得青山在，不怕没柴烧。可惜当时的刘盈不明白这个道理。或者说当他明白这个道理时，已经晚了。

刘盈的病情恶化后，张皇后每天泪水涟涟，对于只有十四岁的她来说，皇帝一旦有个三长两短，她这个明媒正娶的皇后就意味着要守一辈子活寡啊！

而此时的刘盈又哪里能体会到皇后心里的苦楚呢！ 他正在做他的一

帝幽梦呢！什么赵王，什么戚夫人，这两个他当年最引为恐惧的人他时常梦到。当然，这样的幽梦最好少做，因为每每这样的梦后，不是大呼小叫就是“汗水淋淋”。当然，刘盈并没有痛苦很长一段时间，因为他很快就到极乐世界去了。

汉惠帝七年（公元前188年）八月十二日，刘盈病逝。

第十九章　一锅粥

化悲痛为力量

刘盈英年早逝后，朝中陷入一片悲伤的海洋中。几乎所有人都为这个善良而纯洁的皇帝感到惋惜和悲悯，唯独吕后心中有悲却说不出口。

对于吕后来说，她唯一的儿子死了，这剩下老的老（这个不说大家也明白了）小的小（偷梁换柱的小太子又还只在地上牙牙学语），这日子还怎么过啊！ 而他吕家人又都势单力薄，她在悲痛儿子时，更担心的是朝中政权的稳定啊！

都说危难之时见人心。作为“二进宫”的陈平，他当年从项羽手下转投到刘邦手下，后来又得到了重用，很大的原因就是，他总能在关键时刻起到“妙手回春”的作用。这次他同样也不例外。他通过察言观色，通过心理学分析，找出了吕后“欲哭无泪”的症状后，来了个对症下药。

他下的不是一般的药，而是两个人：吕台和吕产。吕台和吕产都是吕侯之子，也就是吕后的亲侄子。他的提议是这样的：为了宫中的安全，请求太后封吕台、吕产为大将，统率南北二军。

面对陈平的奏折，吕后心里叹道：生我者，父母也；知我者，陈平也。于是她连必要的客套都免了，直接就准奏。吕产管南禁军，负责宫中安全保卫工作；吕台管北禁军，负责京城的保卫工作。

这一招果然够绝的，吕后顿时就吃了一颗定心丸。然而，陈平不会想到的是，人的贪婪是无止境的。封吕台、吕产为京城南北禁军统领，这竟成了吕后打造吕氏天下的第一步棋。此后的吕后极力想打造"吕氏春秋"，而要完成这一宏伟计划，首先得把吕家人封王才行。但关键时刻，刘邦临终前搞的那一套看似儿戏般的拜把子喝血酒起作用了。事实证明，刘邦的高瞻远瞩果然是无人能及的，"非刘氏而王，天下人共诛之"。这个"歃血同盟"就如如来佛祖的魔咒一样，成了吕后填满欲壑的拦路虎、绊脚石。

如何让吕台、吕产这些她的亲侄子称王，这成了她的一大难题。难归难，但吕后也知道，如果能把朝中三位重量级人物王陵、陈平、周勃搞定，吕家人封王那就易如反掌了。鉴于陈平识时务地主动提出重用吕家人，陈平这一关算是不攻自破了。周勃这个人虽然正直，但还是"好说话"的，而且权位相对于王陵和陈平来说又要低些。因此，现在只要搞定王陵就行了。于是，吕后把王陵叫到宫中，说出了封吕台和吕产为王的想法。

然而，出乎意料的是，王陵丝毫没给吕后面子，他想都没有想就义正词严地拒绝了吕后。其实他也没有说什么，只是搬出刘邦当年留下的马血盟誓：非刘氏而王者，天下人得而诛之。吕后想封吕家人为王，最忌讳的就是这个"歃血同盟"。偏生这个王陵好不识抬举，哪壶不开提哪壶。

吕后脸色阴沉得快要拧出水来，却又不好当场发作时，大义凛然的王陵还做了一件大快人心的事，就是对吕后来了个"拂袖而去"。

这下可激怒了吕后，她决定对王陵开刀。当然，鉴于王陵有"刘邦当年指定的丞相继承人人选”这把尚方宝剑，如果直接撤了他的职位，于情于理都说不过去。这样无勇无谋的事，吕后是不会做的。明的不做，那就来暗的。她对王陵的职务来了个“变通”：拜王陵为太傅，免去其丞相之职；明升暗降。吕后的招果然高明。

面对吕后的出招，王陵这个一人之下，万人之上的丞相也毫无办法。什么太傅，这明摆着是一个挂名的“悬空之职”啊！当官不为民做主，不如回家卖红薯。于是王陵以“身体欠佳”为由愤然辞职。

这正合吕后心意啊！吕后马上便在王陵的辞职信上批复了。而空出来的右丞相一职，吕后没有再来个招聘会，而是直接就给了她的老情人审食其。要想打造“吕氏春秋”，朝中的重要职务那就得都是自己人来承当才行啊。圣旨摘录为下：“拜原左丞相陈平为右丞相，拜审食其为左丞相。”

按理说圣旨都是简短的。但这次的却不一样，后面还有批注：右丞相不参与朝政，只是管理宫中杂事。说白了陈平的右丞相之职相当于郎中之职。

于是乎，朝中大事都是左丞相审食其说了算，而审食其又是太后说了算。这里为了方便读者看懂，直接就用等号来表示好了：

左丞相＝丞相＝一人之下，万人之上＝审食其＝太后。

这样大家明白了吧！吕后够厉害。当然，审食其也不是吃素的，新官上任三把火，他一上任就开始排除异己，提出了三个“凡是”：凡是不忠于朝廷的一律撤职；凡是不听他和吕后话的一律下岗；凡是看着不顺眼的一律退休。

而御史大夫赵尧便“有幸”成了审食其第一个整治的对象。赵尧犯了什么罪呢？审食其给他定的罪是：趾高气扬，看着不爽（符合三个凡是中的最后一条）。太后当即给情人出气了，撤了赵尧的职务，让她沛县的亲信人物任敖走马上任。

就这样，刘盈死后，太后通过培养亲信达到独揽大权的目的，把大汉江山牢牢抓在了自己的手上。吕后极力打造的大汉“吕氏春秋”即将浮出水面。

我不封王谁封王

曾有这样一句流行用语：我不入地狱谁入地狱？ 这句话到了吕后那里就变成：我吕家人不封王谁能封王？

王陵光荣地下岗离职后，陈平和周勃碍于头上的乌纱帽，对吕后的所作所为敢怒不敢言。而吕后“投石问路”取得了不错的效果后，随后又进行了“小试牛刀”，追封太后之父、临泗侯吕公为宣王，追封其兄周吕侯吕泽为悼武王。

虽然是追封已经死去了的人为王，然而两王一封天下哗然，各地民间团体纷纷来函对吕后的公然违备“歃血同盟”的错误行为表示最严厉的谴责，呼吁吕后尽早停止这种错误的野蛮行为。

面对铺天盖地的谴责声，吕后知道“众怒不可违”，她采用了迂回战术，首先做了一个“悦民政策”，取消了“三族罪”和“妖言令”。

“三族罪”是指犯罪的人不但要株连九族，而且行刑极为残忍。要先刺面、削鼻、砍去手脚四肢，把犯人折磨得生不如死后，然后再动用鞭子，一鞭一鞭地把罪人鞭打致死。注意这个过程要掌握用鞭的力度。太快了，如果只一两鞭就打死了犯人，会引起上级的不满，达不到“杀鸡儆猴”的效果；而如果太慢了，打了半天，犯人还是呼吸均匀，并没有实现行刑目的。这个刑法鞭死犯人后，并没有就此结束。这时还要对犯人进行折磨，那就是砍下犯人的头悬于高竿上招摇过市。示众后，再把罪人的尸体切成肉块，撒向祖国的五湖四海，来个“天葬”。

“妖言令”实际上是对天下百姓进行“禁口令”。天下百姓只能对朝廷说好，什么“大汉帝国万岁”，什么“吕后万岁”，说这样的话的人是要表扬的，是要升官发财的。而如果有说朝廷不好的，有不和谐的声音，对不起，你的口无遮拦惹祸了，因为你说坏话犯了“诽谤罪”。妖言惑众的“诽谤罪”一旦成立，对不起，你只能乖乖地待在家里并且长年累月地躺在床上了，原因很简单，被砍了双足的人还能走路吗？ 一句话的代价可能就是要失去一双脚，这个“妖言令”不简单吧？

因此，这两大对天下老百姓来说深恶痛绝的刑罚与禁令被废掉后，天下人顿时对吕后歌功颂德起来，而关注吕后破例封侯的事就少了。

堵住众口后，吕后又想办法来堵住朝中人的口。于是她对刘邦现存的五个儿子都进行了“王侯”加封：刘疆被封为淮阳王，刘不疑被封为恒山王，刘山被封为襄城侯，刘朝被封为轵侯，刘武被封为壶关侯。

拉拢了民心，又分封了刘邦的几个儿子后，吕后知道一寸光阴一寸金，寸金难买寸光阴，她不再等待了，接下来该是动真格的时候了。

当然，吕后在提出正式分封吕家人为王侯时，采用的是“脑筋急转弯”的战术。她没有直接提出来这些事，而是找了朝中一个叫张释的大臣，由他负责去陈平那里“吹风”，让识相的陈平提出来，那就“名正言顺”了。

陈平那是啥人，张释的耳边风一吹后，他马上就明白了，这是吕后的意思。当初王陵就是反对吕后分封吕台、吕产为王，结果被结束了其光辉而短暂的仕途。有了这个前车之鉴，陈平就真的犯难了。说实在的，他打心眼里并不希望分封吕家的人为王，因为他的血液里也流有“歃血同盟”的血。然而，吕后的淫威他又不是不知道，不达到目的绝不善罢甘休。

于是他召集府中的门客来讨论这件事，最后的结论很简单：东风无力摧花残。此时跟吕后公然作对那就等于是想步王陵的后尘。陈平思来想去，最终没辙了，还是决定“卑躬屈膝”地迎合吕后。当然，他还给了自己一个安慰的理由：善有善报，恶有恶报，不是不报，时候未到。

于是，陈平上奏说吕台护朝有功，应封王。吕后就等陈平来提这件事了，于是吕台成了一个“非刘氏王”了。鉴于当时天下各地都有封王了。这时多了个吕台后，实际上已是超出了王的指标了。超标就超标，封地却是必不可少的，从其他的封王那里挤挤吧！ 割齐地的济南郡为吕国，作为吕台的封邑。

可怜的齐王就惨了，他的封地就大大缩水了。这齐地原本是刘邦的大儿子刘肥的领土，当年去京城在吕后的眼皮子底下大难不死的刘肥，回到自己的封地齐国后，就一直噩梦不断，因此只活了几年就英年早逝了。

刘肥之子少不更事，对封地的事自然也是敢怒不敢言。然而，所谓乐极生悲。也不知是不是刘邦当年的诅咒起了效果，总之，吕台上任没过多久，就突然“无病自终”了。于是吕台的儿子吕嘉继承了父亲的封号。

一个都不能少

刘盈驾崩不久，鲁元公主不久也因“胸口痛”撒手而去。吕后在深深地体会到“白发人送黑发人”的悲伤时，也有一种“高处不胜寒”的感觉。

站在人生的巍巍高峰上，她现在所能依靠的就是娘家的亲侄子们了。于是乎，她的侄子也都分封了。吕种被封为沛侯，吕平被封为扶柳侯，吕禄为胡陵侯，吕他为俞侯，吕更始为赘其侯，吕忿为吕城侯。至此，吕后两个哥哥的儿子，也就是他的亲侄子们个个都被封了侯。

她的亲侄子们都没有落下，但吕后到底还是疏漏了一个人，那就是她的亲妹妹吕媭。眼见吕家人都得到了封号，吕媭再也坐不住了，她知道这样等下去，她等不起。

于是，她亲自进宫去向吕后讨说法了。当然她既然是太后的亲妹妹，智商也不会低，名义上去讨，但说话还是得注意技巧的。到了吕后面前，她首先发出了这样的感慨来：“臣一介布衣给太后请安了。”

“什么布衣不布衣，你这是啥子话啊！”吕后的眉头微微皱了皱。

“在我们吕家，兄弟姐妹个个都比我强，他们封王封侯那是没的说了。现在连侄子们都青云直上，真是青出于蓝而胜于蓝啊！ 看来我注定要将布衣进行到底了。”

吕后本想安慰几句，但她的话还没有说出口，吕媭早已点好的眼药水发挥作用了，当下就是一阵“泪满襟”的表演。

什么都不能打动吕后，唯独眼泪是个撒手锏。吕后当即就把吕媭封为临光侯。就这样，朝廷实际上已真正成了吕家人的天下了，一个强大的“吕氏春秋”也正式形成了。

俗话说：一家欢喜一家愁。吕家人都得到重用后，自然个个欢天喜地了。但刘家人却不干了，这天下本来就是刘邦打下来的，是不折不扣的刘氏江山啊！ 现在却变成了吕氏天下了。你说刘家人会服吗？ 于是刘家人对吕家人充满了敌意，大有水火不相容之势。

手心也是肉，手背也是肉，说到底这刘家和吕家都是一家人啊！ 吕后虽然骨子里希望刘氏越衰弱越好，但为了不使吕刘两家人的矛盾扩大，她这次放弃了以往惯用的“高压”政策，而是采用了“怀柔”的战术。

她来了个类似于三国时“孙刘联姻”一样的和亲政策。把她吕家的女孩嫁给刘家的男孩，咱吕刘两家来个亲上加亲，从而把两家不和谐的因素消灭在萌芽状态。

似乎连老天也爱成人之美，吕家的女孩本来就多，而刘家的男孩也不少，这给联姻提供了有利条件。已故的刘肥的两个儿子刘章和刘兴居首先得到了实惠，他们两兄弟不但分别娶了吕禄的两个女儿为妻，而且还被封为米虚侯和东牟侯，可谓娶了夫人又封侯，风光至极。接下来赵王刘友和梁王刘恢也都受太后之命，分别娶了吕家女孩为王后。

于是乎，出现了这样一个怪现象，今天某刘邦的儿孙辈娶吕家的女人为妻，明天又是刘邦的儿孙辈娶吕家的女人为妻。正所谓，喜事年年有，今年特别多。

皇帝轮流做

皇帝轮流做，今年到我家。恒山王刘弘就深刻地体会到这句话的涵义了。

刘盈死后，皇位自然由他的儿子，也就是张皇后所生的“准儿子”刘恭继位了。刘恭虽然不是张皇后亲生，但刘盈在世时张皇后的肚子不争气，没能生个一男半女的，因此，对这个偷梁换柱的刘恭也视为己出，疼爱有加。

如果不是宫中一个老婆婆的出现，刘恭可能会这样无束无缚地茁壮成长下去，长大后再顺利当他的“皇帝”（实权是一定没有的，得等吕后归西的那一天再说）。然而，这只是如果，正是一个老婆婆的出现，直接改变了刘恭的命运。她就是刘恭生母的奶妈。

至于一向心狠手辣、做事斩草除根不留隐患的吕后，为什么毒杀少帝的生母后，留着她的奶妈就很难让人理解了。我们只能理解这是吕后的良心发现，大发慈悲吧！

留着这个老婆婆也罢，毕竟人家这么一大把年纪了，活着也不容易。但这个老婆婆却并不想苟活于世，她这般隐忍地活着，只为了告诉少帝一个惊天的大秘密。

史书上是这样记载的：一天，两个宫女带着少帝在后宫花园里玩，这个时候出现了一个老太婆（据说当时老太婆已调职到御膳房里工作了）。既然是御膳房的，老太婆就有借口了，她借口带着少帝去拿好吃的给他吃，把少帝带到了一个荒无人烟——不，偏僻的地方。（过程很令人费解，那两个宫女是吃白饭的，居然没有跟过去，难道她们就不怕有失职之罪？）总之，就在存在诸多疑点的情况下，老太婆告诉了少帝他的真实身份。

老太婆对主子太忠诚了，她这么多年委身在御膳房里，就是为了告诉少帝他的身份。现在她的使命也就完成了，她也就可以问心无愧地去了，于是当晚她就自缢了。其实老太婆自缢是出于两方面考虑的。

一、少帝知道自己的身份后，她的身份也早晚会暴露的，她活着对少帝来说会是一种牵连。

二、她以自己的死让少帝明白，她先前做牛做马地活着，只是为了他。

从某种角度来看，应该说老太婆是伟大而又崇高的，然而，她万万没有想到，正是因为她冒死告诉了少帝当年发生的一切，从此改变了少帝的命运。

少帝知道自己的真实身份后，只有七八岁大的他马上得了抑郁症，主要症状表现为：整天阴沉着脸，闷闷不乐，不言也不语，独自朝天发呆。

如果仅仅是这些症状那倒也好办，晓之以理，动之以情，假以时日，治愈的可能性还是挺大的，但这个症状还有一个很重要的特点就是：可以见任何人，就是不能见张皇后。

张皇后那是啥人物，从小到大她哪里吃过“闭门羹”啊！ 因此，少帝越是不愿见她，她就越是要去。逼急了少帝终于忍无可忍，对张皇后说出了三句话：

第一句话是：“你不是我的生母。”张皇后一听呆住了，无言以对。

第二句话是：“为什么母后要杀了我的生母来冒充我的母亲呢？”张皇后一听惊住了，同样无言以对。

第三句话是：“等我长大了，一定要为生母报仇。”张皇后一听震住了，还是无言以对。

张皇后摇了摇头，审视着这个虎头虎脑的孩子，心里叹道：这个就是我养了七八年的儿子吗？ 即便是这样，但张皇后还是在努力想使少帝能回心转意。但少帝却不吃她这一套，主要表现为两点：

一、一见了张皇后，小小的眼睛里就充满了敌意，仿佛仇恨的火焰在燃烧。

二、多次在其他宫女面前放出豪言壮语来：长大后我就杀了你（张皇后）。

张皇后听到这个只有七八岁的孩子左一句要报仇雪恨，右一句要杀了你。她意识到了事态的严重性，于是如实向吕后做了汇报，请吕后给她“做主”。吕后亲自去看望了一下少帝，见张皇后的报告属实，于是对张皇后说，这个孩子中毒已深，怕是已无可救药了。张皇后本来对少帝还是有很深感情的，但这件事已容不得她做主了。

很快，少帝就得到了吕后的新调令。调令大致意思如下：鉴于少帝年纪太小，还不能胜任“皇帝”的工作，现直接调到永巷（这个永巷大家都熟悉吧！ 吕后当年惩罚戚美人的地方啊）。少帝不会知道，从此永巷就成了他一生都无法逾越的一道铜墙铁壁。庭院深深深几许，谁家孩子独自悲？ 就这样，少帝刘恭的政治使命就此结束了。

吕后废掉少帝后，对外的公告是这样的：皇帝已病了很久了，请了许多名医都无法医治，最近几天，皇帝已到了精神失常的地步了（连他的母后都不认得了），这样的皇帝已无法胜任皇帝的工作了。为了大汉江山社稷着想，为了天下百姓着想，为了……改立忠厚仁义的恒山王刘弘为新皇帝。特此公告。

就这样，九岁的刘弘当上了新皇帝。看来，那年头，运气如果真来了门板都挡不住啊！

第二十章　乐极生悲

家事难断

废掉了不听话的刘恭改立刘弘为皇帝后，吕后还来不及喘一口气，又一件烦心事摆在她面前了。

这件事得从吕家第一个被封为王的吕台说起。吕台封王后，一时间门庭若市，风光无限。都说豪门家出花花公子，吕家飞黄腾达后，吕台的儿子吕嘉仗着父亲的权势，胡作非为，多次违法，已然引起了公愤。今天这个告吕嘉强抢民女，明天那个告吕嘉占人田地，后天又有人告他打架斗殴。总之，这个世上本来没有好人与坏人之分，告状的人多了，这个人也就自然成了坏人了。

吕后在接到这些乱七八糟的奏折后，大为头疼。为了吕家的声誉，吕后亲自对吕嘉进行了警告和劝说。然而吕嘉左耳进右耳出，嘴上说一定改过自新，但背地里依然我行我素。吕后忍无可忍之下，只好痛下决心废了吕嘉的爵位封号。废掉吕嘉后，吕后为谁来接任吕王的位置犯愁了，思来想去，她把目光停留在了吕台的亲弟弟吕产身上。弟弟代兄长的职位，在当时也属于惯例。

只是吕后当年封吕台为吕王，后来吕台英年早逝后，她又让吕台之子吕嘉继承了父亲的封位，此时废了吕嘉，虽然有足够的理由，但是她自己提出来总觉得不太妥。于是，吕后又开始了她的惯用伎俩，先放出要废掉吕王吕嘉让吕产来继位的风后，再等人来提这件事。

然而，这次朝中大臣们一个个都很不识时务，吕后的风放出了一段时间，竟然没有人来做顺水人情。这下可急坏了正急于上任就职的吕产。危困之时显伸手，这时一个人走进了他的视线，这个人的名字叫田子春。

田子春是怎样的一个人呢？ 如果只用一句话来形容，就是他既有才又好财。至于他的才能，大家后面自然会知道。

先来看他“好财”吧！ 故事要往上推进若干年，得从刘邦当年分封王侯时说起。当年刘邦的儿子刘泽封了个营陵侯。按理说刘泽一下子从一介布衣升为侯爷了，他应该很高兴很满足了。然而人的欲望是无止境的。刘泽到了京城后，耳濡目染得出了这样一个结论：不到沛县，不知道贫穷；不到长安，不知道官小。他这样一个“侯爷”在人家那些“王爷”眼里简直就是小巫见大巫啊！ 于是由侯升王成了他追逐的梦想。

而田子春当年只是刘邦手下一个最为平常不过的谋士，自从跟随刘泽后，时来运转，成了刘泽最为器重的人。田子春自然知道主子的心思了，于是他打起了小算盘，他对刘泽说：“要想升王也不难，难的是口袋里的银两不够多？”

作为一个侯爷，刘泽的银两还会少吗？ 他听了田子春的“旁敲侧击”后，马上从家里的保险柜拿出三百两黄金交给田子春，叫他去打点相关的人员。都说见钱眼开，田子春带着这些金子，眼睛就变得贼亮贼亮的，于是带着金子没有去朝中打点关系，而是直奔自己的老家去了。

就在田子春在家乡做了一个暴发户时，刘泽还蒙在鼓里，继续做王爷的春秋大梦。直到几年过去了（看来这刘泽还真是实在人啊？用人不疑，疑人不用，这么久都没有产生过怀疑），他才想起田子春“黄鹤一去不复返”好几年了，于是这才派人去打听，不打听也罢，一打听才知道自己上当受骗了。

“抓住那姓田的非要把他碎尸万段才解恨。”他的夫人樊氏（樊哙之女）开始发飙了。

“田子春不是那样的人，他家里一定是出了什么事。”明明知道自己被忽悠了，刘泽却还不得不打碎牙齿往肚子里吞，为田子春辩解。他嘴里不承认，但还是派人去寻田子春了。

田子春在家乡已做了好几年阔爷了，见刘泽的使者找到了自己，知道眼下的好日子是过不下去了。无功不受禄，私吞了人家的金银，事情还得去办啊！万不得已之下，田子春只得告别眼下神仙般的生活，去京城帮刘泽去办事了。田子春考虑到事情的难度，去之前还把家乡的豪宅卖了，然后举家迁到京城去了，大有不办成事誓不还乡之英雄气概。

到了京城，他花重金买了一座豪宅。当然，田子春这样心安理得地花别人的钱，最基本的条件建立在对自己充满自信的基础上。

事实上，他到京城后，一面买豪宅以给自己一个安身之处，一面也在积极为刘泽的事努力着。经过一番分析和调查后，田子春把目标锁定在了朝中的大谒者（类似于秘书长的职务）张释身上。

这个张释虽然是宦官出身，但因为会见风使舵，吕后对他的拍马屁很是满意，后提升他为秘书长，每天都直接跟吕后打交道，在朝中的地位可想而知，也算是一个红人了。

田子春锁定目标后，直接找到了张释的好友赵康，在金钱效应的带动下，赵康自然答应把他的儿子推荐到张释的府上去“当差”。面对赵康的推荐，张释这点面子还是要给的，这件事自然成交了。田子春的儿子到了张府后，做事很勤劳认真，很快就得到了张释的青睐和信任。田子春眼看时机成熟了，就请张释到自己家里来做客。因为有了他儿子这层关系，张释不得不去啊！

他去时还是显得很高傲的，那态势仿佛就像胜利者去看望失败者一样。然而，他很快就收敛起了高傲的态势，因为他一进田府就被田府的气势给镇住了。单是建筑也罢，酒宴上吃的也令张释这个见过大世面的人大为吃惊啊！一盘盘上来的竟是山珍海味，连使用的杯盘箸匙都是金银玉器打造的物品，吃饭盛酒的东西都价值连城，这个连张释也自叹弗如啊！

当吃到七分醉三分醒时，田子春开始动真格的了，他首先命人奉上一对举世无双的玉佩给张释。面对着这样一对价值连城的玉佩，张释爱不释手，哪里有拒绝的理由啊！于是他只能笑纳了。

笑纳后，田子春就好办事了。所谓收人钱财替人办事。他说起了太后想废掉吕王吕嘉的事。此时的张释自然很配合田子春的“问话”了。他在肯定了田子春的话后，马上说出了吕后现在的烦恼。吕后把新吕王的人选定为吕产。但现在吕氏一手遮天，再立吕产为王，只怕群臣这一关不好过啊！

张释所说的话正是田子春所期待的，他说：“在下有一计，既可使吕产为王，又不至于引起群臣的不满。”

其实他提出的所谓的“妙计”很简单也很实用。那就是在封吕产为王之前，先封一个刘家人为王，这样一来朝中大臣及刘家人就都无话可说了。当然这个刘家的封王人选自然是刘泽了（绕了这么一个大圈子总算回到正题上来了）。

他说的这个妙计有点像“舍不得孩子套不住狼”。张释一听自然很是欢喜，对于这个马屁精来说，如果自己的提议实现后，那么吕后又会对自己看重几分。

张释就是张释，从田府出来后，马上就付诸行动了。他马上到吕后那里提出了这样一个“双管齐下”的方针。面对张释的方针，吕后也是有点心动，只是吕后对刘家人充满了排斥的心理，因此她虽然心动却并没有立即拍板。

张释那是啥人，他自然知道吕后的心里想法了。他又说话了，太后啊！这个刘泽可不是一般的刘家人啊！他不但是刘家人也是你们吕家人啊！他的夫人不是太后的外甥女吗？

是啊！ 刘泽是娶樊哙之女为妻，樊哙的妻子不正是太后的亲妹妹吗？张释的话正说到点子上去了，我张释的面子你可以不给，但你亲妹妹的面子总要给吧！ 鉴于刘泽有这层关系，吕后找不到拒绝的理由了。于是，不出几日，太后就宣布同时封刘泽与吕产为王。

好事做到底

刘泽被封为琅琊王后，虽然管辖的范围只有琅琊十二县的封地（在众王中算是地盘最小的一个了），但现在好歹是一个王了，比起那个“侯”来说已是质的飞跃了。因此他自然对“恩人”田子春很是感激了。

到朝中领了上任通知书后，刘泽回到府中就备了盛宴，正要去请田子春时，田子春却不请自来了。如果你认为这是田子春立功后，迫不及待地要来喝庆功酒那就大错特错了。田子春赶来为了告诉刘泽一件事，叫刘泽马上打点行李，抓紧到封地去上任。刘泽肯定要问为什么了。

可这时的田子春没有闲工夫来解释什么了，他只是劝告刘泽越早动身越好。鉴于田子春是自己的恩人，刘泽找不到再拒绝的理由，于是马上就叫府上的大大小小的仆人开始收拾行李。顿时，府里府外忙得不亦乐乎。当然，田子春说了这些话后，也没有闲着，马上回到自己的府上，去收拾东西去了。

第二天三更时分，他就带着早已准备好的九辆马车来到了刘泽的府上（他自己家的行李装了四马车，留给刘泽五马车）。

刘泽早已预知事情的严重性了，他没有再把时间浪费在问一些多余的话上，而且是叫众人齐心协力，一起动手。都说人多力量大，刘泽家连陶陶罐罐装了几大车后，天亮时分，他们已经上路了。

出了城门后，田子春令所有的马夫快马加鞭。一口气直行了五十里路才放慢前进的速度。眼看时机已到，直到这时刘泽才问是怎么回事。田子春没有再打哑谜，他是这样答的，他说大王被封王后，他预感吕后会后悔封你为王，说不定她会废了你，所以要赶在她下令之前就上路去封地，让生米煮成熟饭。事实证明，这个田子春就是不简单，预测得相当准确。

那吕后第二天一起来，果然就对封刘家人刘泽为王后悔起来。于是一大清早，她就派人去刘府刘泽那里拿“后悔药”，不料此时的刘泽已上路了。

吕后还不死心，又派出人去追刘泽。而快马加鞭的刘泽又岂是说追到就能追到的？ 那些铁骑追了几十里后，还没有见到人，就回宫向吕后报告去了。直到这时，吕后才这样感叹：原来这世上根本没有后悔药！

刘泽就这样侥幸避过了风险，阴差阳错地成为一个王。而田子春也用事实证明，他不仅是一个贪财如命的小人，也是一个极具才华的谋略家。

强扭的瓜不甜

就在刘泽为刘氏家族争得一个新王，大有振兴“刘氏家族”之气魄时，刘氏其他的封王却纷纷遭遇到信任危机。

当时吕后为了给世人一个交代，在狂立吕氏家族的人的同时，还对刘氏正统家族采取了亲上加亲的“和亲”政策（真怀疑这一招是吕后从当年刘邦对匈奴人的和亲政策受到的启发）。吕后的政策很明确，那就是用吕家的女人套牢刘家的男人，以堵住天下众人之口。

而刘家的赵王刘友和梁王刘恢成了这一政策的第一批受益者。在外人看来刘家男儿真是命好，得了夫人又风光。然而，是喜是忧，是乐是苦，是幸福还是灾难，只有刘家男儿自己知道。

事实证明，这样由吕后强扭的瓜并不甜。就在吕后高歌“树上的鸟儿成双对”时，刘友却是进入了人生的灰暗期，因为吕家女人过门后，马上就得了两点“非典型”病症：

一、有其母必有其女。这句话并非空穴来风，吕后的脾气和性格怎么样，那是一个典型的“野蛮女友”形象啊！ 有其母必有其女，她的女儿自然也不是等闲之辈。要知道男人大抵都是喜欢温柔似水的女人，“吕氏风格”的女人有几个人受得了？

二、我有后台我怕谁？ 手中有吕后这张王牌，心中不慌。

吕家的女子当然不慌了，因为她可以凌驾于赵王之上。而赵王只是敢怒不敢言。可是既然母老虎动不得，那就不动呗，咱疏远她、孤立她、冷落她总行了吧！刘友就是这样的，既然和吕家的女人“八字不合”，难以两情相悦，琴瑟合鸣。他便“移情别恋”，喜欢上了别的女人了。

吕家的女人岂是吃素的，她马上就进行了反击，对刘友宠爱的那几个女人进行了“穷追猛打”。事实证明，女人对女人不能明争只能暗夺，因为吕家女人越是想方设法去对付那些“温柔的女人”，赵王就会越是感到革命形势的严峻，就会越认为春宵苦短，就会对心爱的女人越宠爱和亲近几分。

越是这样，吕家女人越是生气，她最终决定要在赵王头上动土了。当然，仅凭她的“母夜叉”的功夫是没法熄灭赵王心中熊熊燃烧着的欲火的。

毕竟赵王是一个封王啊！说白了他在赵地那是一地之王啊！她一个弱女子除了能打能骂还能咋地。既然自己无法完成任务，那就动用中国人最典型的官场作风，官大一级压死人。

聪明的读者已经预料到了，这吕家女人自然要抬出吕后这座“活佛”来了。她在吕后面前告状：赵王如何如何不好，赵王如何如何敌视吕氏王侯，赵王甚至豪言将来要铲除吕氏家族的人。正在气头上的吕后，自然是没有更多的考虑，马上就派人到赵地去召刘友进宫来。

接到诏书的刘友虽然心中凉了半截，情知此去京城的结果定然会是“生死两茫茫”。但吕后是谁，她的诏令，他敢不从吗？

当然，刘友如果知道他到了京城后所受到的非人的待遇，他也不会去京城的。毕竟打死他，还痛快些，他居然是被活活饿死的。原来，刘友到了京城后，马上就被关进了大牢。随后吕后下达了给刘友绝食的通知书，说白了那就是把刘友关在牢里让他自生自灭。如果一个人陷入深山老林，或是误入地洞等地方，还可以找一个可以充饥的东西来，譬如说野果树根之类的东西。刘友可就惨了，他被关在大青石砌成的“钢筋水泥建筑”中，除了并不新鲜的空气外，这里没有任何东西。刘友就这样被活活饿死了。

同病相怜

刘友被饿死后，和刘友一起被吕后相中、许以吕家女相嫁的梁王刘恢的待遇也好不到哪里去。赵王一去，赵地又成了无人管理的区域了。吕后经过再三考虑后，决定把赵王的人选定在刘恢身上。

如果大家以为这个刘恢得到了吕后青睐，那就大错特错了。因为刘恢是被撤了梁王之职，才就任赵王的。至于梁王和赵王哪个好，刘恢心里很清楚。那肯定是梁王好。那么，赵王又有哪些不好呢？

一、赵王所管辖的地理位置和经济条件都不如梁地。就拿现在的一个乡级干部来说，如果在一个交通发达、经济条件好的乡镇，突然调到了一个交通条件差、经济落后的乡镇（请注意前提是“平调”），那心里是啥感受，肯定不太乐意吧！

二、梁王是先帝刘邦封给他的。现在随意改封，有违先帝的遗愿。

三、赵地是一个不祥之地。赵地最开始是刘邦封给他的兄弟刘交的，但匈奴人入侵时，刘交却任其在赵地来去自如。 在国将不国的情况下，刘交的王位最终被刘邦废除，从而使得只有六七岁大的戚姬的儿子如意上任做了赵王。后来吕后当权，赵王如意被吕后除掉，随后刘邦的儿子刘友上任。随后刘友因得罪了吕家的女人，被活活饿死。面对这样一个多事之秋的赵地，面对这样一个极为不吉利的赵王，你说刘恢被吕后改立为新赵王，他能高兴吗？

如果仅仅是这样倒也罢了，最为烦心的是他同样遭遇到了吕家女人的暴力。刘恢在娶吕家女人之前，已经有了一个很宠爱的妃子（此女姓董，姑且叫董妃好了）。那董妃不但温柔可人，而且还为刘恢生下了一个可爱的小公主。

而吕家女人过门后，同样因为霸道和强权主义让刘恢无法接受，因此，刘恢对董氏母女那可是集万千宠爱于一身。这样一来，吕家女人可不是吃素的了。接下来她充分发挥了吕后身上的光荣传统作风，把“心狠手辣”四个字发挥得淋漓尽致。

她首先用重金收买宫中的侍女，在一个月黑风高之夜，在董氏母女的饮食里下了毒。董氏母女一夜之间死于非命。这对刘恢来说，无疑是天塌下来了。他那个痛哭，那个流泪啊！ 没法说了，毕竟他已伤心到了极点。他不是傻子，自然明白这一切是谁干的，然而，即使知道那又如何，他能对她怎么样？

悲观、绝望、凄凉、无助……心中的凄凉向谁叙说？

最后刘恢用一块白得不能再白的白绫结束了他年轻而短暂的一生。说白了，刘恢这其实是殉情了，他死得太不值得了，但在当时，吕氏家族一手遮天，他宁可选择死，也不愿再窝囊地活受罪，单从这一点来看，刘恢的勇气是可嘉的。

吕家女人这时才懂得后悔，但她在后悔之余，也为刘恢的死向吕后呈上了原因：刘恢为了“病逝”的董妃伤心过度而自杀了。吕后还能说什么，逝者如斯夫，吕禄又捡了一个大便宜，他被立为新赵王了。这件事的结论是，刘氏家族的封王少了一个，吕氏家族的封王又多了一个。真是此消彼长啊！

山雨欲来风满楼

刘友、刘恢两个刘氏的封王被吕家人除掉后，刘氏家族封王的运动并没有因此而结束，相反，正是被吕后“和亲政策”这一道风刮后，已是山雨欲来风满楼了。

这里就得来说燕王刘建了。燕王刘建也是刘邦的亲生儿子。想必大家还会有印象，最初刘邦是立和他“同年同月同日”生的卢绾为燕王的，后来因为卢绾的“造反”，新燕王一职就落在刘建身上了。

刘建的母亲虽然是刘邦的偏房，但他的母亲既然能入得了刘邦的法眼，自然是大美女了。按遗传学分析，美女生出的孩子一般都不会差。这个刘建自然也不例外，他长得跟他母亲简直就是一个模子里刻出来的。刘邦在他上任前对他格外期待。对他说的话是：学好本领，为国效力（抗击北方匈奴人的入侵）。事实上刘建也很好地按照父亲的意思去做了。他到了燕地后，在当燕王的同时，又是读书写字，又是舞刀弄剑，对于一个只有十岁的孩子来说是很难得的。

时光荏苒，十年光景匆匆而过。刘建很快也长到二十岁了。这时的他不但精通十八般武艺，而且还针对父亲当年对匈奴人的忧虑，学好了百步穿杨的射术。然而，福兮祸之所倚，正是因为这样，他却反而被射术所害。

冒顿自从被刘邦的财色迷惑后，暂时停止了对大汉帝国的骚扰。因此，这个时候的刘建空有立国安邦之志，空有一身文韬武略，却报国无门（冒顿根本就不给机会啊）。

即使是这样，刘建毕竟是刘建，他时刻警惕着，二十岁的他仍然没有放松对自己的要求。既然不能射匈奴人，他就把箭术发挥到了动物们的身上了，他迷上了狩猎。都说艺高人胆大，刘建仗着不凡的武艺和身手，每次去狩猎时都不穿什么“金丝软甲”“乌丝防弹衣”之类的东西，他想更好地锻炼自己。可惜，书本中的马失前蹄，天有不测风云之类的词语并非空穴来风，因为刘建很快就为自己的大胆付出了沉重的代价。

一次狩猎中，刘建射中了一只近在咫尺的狐狸，却忘记了不管是人还是动物，在生死一线间都会进行最后的挣扎。那只受了伤（刚中箭还没有死）的狐狸发动了临死前的反扑。

而刘建一箭射中狐狸后，他对自己的箭术充满了自信，这只狐狸就是由华佗来治也是白搭了。因此，在他疏于防备之下，那只狐狸已扑到了他跟前，他的反应也颇显武士风范，举起一只手臂本能地挡在了胸前。狐狸再也不能动了，而他的手臂也被狐狸划开了一道小小的伤痕。一点小伤而已，皮肉之伤，何足挂齿？ 刘建并没有放在心上。然而，他不会想到，正是这一道小伤，却最终要了他的命。

几个月后，刘建手上的伤口复发，刘建这时才意识到了事情的严重性，可惜已经太晚了。因为他马上就由一个正常人变成了一个狼人。主要特征表现为：全身总是发抖（有点多动症的特点）、寒气逼人（五步之内没有人敢接近）、像吃了摇头丸一样，心中总有一股狂劲。

当然，除了以上这些，还有一个最为重要的特点就是，他的眼睛也变成了狐狸那样贼溜溜的，最明显的特点就是，他不再说人话，而是改为狐狸的嚎叫。据说他这得的是疯狐症。

刘建没过多久就追随白狐去了。

吕后听到这个消息，心中暗喜，假装掉了几滴眼泪后，不再迟疑，马上就向刘建唯一的儿子展开行动了。几天后，原本要继承他父位刘建的儿子遭遇刺客，被人暗杀了。明眼人一看便知这其中的奥秘。后面的进程对吕后来说顺风顺水，她把自己的亲侄子吕通推上了燕王的宝座。

至此，当年刘邦在世封的八个儿子的封王，只剩下代王刘恒和淮南王刘长两个了。而吕后也一手打造了极富传奇色彩的“吕氏春秋”。

第二十一章　盛极必衰

一剑之威

就在刘氏家族的封王刘友、刘恢、刘建等人被吕后铲除、吕家的封王进一步壮大时，蓄谋已久的“吕氏春秋”也达到了鼎盛。然而，吕氏春秋高处不胜寒的感觉并没有维持多久，哪里有压迫，哪里就有反抗，首先站起来反压迫的就是朱虚侯刘章。

前面已经说过，这个刘章是刘肥之子，刘肥英年早逝后，刘章被吕后封为朱虚侯。后来在吕后的刘吕联婚政策中，吕禄的女儿嫁给了他。

刘章知道吕家的女人得罪不起，因此，他没有像他的叔叔刘交和刘恢那样，以暴力对付吕家的女人，相反，有了两位叔叔的前车之鉴，豁然开朗的刘章就变得“聪明”多了，他对吕家的女人就极力讨好。也正是因为这样，吕后对这位年轻有为的后生还是很满意的。

而事实上，这个只有二十来岁的年轻人对吕氏家族把持政权的行为也是不满的，他时刻没有忘记自己作为刘邦的孙子，作为刘氏家族的一员的使命，不久，他等待的机会终于来了。

那是一个隆冬的时节，一年的末头又要到了，因此，吕后在宫中举行了盛大的宴会，宴请的朝中重臣有百多位。大厅外寒风萧萧，飞雪飘零，哈气成冰。而大厅内却篝火缭绕，火光四射，红红火火。

参宴的重臣们也许是受气温反差的影响，一半人像飞雪中的夜行人一样阴寒着脸，而另一半人的脸却如篝火般喜气洋洋。不用多说，阴着脸的那一半人是朝中非吕氏的成员，而带着笑语喜形于色的那一半人则全部是吕氏家族的人（由此可见吕氏家族的人在朝中重臣中占的比例之大）。

刘章生为刘氏家族的一员，自然对那扬扬得意的吕家人很是不满。偏生这时吕后叫他做宴会的监酒官。刘章本来不乐意，但这是吕后的命令，而且吕后也是把他当“自己人”看待才叫他的，于是他计上心来。在遵命的同时说了一句这样的话：“臣乃将种，既然太后命臣为监酒官，臣请求军法行酒。”

什么叫军法行酒，也许有人不懂。但如果去掉“军法行酒”四个字中的“行酒”两个字，单提“军法”这两个字，大家就略知一二了吧？当时吕后心情正好，哪里会料到这个平时温顺得像只绵羊的吕家女婿会有什么阴谋呢？自然答应不迭了。吕后不会料到，这一点头却赔上了吕家人的一条活生生的性命。

既然是军法行酒，这对众人的酒量是一个超级大考验啊！酒过三巡后，众人都有了七分酒意，三分醉意。

“酒不醉人人自醉，色不迷人人自迷。”这个时候吕后提议每人吟诗几句以助酒兴。众人的诗虽然粗俗点，但好歹大家都在兴头上，于是乎叫好之声不绝于耳。轮到刘章时，他是这样对吕后说的：“臣想为太后作耕田歌，太后您说怎么样？”吕后点头答应了。

刘章不再客气，一首朗朗上口的种田诗脱口而出：“深耕溉种，立苗欲疏；非其种者，锄而去之！”

这样的诗词属于通俗类型的，有点类似于当年曹植在曹丕的逼迫下所作的七步诗。这首诗的意思，就连文盲也听得懂，更别说吕后这样的精明人了。但在这种宴会的公开场合上，她又不好发作，只能装作若无其事的样子。

吟诗过后，酒还得继续啊！又几轮过后，吕氏家族的一些人已是三分酒意，七分醉意了。眼看刘章的巡酒一轮又一轮，丝毫就是没有停的迹象。一个吕氏家族的人见这样喝下去，非喝个胃穿孔不行。于是，他来了一个三十六计，走为上计。眼看敬酒将敬到自己跟前，他趁众人不备，起身就准备溜之大吉。但刘章早就把他当目标给盯上了，此时岂会让他逃了？说时迟那时快，只见他一个箭步追上去，一招“力劈华山”，手起刀落，一刀就结果了他。

这有点类似于追杀凶手或者是擒贼一样。下手干净利落，毫不拖泥带水，颇显侠士风范。当然，刘章在回刀入鞘后，还是得对刚才的行为有所交代的，他对吕后是这样说的：“报太后，刚才有人逃席，臣已按军法处置了。”

吕后刚才可是雾里看花，但见血花满天飞，差点没被吓得半死。但她先前已答应了他军法行酒的，此时只能打碎牙齿往肚子里吞了。不久心有余悸的吕后就下令撤宴了，一场盛世之宴就此宣告结束。

刘章以自己的聪明才智打响了反击吕氏家族的第一枪，虽然这一枪看似微不足道、不值一提，但却正如星星之火可以燎原之势，吹响了反击吕氏家族独霸天下的号角。

三个臭皮匠，顶个诸葛亮

三个臭皮匠，顶个诸葛亮。一个人的智慧和力量终究是有限的，而一旦汇集在一起却是巨大的。

自从刘章当着吕后的面给了不可一世的吕氏家族一点颜色后，一时间朝中非拥吕大臣都纷纷露出喜色，他们都感叹道：人才啊！ 人才。刘氏后辈中有如此英雄人物，看来复兴刘氏家族值得期待啊！

当然，大多数大臣们是在期待着，而极个别先知先觉的人却早已行动起来了。这里首先得说一个人，这个人就是“革命思想”的传播者陆贾。

陆贾其实也算一个朝中重臣了。当年刘邦在位时，他为朝廷制定礼仪礼法，很得刘邦的赞赏。更为重要的是陆贾还成了“半文盲”的刘邦第二个老师。

刘邦当了皇帝后，才知道知识的重要性。毕竟打江山靠的是武力，而守江山靠的就是知识了。陆贾不但在老师的职位上尽职尽责，而且还把刘邦那些狗屁不通的文章收集起来，经过加工润色后，编成了一本书，书名叫《新语》。据说该书上市后，极为畅销，风头直盖过了刘邦在楚汉之争时写的第一本处女作——《告天下诸侯书》。

然而，一朝天子一朝臣，刘邦走后，吕后掌权，刘邦身边的红人陆贾也因此失宠了。陆贾干脆直接炒了吕后的鱿鱼，回家种田去了。当然，他也不是闲着的主，在乡下生活了好几年，眼见自己的儿子们都长大成人了，他便离家出走，过起了逍遥自在的流浪者生活。

一般人会认为这个陆贾够清闲的啊！ 其实他内心却是极为痛苦的。他一直想报答当年刘邦对他的知遇之恩，但自吕后掌权后，他知道仅凭自己一人之力是无法撼动吕氏的，于是他才选择归隐。而现在一大把年纪了，他整天在外面流浪，其实是在拉拢人心，等待时机。就在刘章巧妙地打响了反击吕氏家族的第一枪后，陆贾知道他等的时机终于来了，是他该出手的时候了。

陆贾这才以“流浪者”的身份找到了朝中丞相陈平。当然，陆贾这次到了陈府后，不再像往常一样，给主人家吹拉弹唱，用艺人的才华来打动主人，从而换取一口饭，大方的还可以领到一些小费。

“丞相有心事吧！”一阵寒暄后，陆贾就直奔主题了。

“我的心思，先生能为我猜一猜吗？”陈平问。

“恭敬不如从命，那臣斗胆一猜了。您现在身居丞相要职，乃是一人之下万人之上，权力已达到了顶峰，荣华富贵自是无与伦比了。因此，我猜丞相的心思可能是诸吕和少帝的事。”

“看来先生看透了我的心思。”陈平淡然一笑，随即问道，“怎么办？”

陆贾沉默片刻，只说了十二个字：“天下安，注意相；天下危，注意将。”陆贾的话别人也许无法理解，但身在那种处境，聪明的陈平自然明白陆贾话中的含义——这是叫他主动和太尉周勃亲近啊！

陈平其实对朝廷的忠心也不比陆贾少。但吕后掌权后，他就没有说话的权力了。他清楚地记得新丞相王陵因为公然和吕后作对，结果上任不到几个月就被逼得光荣下岗了。于是他和周勃无奈都选择了“明哲保身”。或许有人会对陈平和周勃这种做法感到不满，但在当时那种情况下，陈平和周勃是没得选择的，吕氏的势力正是最旺的时候，这个时候和吕后作对，无异于鸡蛋碰石头，牺牲了他们两个也许没什么，但对整个汉室江山、对于天下百姓来说就是极为不负责了。

他们之所以隐忍就是为了日后的反戈一击。现在等待的时机终于来了。但在没有经陆贾点化之前，他和周勃虽然信念和理想大抵是一致的，但那时他们仅仅限于点头之交而已，并没有琴瑟合鸣地联手来抗敌。而陆贾这“天下安，注意相；天下危，注意将”十二个字中，已经很明确了。陈平的丞相职务就是“相”，而周勃的太尉职务就是将啊！

陆贾见时机已到，于是把预谋已久的平定吕氏计划全盘托出。个中细节这里不必细表，各位读者看到后面就自然会明白了。机会总是留给有准备的人，这话一点也没有错。就在陆贾的将相联合、其利断金的计划准备妥当的时候，机会来了。因为，周勃的七十大寿到了。

周勃那是啥人物，当年刘邦去世前，立朝中第三代将相继承人时，他被点名为将相三人组中的一员。后来他如愿地当上了朝廷的第三把手。这个时候他的太尉一职虽然实权都被吕后剥夺去了，但同样在朝中享有重量级待遇。他的七十大寿，自然办得热闹非凡。

那天，周府前车来车往，可谓是门庭若市。而周勃的七十大寿也因陈平的到来达到了高潮。陈平这回送上的礼金只有当年的刘邦可以一比，当年还是小小的泗水亭亭长的刘邦去吕府，一出手就是一万贯。可那时的刘邦毕竟沾了流氓的光，只是写了一条空头支票，回去时反而换来了吕家十八岁的黄花闺女。

这时陈平的礼金是：黄金五百两，乐队一队。这样大的贺礼唬得众人目瞪口呆，周勃当时自然又惊又喜，上座的位置非陈平莫属了。当然，陈平送了这么重的礼金，他这一趟也没有白来。在酒桌上两个朝中元首级人物不断举杯豪饮，感情就这样升级了。

周勃在生日过后不久就回访了陈府，顺便回赠了陈平五百金。其实两人都是看淡钱财的，他们都视钱财如粪土，但这次却通过这价值不菲的“粪土”，两人一来二往，加强了彼此间的交流，感情进一步升级。饮水不忘挖井人，陈平和周勃把那五百金推来推去，这样下去也不是办法，于是，便转给了陆贾。

这么多钱给陆贾做什么呢？ 做活动经费，让他去联络一切反吕人员。陆贾于是花钱如流水，到处结交有识之士，劝他人背吕助刘，在他晓之以理，动之以“金”的双管齐下的手腕下，朝中众臣纷纷表示愿弃暗投明，和吕氏划清界限。游说的结果可谓立竿见影，效果显著。

随着陈平和周勃这两大朝中元老级人物的感情不断升级，朝中的事配合得相当默契，就像是两道铁门关。眼看风头不对，吕氏家族的人这才渐有收敛之势。

毕竟岁月不饶人啊！ 这时的吕后年事已高了，而陈平和周勃的联合她又岂能不知？ 于是她一边感叹岁月催人老，一边又在感叹“三个臭皮匠，顶个诸葛亮”。然而，她此时只能这样感叹而已，却对陈平、周勃、陆贾的三强联合无可奈何。

俗话说：屋漏偏逢连夜雨。就在吕氏的地位遭到撼动时，就在吕后无计可施时，国内又出了一件大事。南越王赵佗宣布从大汉皇朝中分离出去。

对于吕后来说，她岂容别人背叛她？ 非要给这个不识好歹的赵佗一点颜色看看。隆虑侯周灶成了这次的征西大将军。

吕后归西

吕后的烦忧归纳起来有三点：

一、南越王造反。周灶去平南越王赵佗的造反并不是一帆风顺，相反，出现了极大的困难。因为周灶的十万大军还没有到南越，在阳山岭时就不能再前进了。倒不是说南越王赵佗已打到这里来了，而是他手下的士兵不争气，得了瘟疫。原因很简单，这十万人都是关中人，他们土生土长在北方，到了南方，他们哪里适应得了啊！ 结果多数因“水土不服”而生病了。得病的人多了，再加上大家都吃住在一起，渐渐就成了瘟疫了。

二、陈周联盟。这个前面已经说过了，这里就不再赘述了。

三、天狗吃太阳。惠帝死前就曾出现过两起天狗吃太阳的奇观，此时吕后也难逃厄运。在她临政的第七年，天狗又出现了，大白天的把太阳吞下肚子，顿时昏天又暗地。

种种不祥迹象表明，这天下又有大事要发生。果然，没过多久，吕后就病了，病得还不轻，一病不起。

据说吕后的病还跟一次祭礼有关。每年三月初九，朝廷都要举行盛大的祭礼。这年也不例外，只是在祭礼归来的路上，出现了意外。轿中的吕后突然惊叫一声，其声之大足以震破人的耳膜，其情之悲足以吓破人的肝胆，其意之切足以勾起人的灵魂。

众护卫惊问出了什么事。吕后呜咽地说她被一只狗一样的东西咬了一口。众人面面相觑，不知吕后所云，在他们的层层保护下，不要说一只狗了，就连一只蚂蚁也难碰到吕后啊！ 吕后见什么也找不到，只好不了了之了。

回宫后，被咬的地方已是青肿一片。她心中惊疑，便召太卜算了一卦。太卜称是赵王刘如意在作祟。太后半信半疑，命医官调治，但无论太医如何努力，结果最终还是无效。

吕后没辙了，只得暗中派人到赵王刘如意的墓前代为祈祷，可谓其言也悲、其情也痛、其悔也深、其泪也真，但结果却还是只有两个字：无效。随后吕后伤痛一天强过一天，人比黄花瘦。只是勉强地维持着她人生中的最后的日子。

吕后被怪物咬是史书的记载，真假自然令人怀疑。但生老病死乃是人类不变的规律，吕后的一生也终究快要到终点了。即将撒手而去的她在生命的最后时刻做了两件事。

一、立她的外孙为鲁元王。大家都知道，吕后一生中只生了一儿一女。儿女都早逝，随后她的准女婿张敖也英年早逝。她儿子刘盈没有为她留下一个真正的孙子（当年刘盈后宫妃子们的怀孕都是吕后做了手脚）。因此鲁元公主临死前生的儿子张偃成了她唯一嫡亲的外孙。病危间，吕后为了让张偃这一脉能传下去，下诏立他为鲁元王，为了使只有十岁的张偃能够当好他的鲁元王，吕后还格外开恩，立了张敖前妻所生的两个儿子张侈为新都侯，张寿为乐昌侯。正所谓一荣俱荣，一损俱损。

二、下达了她临政的最后一个诏书（遗诏）。命吕王吕产为相国，以吕禄的女儿为少帝的皇后，以审食其为皇帝太傅，以确保她死后，朝中政权仍牢牢掌握在吕氏家族人的手里。

汉高后八年（公元前180年）七月三十日晚，吕后结束了其光辉而传奇的一生。

第二十二章 “吕氏春秋”的最后岁月

出 招

吕后死后，朝中文武大臣都开始忙碌起来，太后的丧事得隆重才行啊！ 因此，陈平和周勃等人一下子由闲人变成了大忙人。就在陈平和周勃等人忙碌的同时，吕氏家族的顶梁柱吕产和吕禄也在忙碌着，他们不是为太后的葬礼而忙，他们居安思危，在失去吕家的顶梁柱后，在想着如何使得“吕氏春秋”继续下去。

吕家人为此还专门召开了一次家族会议。会议由吕氏家族中资历最老的吕禄主持。吕禄首先抛出了“趁众人为太后办丧事这个大好时机，将所有反对吕氏的大臣一网打尽”的设想和方案给吕家人来讨论。

当然，他提出这个设想也不是没有道理的。毕竟现在负责长安保卫工作的南北两支禁军分别握在他和吕产手上。然而，令吕禄没有想到的是，他的美好意愿马上就被泼了一盆冷水。第一个站出来反对他的方案的就是北军禁军头领吕产："就算控制了长安，控制了朝廷那又如何？ 咱们现在毕竟只有这么少得可怜的一点禁军啊！ 真正有战斗力的军队还掌握在荥阳的陈平和灌婴手里，一旦朝中有变，他们会善罢甘休吗？"

吕产提出这一观点后，吕家的会议马上就陷入了长时间的沉默。是啊！ 他的话说到点子上去了。当年刘邦的高瞻远瞩再次得到了证实，他当年命灌婴驻守荥阳是有深意的，就是为了防止日后吕后及吕家人作乱啊！因为存在致命的"软肋"，最后这次吕氏家族会议的结果很简单：没议出什么名堂来。

对于吕氏家族的人来说，这次没有议出什么东西来并不重要，但对别人来说那就是"打草惊蛇"了。也许有人会问，这个吕氏家族人内部的秘密，外人怎么会知道？ 因为还有一个成功打入敌人内部做"卧底"的刘章。

前面已说过了，这个刘章是刘邦的孙子，抱负极高，在奉吕后之命成功娶了吕禄的女儿为妻后，聪明的他并没有对吕家的女人采取"冷暴力"政策，而是极尽温柔之能事，把吕家的姑娘哄得很是欢心。

他明白这样一个道理，取得了吕家女人的信任，便是取得了吕禄的信任，取得了吕禄的信任，便是取得了吕后的信任。也正是因为这样一步一个脚印，踏踏实实地做事，老老实实地做人，刘章成了打入敌人内部的第一人。也正是因为这样，他能在那次宴会上对吕氏家族的人牛刀小试后，包括吕后在内的众吕氏家族的人竟无可奈何。

而这次吕氏家族紧急会议后，因为没议出个结果来，所以参加会议的吕禄之女回来后就显得闷闷不乐了。于是善解人意的刘章又开始花言巧语地"嘘寒问暖"，最后从夫人嘴里知道"吕家人想诛杀朝中大臣"一事。

这让刘章大吃一惊，他知道不能再沉默了，否则大汉江山的旗帜就得由"刘"字变成"吕"字了。于是刘章找到他弟弟东牟侯刘兴居，两人商量一番后，马上就派人告诉他的兄长齐王——刘襄，要他快快统齐兵西征，他们在京中做内应，除掉吕氏政权。

当然，刘章为了给刘襄动力，让他快派兵来京城，还私下许诺了一个诱人的条件："如果能除掉吕氏，事成之后，就拥您（刘襄）为帝，恢复咱刘氏家族的正统江山。"

那刘襄身为齐王，早就对吕家人掌管天下不满了，这时吕后已死，刘氏家族到了生死存亡的关键时刻，而且还有"皇位"这样的诱惑，他想不心动都不行啊！于是他在看了两个弟弟的密信后，马上召开了一次内部会议。参加会议的全部是齐国的重量级人物。

舅舅：驷钧；

丞相：召平；

郎中令：祝午；

中尉：魏勃。

加上刘襄自己才五人，由此可见这个刘襄办事也够老练深沉啊！刘襄是这样说的："我生为高祖长孙，吕氏多年专权，使刘家王朝大权旁落。如今吕后去世，皇帝幼小，且不是刘家正宗血统，刘某虽不才，却有匡扶汉室之义务和职责，我打算发兵进攻朝廷，诸位以为如何呢？"刘襄开门见山地问道，然后急切地看着几个心腹的反应。

"我举双手赞成。"祝午第一个表态。刘襄闻言：喜。

"我举双脚赞成。"魏勃第二个表态。刘襄闻言：大喜。

"我举双手加双脚赞成。"驷钧第三个表态，刘襄闻言：超级喜。

与会的五人中除了自己已有三人赞成举兵了，这时只有一个人还没有表态，这个人就是齐国的丞相召平。众人的目光齐刷刷地聚集在了召平脸上，只等他发完话，这件事就算彻底定下来，马上去准备举兵的事宜了。

"我举双手加双脚反对。"半晌过后，召平说出的话让在场四人同时吃了一惊。刘襄本来等着召平最后来个喜上加喜，闻言犹如冰水浇身直打寒战。召平反对的理由如下：

一、身为朝廷之臣，不应该攻打朝廷，做出叛逆谋反之事来。

二、高祖后人之中，尚有子辈在，皇位还轮不到身为孙辈的大王您来坐（这一条似乎有意针对刘章而言）。

三、吕氏掌握南北两军军权，大王您的军队跟他们比根本就不是一个档次的。

结论是：现在去长安平定吕氏，无异于鸡蛋碰石头，自取灭亡。

应该说站在愚忠的角度来看，召平的话不无道理。但刘襄对他的三条理由不屑一顾。第一条理由的提出就让人啼笑皆非。如果朝中的大臣都这样，那么这天下干脆就直接送给吕氏算了。第二条理由同样站不住脚，身为高祖的后辈，去平乱难道就一定是为了皇位吗？ 而第三条就是惧怕吕氏家族的权势了，长安城里南北禁军那点兵力根本就不足为虑嘛。

于是接下来，刘襄四人就对召平展开了强大的说服工作。而召平也针锋相对，说出了“明知不可为而为之的后果是非常严重的”论点后，引章摘句，触类旁通，夸夸其谈，端的好一个“舌战群儒”的先行者。

这次旷世舌战争论了N个小时，最后的结果刘襄还是那个刘襄：我起义。召平还是那个召平：我反对。最后没辙了，刘襄只得强硬地宣布召平反对无效，请勿复言。

召平就是召平，世上独一无二的召平，他就是不上刘襄的贼船，并且一点面子也不给刘襄。最后没辙了，刘襄只好决定对召平下毒手了。如果不除去召平，他的起兵工作就可能会因这个人的反对和干预而泡汤。

暗　杀

除掉召平，刘襄选择的方法很简单，就是派人去暗杀召平。刘襄原本以为这样神不知鬼不觉地干掉召平这只拦路虎比踩死一只蚂蚁还容易。然而，他没有想到，这次暗杀却引火烧身，差点赔进了自己的性命。

那是一个月黑风高的晚上，一个身穿黑衣、头扎黑巾、脸罩黑纱的夜行人出现在丞相府里。那黑衣人凭着高超的轻功，手脚麻利地摸进了丞相的院府，然后又神不知鬼不觉地撬开了丞相厢房的门，最后，这个夜行人不再迟疑，挥刀朝丞相睡的那张床就是一阵乱砍。那黑衣人砍了半天，猛然发现不太对劲，怎么刀刀都像砍在海绵上，没有半点血花呢？ 再掀开被褥一看，被褥里竟然空空如也。

后面的事很简单了，早有预防的召平轻松把已是瓮中之鳖的黑衣刺客擒住了。从刺客的嘴里，他又知道幕后的真正主使是刘襄。当时的召平又惊又怒，心想，我好心阻止你去造反，你却派人来暗算我，若不是我料敌于先，早做部署，差点死于你手了。看来我不来硬的是无法阻止你齐王的造反了。于是，召平马上就把他手下的士兵召集起来，乘夜包围了王宫。

齐王刘襄哪里料到事情会突然出现这样一百八十度的大转弯，面对召平的突然发难，他宫中那点防卫力量那可是不值一哂啊！ 就在这个关系到生死存亡的危急时刻，魏勃出面了。他一个人找到召平进行了一次紧急会晤。

“丞相啊！ 你带这么多兵来王宫，莫非要反叛齐国不成？”魏勃一上来就咄咄逼人。

“大王要起兵造反，我不愿意看到大王去送死，再三相劝无效，我只好采取这样的下策，围住王宫，以阻止齐王做出大逆不道的事来。”召平如是道。

“是这样啊！ 难得你对齐王一片忠心啊！ 但今日之事，我想朝野上下却都不会这样认为，他们一定会认为你这个丞相要举兵反齐王了。”魏勃继续施威。

“我怎么会有反叛之心呢？”召平额头上冒出细密的汗珠来。

“大家都在说你想造反，俗话说听风就是雨，现在这种情况谁也说不清啊！ 如果齐王将来上朝廷那里告你一状，只怕你会吃不了兜着走吧。”魏勃将威胁进行到底。

“我这都是为齐王着想啊！”召平冷汗如雨。

“齐王现在发兵造反肯定是不道德的，但丞相不能这样兵戎相见地来阻止啊！ 最好的办法就是派人进宫把齐王抓住，然后软禁齐王，这样他还反个屁啊！”魏勃直奔主题了。

“好办法。”召平有点病急乱投医了。

“你进去不太好，我愿替丞相带兵去捉拿齐王，将来功劳归丞相所有，过失由魏某一人承担。”绕了这么大一个圈子，魏勃终于亮出了撒手锏。

OK，把军队交给你，把功劳交给我吧！ 召平害怕自己成为这件事的罪魁祸首，终于进了魏勃的圈套。然而，召平没有料到，魏勃拿到兵权后，马上就露出了真面目，他反戈一击，大军掉转方向呼啦啦地直朝丞相府杀去。

“把军队交给别人，就是把人头交给别人啊！”后悔不已的召平挥剑结束了自己的生命。

应该说召平并不是朝廷的鹰犬，也不是吕氏的人，他只不过站在一个忠臣的角度，采取了愚忠的办法。他不想眼睁睁看着齐王这只羔羊落入吕氏这只狼嘴里，其本意是善良和纯洁的。但是他并不知道，吕氏在朝中的权势固然强大，但如果不乘他们失去吕后这根顶梁柱后，根基有所动摇的时候反击的话，等吕氏家族再度站稳脚跟，那时就悔之晚矣，因为那个时候天下可能就真的姓吕了。

而刘襄除掉了他内部的绊脚石后，不再迟疑，马上就封驷钧为丞相，魏勃为将军，祝午为内史，即日起开始征发全国青年来当兵。

权宜之计

当然，刘襄临时征兵也是迫不得已。毕竟他的齐国已不是一个完整的齐国，自从吕后掌权后，已把齐国分为四国：除了齐国外，还有琅琊、济川、鲁三国。

济川王乃惠帝后宫妃子的儿子刘太，鲁王就是鲁元公主的儿子张偃，而琅琊王就是那个通过“非法手段”上任的刘泽。齐地一分为四，刘襄掌管的齐国兵力自然也不会很多，于是他决定利用毗邻的琅琊国刘泽的兵力一起去对付朝廷。

那么，要怎样才能说服刘泽和自己一起出兵呢？ 虽然同是刘氏家族的“内部成员”，但他们各自为王，井水不犯河水，交情并不很深。然而，刘襄的烦恼很快就得到了解决，因为祝午主动请缨去琅琊国说服刘泽。

那刘泽自从捡了一个王来当后，封地虽然小了点，但没了在京城受吕后的压迫，日子倒也过得有滋有味。他原本以为自己的一生就将这样逍遥快活地过下去时，祝午的到来打乱了他的平静生活，也彻底改变了他的一生。

祝午到了琅琊后，以三寸不烂之舌，马上就对刘泽展开了强大的思想说服工作。他先说吕氏家族的人要在京城发动政变，形势相当严峻；然后说身为刘氏之后，有职责也有义务西入关中去诛灭诸吕，为天下黎民百姓着想；最后他说齐王有心去诛灭诸吕，但他毕竟太年轻，又不懂军旅征战之事，故请求他与齐王一起出兵。当然，他在其中许以刘泽很诱人的条件：齐国愿听从大王的指挥，请大王亲临齐都临淄共商大事。

道理很深刻，条件很诱人，刘泽心动了。按祝午所说，齐王都甘愿听他的指挥，那么这件事一旦成功，这天下的皇位就将是他刘泽的了。

皇位成了他致命的诱惑。九五之尊；普天之下，莫非王土；率土之滨，莫非王臣；这样的诱惑是任何人都无法抗拒的。

然而，刘泽到了齐地后，他的美梦马上就变得支离破碎了，他得意的笑变成了失意的哭。这时他才发现他原来并非当真龙天子的料，他只是草包一个。他被“道貌岸然”的侄子刘襄给忽悠了。

事实上，他一到齐地后，最初还受到刘襄最高级别的接待，吃的是五星级酒店的饭菜，住的是五星级酒店的房间，洗脸按摩之类的特殊服务也是一应俱全。

刘泽马上就被这种“皇帝般”的美好感觉包围了。只是他哪里知道，刘襄跟他玩了一个不大不小的游戏，就在他吃香的、喝辣的、睡甜的、抱软的、醉生梦死的时候，刘襄派祝午假以刘泽的名义去琅琊把他的军队召在一起，再在当地招了一些“义务兵”，然后统统带到齐地来了。

刘泽免费吃、免费住、免费玩，游乐了近半个月才发现，他非但远离那个所谓的“皇帝梦”，而且连琅琊王的帽子也被人摘了。黄粱一梦，如此短暂。天下没有免费的午餐，他付出的代价是他的国家和全部军队，这个代价未免太大了些。

付出了惨痛的代价倒也罢了，眼看刘襄就是没有让他走的迹象，于是刘泽意识到，什么皇帝不皇帝，什么封王不封王，当下怎样能保住自己这条小命才是最重要的。于是，他就找到刘襄（费了九牛二虎之力，此时的刘襄已如国务院总理，日理万机了），他对刘襄说出了一句很识时务的话："大王，你是高祖的嫡长孙，这个皇帝由你来当才对啊！"

"刘襄无德无能，恐怕不能胜任啊！"刘襄一听心中暗喜，但嘴上却谦虚着。

"现在朝中大臣也都有意立新皇帝，只是在人选方面尚存犹豫。"刘泽抛出这个论点后，马上又进行了分析。他说他在刘氏宗族中也算是一个"老者"了。如今朝中立谁，首先都得听我的意见啊！ 最后他说，可惜啊！ 我现在在这里不能为你说上话啊！

事实证明，刘襄和刘泽血缘关系太浓了，智商和才能也都有的一拼，刘襄马上就相信了刘泽的话，决定放了刘泽，让他去朝中为自己说好话。如果他知道他一放，就等于放走一只猛虎，一去不复返，他一定会后悔得捶胸痛哭。

刘泽离开虎口后，马上就把刘襄举兵的事差人向朝廷进行了汇报。其实他此时已完全利令智昏，完全不顾血脉之情了。当然，在做法上，刘襄和刘泽都有过错，但刘泽这样做也是没有办法的，因为他无论如何也咽不下这口气。他的军队被刘襄夺了，他的国土也被刘襄占去了。他能不生气吗？

吕产和吕禄对朝廷正施行一级警戒状态，现在突然听说齐王要造反，这一惊也是非同小可。当然，两人不愧是吕氏家族的顶梁柱，马上恢复平静，决定采用最简单实用的办法，兵来将挡，水来土掩。

他们自己并没有亲自出马，而是派了镇守在荥阳的灌婴去平乱。灌婴接到吕王的命令，听说齐王造反他也不敢怠慢。既然有人公开反叛朝廷作乱，他自然不能袖手旁观了，为国效忠乃是自己的职责啊！ 于是他带领手下的精兵马上就向齐地开去了。

而这时已"暴露身份"的刘襄也不慌张，他叫祝午写了一封声讨吕氏的

《白皮书》。《白皮书》的内容虽然很长，但中心思想很明确，就是号召天下英雄共同起兵来诛讨吕氏。这《白皮书》一经发行，极为畅销，大有供不应求之势。半路的灌婴如果没有收到这样的《白皮书》那才怪呢！

灌婴这时才知道自己原来被吕禄他们给蒙骗了，齐王起兵不是反叛朝廷，而是反对吕氏专政啊！ 他对吕氏同样早就不满了，此时明白是怎么一回事后，他不但停止了军事行动，反而决定反戈一击。于是他马上来了个声东击西，一方面派人到齐国和齐王联络，另一方面又派人到朝廷，告诉周勃这件事，叫他密切注视朝中的一切，随时准备来个里应外合。

宫中密策

周勃接到灌婴的密信后，惊喜交加。他等了这么久，终于等来了这一刻。虽然这一刻如同黎明前的黑暗，是最危险的时刻，成败在此一举，但无论如何他都要尽自己最大的努力，那样，即便不成功，他也无怨无悔。形势已越来越严重了，可以这样说，不是他们胜，便是诸吕胜。这个时候，周勃怎么会忘了陈平呢？

两人商量来商量去，最终认为吕禄和吕产手上握有禁军是件极为棘手的事。如果硬对硬，只怕效果并不会太好，于是决定来软的。智取吕氏，郦商之子郦寄便成了一颗很重要的棋子。

刘邦得了天下后，郦商和吕禄两人走得很近，他们的儿子也走得很近。最后两人发展到了铁哥们的关系（有点类似刘邦和卢绾）。于是，陈平就以“有要事相商”的名义把郦商请到陈府来了。郦商不会料到，他这次其实是来赴一次“鸿门宴”。参加“鸿门宴”的有三个人，除了陈平和郦商，还有周勃在场。

周勃见郦商来了，并没有直接亮出自己的底牌。郦商眼见他拐弯抹角的，就直接问：“有什么需要鄙人效劳的吗？”周勃就等他这句话了，他毫不客气地提出想让他的儿子郦寄来对付吕禄。这下可让郦商很是为难了。他提出了他郦家和吕家交往很深，这样做只怕是不仁不义之举。

陈平和周勃岂是吃白饭长大的。他们围绕“国家利益大于一切”“舍小家为大家的”的中心思想，大道理小道理说了一大通，总之，晓之以理，动之以情，总算把郦商的思想工作做通了。郦商被说服后，他不得不实现自己的承诺：叫来了他的儿子郦寄。

面对周勃和陈平的攻心政策，郦寄开始也显得极不配合，但随着周、陈两人大道理的进一步加强，再加上父亲也站在他们一边旁敲侧击，他终于表示愿意配合出兵。于是，他按陈平和周勃的交代，去了趟吕禄家。

到了吕家，郦寄装着若无其事，以拉家常的方式，最后“无意中”提到了齐王起兵造反的事。吕禄正头疼这件事呢，于是他就说出这么一句意味深长的话来：“我们两家关系一向很好，眼下形势不妙，你有什么妙计吗？”

郦寄这时充分发挥他超长记忆的特长，把陈平和周勃教他的话大致背了一遍：“高祖与吕后共同安定天下，立刘氏九人为诸侯王，立吕氏三人为诸侯王，这样的结果是公平、公正、真实有效的。现在太后去世，皇帝年幼，大王身佩赵王大印，却没有按规定返回封国镇守一方，而是出任上将军，在京中统率禁军，这必然要遭到大臣与诸侯的猜忌。都说众口铄金，吕氏如果成了天下的公敌，那吕氏在朝中就岌岌可危了。”

吕禄一听也认为蛮有道理，于是他点了点头，问郦寄他该如何做才能消除吕氏与朝中其他大臣的误会。

这个时候郦寄终于说出了陈平的传话精髓：“大王如果交出将印，把军队给太尉（周勃）。梁王也归还将印给朝廷，您二人以此与朝臣盟誓结好，各归封国，如此一来，齐国军队就会自己撤了。这样于国家于自己都有利，何乐而不为呢？”

吕禄因为两家的关系，对他的话自然没有怀疑，当即表示可以考虑。吕禄有些犹豫，但以吕后之妹吕媭为代表的“吕氏”元老级人物却表示了最坚决的反对。吕媭为了一表决心，她甚至搬出了一大箱家里珍藏了N年的金银珠宝，然后狠狠地砸在了地上，说如果吕家倒台了，留着这些金银珠宝又有什么用，真可谓动用了老本了。

在朝中生活得好好的，为什么要去那些偏僻的地方做王呢？吕氏家族的其他人也反对，于是吕禄就在“留朝廷还是去封地”这件事上左右摇摆起来。

眼看吕禄还处于左右摇摆不定当中，郦寄也担心事情败露，因此日子过得也提心吊胆。陈平和周勃在安慰郦寄的同时，也加紧了军事行动的步伐。

俗话说得好，踏破铁鞋无觅处，得来全不费工夫。正在陈平和周勃苦苦寻找机会时，机会却不经意间降临了。汉高后八年（公元前 180 年）九月十日，此时距吕后病逝还不到一个半月，这一天成了“吕氏春秋”的最后祭日。

第二十三章　是非成败转头空

活　祭

就在吕禄犹豫着自己该不该放弃朝中禁军统领的职务、放弃手中拥有的兵权，去做自己的一方之王——赵王时。一个人的到来加快了整个事件的进程，这个人就是贾寿。

贾寿是朝中的郎中令，也是吕产最为信任的亲信。自从齐王造反后，吕禄和吕产在派灌婴去平齐王之乱时，还派出了贾寿去齐地探明情况。贾寿一路劳碌奔波，终于在汉高后八年（公元前 180 年）九月十日的大清早出现在了吕府前。

贾寿的出现成了这场变革的导火线。他一大清早就在吕府里对吕产叽里呱啦说个不停，内容当然是齐王造反的事，中心思想概括起来就是：兹齐王和灌婴联军，其势强大之极，大事不妙也。

吕产听了他的汇报也是一筹莫展，两人正在商量如何应对时，却不知此时吕府出现了一名偷听者。当局者言，观旁者听。这个偷听者便是御史曹窋。曹窋是前相国曹参的儿子，因为有事，他一大早就来找吕产，结果却无意中听到了吕产和贾寿密谋的事。于是他选择了悄然离开。仆人们对曹窋都很熟悉，还以为他见过吕产才出府的，因此也没有一个门卫来盘问。

曹窋出了吕府，直奔陈府。陈平此时已和周勃形影不离了，听了曹窋的转述后，觉得不能再等了，于是当机立断，作出了马上采取“军事行动”的部署。陈平和周勃针对吕禄和吕产，采取了分而制之的行动方针。

关键时刻，郦寄还得派上用场。周勃马上把郦寄叫来，对他进行了密示。郦寄此时只得赶鸭子上架了。他一到吕府，首先对吕禄来了个下马威：“我奉皇帝之命而来。”这句话大大加大了他话语的分量，吕禄不知是真是假，被震得云里雾里。

郦寄不给他喘息的机会，接着道：“现在大王在朝中已成众矢之的，皇上要大王赶快去封地。否则大祸临头啊！”

吕禄早些时候对郦寄的“丢兵权保封地”的方案虽然有点犹豫，但毕竟他本人的意愿还是偏向去封地做一方之王的。只是迫于家族人的反对，他才没有最终作出抉择。此时得了郦寄的“皇令”，他也觉得现在能平息齐王和周勃的叛乱，唯一的办法就是自己交出京城北禁军的兵权，然后去赵国当他的赵王去。

面对和他吕家最为亲近的郦寄投来的殷殷期待的目光，吕禄终于作出了他一生中最为重要的决定，他拿出印信交给郦寄，并且说了这样一句话：传令下去，由太尉（周勃）接管北军（禁军）。然后，他带着家人上路去封地了。就这样，郦寄凭着和吕家的交情，凭着一张利嘴就把吕禄给搞定了。

周勃接管北军禁军后，马上就对士兵进行了整改，他号召士兵们都起来反吕，并且充分发扬民主的作风，给了他们二次选择的机会，愿意效忠吕氏的袒露右臂，愿意效忠刘氏的袒露左臂。这些士兵们也早就对吕氏不满了，此时自然呼啦啦地袒露左臂加入扶刘灭吕的行动中来了。

要消灭吕氏，只要搞定掌握南北禁军头领的吕禄和吕产就行了，现在吕禄被搞定了，那么接下来就只剩下吕产了。只要把吕产搞定，诛吕行动就再无悬念了。

而吕产听到贾寿的“前方工作”汇报后，马上意识到了情况不妙。特别是贾寿的那句“怕是现在交了将印去封地也为时已晚”，更让他感到了前所未有的危机。他决定到皇宫去找皇帝“评评理”。皇帝才只有几岁，什么都不懂，找他评个啥理啊！ 很简单，吕产想对皇帝“动武”，来个挟天子以令诸侯。于是吕产带了几个得力武将直奔未央门去找皇帝。哪知他一到未央门就吃了闭门羹。

这宫廷之内竟然有人敢来阻拦他，他恼羞成怒，正要叫一起上，宫里却突然涌现出几千名手持刀剑的士兵来。为首一个器宇轩昂，虎虎生威，竟然是朱虚侯刘章！

原来，周勃和陈平早就分好工了，周勃负责去搞定吕禄的北军，陈平去搞定吕产的南军。陈平料敌于先，早已叫刘章带了几千人守在内宫，以防吕产在宫内发动政变。

几人对数千人，吕产并没有惊慌失措，他甚至认为他有强大的吕氏作为后盾，他有数万南禁军作为依靠，刘章能拿他如何？ 而刘章奉陈平之命带着几千人守在这里，却没有接到“斩杀吕产”的正式命令。因此，两人就这样大眼瞪小眼地对起眼来。

对了一阵眼，天生敏感的吕产终于闻出了一丝不妙的气息。他是来发动宫廷政变的，但此时刘章却带着人来保卫皇宫，难道事情已经败露了。更何况，他来的时候也派人去联络吕禄了，叫他随后来接应，可现在呢！连吕禄的踪影也没看见（他不知道此时的吕禄已交了兵权去赵国的封地去了）。难道发生了什么意外？ 吕产心里突然有了一种不祥的预感。于是，两人在对视一阵后，吕产不再浪费时间了，决定暂时放弃挟持皇帝的决定，三十六计，走为上计。

然而，一切都已经晚了，刘章虽然没有接到“杀无赦”的命令，但此时已在对视中饱含了怒火，吕氏家族在他们刘氏家族人面前作威作福不堪回首的一幕又浮现在脑海里。眼见吕产想走，他不干了，他大声叫道："吕产想造反，大家抓住这个叛贼啊！"

那几千士兵早就等他这句话了，于是一窝蜂冲向吕产。那吕产就算有三头六臂也只有逃的份儿了。幸亏他带的几个武士本领也非同小可，用血肉之躯挡住了他们追击的步伐。

半路上，吕产终于等来了他的支援部队。刘章的几千人马面对上万的禁军，情势突然发生了逆转，已变得凶多吉少了。

然而，就在这个关键时刻，老天再一次显灵了（可能是托刘邦的洪福）。突然间狂风大作，天昏地暗。就在这时，刘章显示出一个将才的气魄和才干来，他大声叫道："这是天要灭吕氏啊！ 大伙杀啊！"

他的话一出口，数万禁军也惊得云里雾里，说实话，他们虽然是吕产的部下，但也都早已对吕产不满了，此时又见老天也站在正统的刘氏家族一方，一时间再无斗志，一些人逃命去了，一些人反戈一击反而加入了诛吕行动中。总之，在一瞬间，数万禁军竟然烟消云散了。

吕产见自己大势已去，只好使出吃奶的力气逃命了。现在对于他来说，什么都可以不要，只要能留下一条性命就行了。然而此时周勃派来支援的人也到了，吕产已被包围了，他能往哪里逃呢？

最后吕产逃到了一座花园，花园的厕所成了他人生的最后归宿。刘章那饱含怒火和怨气的一剑终于结结实实地刺在了吕产身上，血花如许……

随后周勃马上派人追上了正在去封地路上的吕禄，也给了吕禄当胸一剑。至此吕家两大支柱人物吕禄和吕产都搞定了。

接下的事就很简单了，吕氏家族的成员都成了阶下囚。而吕氏家族中辈分最大的人物吕媭因为不服陈平和周勃的叛乱，用恶语对陈平和周勃进行人身攻击，结果以"诽谤罪"被乱棒活活打死。

吕氏家族其他几个主要人物的结果是：燕王吕通被杀，鲁王张偃被废，济川王刘太被改为梁王。树倒猢狲散，至此，吕氏家族杀的杀、逃的逃、走的走、散的散，四个字：灰飞烟灭。

祸福由天定

从反吕行动开始到吕氏集团彻底瓦解，似乎只在一刹那，然而，没有亲身经历过那场政变的人永远都不会明白那一刹那的惊心和动魄、那一刹那的艰辛和苦楚、那一刹那的永恒和升华。

一切的一切都随着吕氏政权的毁灭而烟消云散了，一切的一切又都恢复了平静。长安城又得以平静下来。只是这看似平静的长安城里，谁又会知道，宫殿之内，正进行一场激烈的会议。

参与会议的包括陈平、周勃等主要朝中重臣，这次会议很重要，重要到关系国家的命运。因为他们在议论选新皇帝的事。值得一提的是，少帝刘恭名义上是刘盈的儿子，但实际上却是“借种”的吕氏血统的人（当年吕后干的好事），因此废立皇帝也就是情理当中的事了。

新皇帝的正式候选人共有三个。

候选人一：刘章。

提名原因：第一个吹响反吕革命号角的人。

优秀事迹：诛吕行动可以说是刘章最先拉开序幕的。他先是在吕后在世时的年会上，借用“军法敬酒”计谋斩了一个吕氏家族的小字辈，给了吕氏家族一点颜色看。吕后归西后，吕产和吕禄联合吕氏家族准备诛灭朝中全部大臣，来个宫廷政变，但终因“条件”不成熟而宣告流产（主要是惧怕荥阳手握重兵的灌婴）。刘章从他夫人吕氏那里知道这件事后，意识到再这样等下去，一旦吕氏真的付诸行动，只怕这天下真的要变成吕氏的了。于是他和弟弟刘兴居联手给兄长齐王刘襄写了一封里应外合的密信，并许以事成之后授其“皇帝之位”。齐王本来就是一个抱负极高之人，再加上“皇帝”这样的职位太诱人了，所以他不顾一切（甚至还除掉了阻止他造反的丞相召平），然后又利用刘氏宗亲的关系，把叔叔刘泽手下的兵马也夺了过去，最终声势浩大地打出了造反的旗帜。

优势：少年有为，敢打敢拼，富有年轻人特有的朝气。

劣势：辈分太小，威望不足，在刘邦的孙子辈中都排到中下游去了。

结论：自古废长立幼乃取乱之道也。说白了，就是这皇位再怎么轮也轮不到你刘章的身上来。因此，热门候选人因“先天条件不足”被排除在外，较为可惜。

候选人二：刘襄。

提名原因：第一个“拉大旗作虎皮”公开反吕。

优秀事迹：刘襄被刘章拉下水后，高举“反吕大旗”直接向吕氏“动武”。吕氏家族的两根顶梁柱吕禄和吕产面对刘襄的“兴风作浪”，倒是显得很人道主义，他们也许是知道刘襄虽然联合了刘泽的人马，但毕竟还是有限的，于是派灌婴去“支援”。灌婴也不客气，两军接上头后，就真的来了个大联盟，从而埋下了一颗定时炸弹，使吕氏家族的人不敢轻举妄动。最终陈平和周勃在宫内给吕氏家族的人上了最后一堂军事课。就这样，经过大家的共同努力，才把吕氏这反革命集团彻底给毁灭了。可以说在整个过程中，刘襄功不可没。

优势：刘襄作为刘邦的长孙，又有“牵敌之功”，入选呼声较高。

劣势：刘襄的“外史”太强，其舅舅驷钧为人暴恶，和吕后完全有的一拼。

结论：吕氏因为外戚强大，才横行一时。假若立刘襄为帝，驷钧会不会仗着“国舅”这块金牌子打造出第二个“吕氏春秋”来呢？因此，皇帝的又一大热门人选因“家庭作风问题”落选了，亦为可惜。

候选人三：刘恒。

提名原因：两大热门人选刘章和刘襄相继落选后，代王刘恒捡了个便宜。

生平事迹（无优秀事迹可言，还是改为生平事迹实际些）：代王刘恒是当年刘邦后宫第三人薄姬的儿子。这个薄姬当年见戚姬和吕后两人在后宫争得不可开交，她知道这场后宫的战役无论谁胜谁败，她这个同处后宫的人是不会有好果子吃的。于是，当年刘邦立刘恒为代王时，她便以儿子年幼为由，亲自陪儿子去上任了，从而巧妙地避开了后宫之争。到了代地后，他们母子也从不张扬，而是诚诚恳恳地做人，踏踏实实地做事，从来不轻易得罪某一个人，也不去主动结交某些人。事实证明，他们这种淡泊名利的做法是很成功的，因为无论朝中发生怎样翻天覆地的变化，他们都能确保一方平安。

优势：刘邦众儿子中，现硕果仅存两个，刘恒年龄又较长，又有仁孝之名，不愧为君。另外，刘恒的母亲薄姬清心寡欲，淡泊名利，从不曾参与政事，没有后患之忧。

劣势：暂无。

结论：刘恒在诛吕行动中虽然寸功未立，却拥有两大得天独厚的优势，刘邦众子孙中无人能望其项背。因此，“老好人”刘恒一经提名，众人齐刷刷举手全票通过。

刘恒继位

在毫无征兆的情况下，接到一张被录取为“皇帝”的通知书，刘恒也是既惊又喜，于是马上召集僚属（西汉的藩王有权自行招聘、选任文职僚属，设置府署，帮助处理军政事务，称为“开府”。而统率左右的称为僚属）进行了一次内部会议。

郎中令张武第一个站出来说话：“大王，现如今朝中重臣都是高祖的旧将，他们身经百战，精通兵法，擅长使用雕虫小技。高祖和吕后相继驾崩，现在他们已诛灭了吕氏一族，正是人生得意之时。兵法有云，知己知彼，方能百战不殆。大王不应轻信来使，不可贸然前去京城，要静观其变。”

“先生此言差矣！”中尉宋昌马上站出来反驳。反驳的理由如下：

一、秦朝失政后，一时间多少英雄豪杰，哪一个不想称帝？ 但最终帝位归刘家，天下人也不敢再存奢望之心。

二、高帝分封子弟为诸侯王，五湖四海都有刘氏封王的踪影，刘氏江山稳如泰山、坚如磐石，天下莫不畏惧也。

三、汉朝建立后，废除秦朝苛政，施以仁德，百姓安居乐业，莫不服也。

四、吕后专政，吕家封王何其多，“吕氏春秋”何等威风，然太尉周勃仅凭一人之力，振臂一挥，士兵们皆袒露左臂助刘诛吕，天意归刘，并非人力所能动也。

五、朝中内有朱虚、东牟这样的宗氏大臣，外有吴、楚、淮南、齐、代等强大无比的宗室诸国，朝中大臣想必不敢再生邪念。

六、高帝子嗣中，只存淮南王与大王健在，大王又年长，且以贤圣仁孝之名如雷贯耳，大臣们顺应民心，迎大王为帝，此民心所向，众望所归也。

最后他进行了总结性的发言：大王放心地去吧！ 切莫再多疑了。

好精辟的论述，众人听了皆拍手叫好。刘恒在两种相左的意见之下，也没了主意，于是宣布散会，然后直奔后宫去找其母薄姬商议这件事。知子莫若母，薄姬也没有多说什么，只是对他说了一句禅语：“命里有时，终需有；命里无时，莫强求。”

刘恒不傻，自然明白母后的意思。是啊！人的命运冥冥中自有天意，那么我是不是有当皇帝的命呢？ 刘恒于是召来算命先生，算命先生占了一卦之后，说道：“吉，大吉，吉上加吉。王，大王，王上加王。”

刘恒问：“王上加王是何意？”

算命先生答：“王上加王乃皇帝也。”

听了算命先生的话，刘恒心中稍安，但他天生谨慎，心里还是感到不踏实。于是他决定来一次“投石问路”，派舅舅薄昭去朝中看个究竟，办事之稳可谓是年轻后辈学习的楷模。

薄昭到了京城，得到了周勃的热情招待。周勃的话很简单：诚心诚意迎齐王，一心一意为大汉，全心全意为人民。薄昭一颗悬着的心终于放了下来，又见朝中其他大臣对立刘恒为帝的态度也非常坚决，这才回去如实报告。刘恒吃了一颗定心丸，这才起程去长安。

长安城外的渭桥边。文武百官齐刷刷地跪了一地，异口同声地道：

“臣等恭迎大王为帝。”这一刻刘恒感动得热泪盈眶，忙下车答拜。周勃当即欲献上天子印玺，刘恒推让道：“等到了宫中再议吧！”

到了宫中，当众人拥立他为帝时，刘恒充分学来了刘邦当年的推让作风，左一句无德无才，右一句无才无德，当真是好一阵推来推去，最后眼看要闹出人命来了，刘恒这才极为“痛苦”地接过了印玺。顿时“吾皇万岁，万岁，万万岁”之声不绝于耳，响彻云霄。

值得一提的是，就在刘恒入住皇宫的同时，少帝早已被赶下皇帝的宝座。他的生命也走到了尽头，考虑到少帝年纪太小，一个人去另一个极乐世界未免太孤独、太寂寞了，梁王刘太、淮阳王刘武、常山王刘朝（三人皆系非刘氏血统）“主动相陪”，皆尽被杀。

历史真会开玩笑，当年戚姬想方设法把她宝贝儿子如意扶上权力的最高峰，结果非但竹篮子打水一场空，而且还赔上了她母子二人的性命。而清心寡欲、自知无力同吕后和戚姬抗衡的薄姬，从来都没有过“非分”之想，低调而隐忍，只想平安顺利地过一生，然而，最终的结果却是从来都没有参与过争斗的薄姬笑到了最后。

此时的薄姬虽然已是风烛残年之人了，但她终于看到了夕阳落山时最绚丽、最灿烂的时候。会当凌绝顶，一览众山小。她的儿子刘恒站在了权力的最顶峰，俯视着全天下的黎民百姓。

当晚，刘恒入住未央宫，正式宣布登基。刘恒便是汉文帝。

这正是：

有心栽花花不发，无心插柳柳成荫。

莫道功名如粪土，富贵无常谁能定？

第二十四章　百废待兴

文帝一号令

汉文帝刘恒即位后，便去高庙祭拜。礼毕回朝，汉文帝下达了他上任后的“皇帝一号令”。内容是：尊母后薄氏为皇太后；追谥刘友为幽王、刘恢为共王、刘建为灵王；刘遂（刘友的儿子）为赵王，改封琅琊王刘泽为燕王。

搞定刘氏内部的分封后，朝廷大小官员除了微调外，大致未动，陈平和周勃依然是诛吕复汉的首要功臣，丞相的位置非他们两个莫属了。只是以前是陈平居右丞相，周勃居左丞相。而这一次，陈平也认为周勃在诛吕的过程中比自己功劳大些，所以主动提出和周勃左右调换一下。

汉文帝只好任命周勃为右丞相，陈平为左丞相，罢免了原来的“情圣丞相”审食其，提升灌婴为太尉。汉文帝还封自己的亲信宋昌为卫将军，镇抚南、北二军。封张武为郎中令，巡行殿中，首次把长安城里的军权牢牢把握在自己手上。他依靠与生俱来的“老练和稳重”，把握住了汉室江山的政权。

窦氏的发迹史

沧浪之水清兮，可以濯吾缨；沧浪之水浊兮，可以濯吾足。

——《孺子歌》

薄姬成了皇太后之后，那么朝中的皇后又有谁来当呢？ 这个自然得问问汉文帝了。汉文帝想也不想，答曰：窦姬。

窦姬最初选择入宫的原因很简单，四个字可以形容：生活所迫。生活所迫到了哪种地步呢？ 窦姬从小就丧父母，生活依靠两个哥哥窦建和窦广国，可三人毕竟都小，三个人每天的共同语言就是一个字：饿。

好在天无绝人之路，正在这时，汉宫每年一次的选秀大赛开始了。窦姬抱着试试看的态度参加了比赛。都说心态决定命运，这句话一点都不假，窦姬凭着“出淤泥而不染，濯清涟而不妖”的独特气质竟然从众佳丽中脱颖而出，顺利进入汉宫。

当时国家大权都集于吕后一身，鉴于“异性相吸，同性相斥”原则，吕氏对这些新招来的美若天仙的宫女并不感冒，而当时的皇上刘盈又体弱多病，自身都难保，自然无福来享受这些美女了。吕后后来便决定把她们分配给各大封王，其用意是，用美女来拴住你们，不使你们有他心。

窦姬真名叫窦猗房，赵地观津人氏（河北清河），按照“叶落归根”的思想，她自然想去赵国了。于是她找到当时管分配的主管太监，表达了自己想去“赵国”的强烈愿望。

然而，她当时入宫还没有多久，拿不出更多的钱财来行贿，想牺牲色相，主管太监又无福消受，故太监对她很是不满：你这样是来打发要饭的吧。你想去赵国，我偏不让你去。太监手一挥：代国。

可怜的窦姬这么一个小小的愿望都成了奢望，临行前她欲哭无泪，不怨天不怨地只怨那个断子绝孙的太监。然而，人的命运往往就是这样阴差阳错变化无常，她不会想到，这一去，竟然彻底改变了她一生的命运。她随后就像撞大运一样，好运接二连三地上演。

首先，一到代地，窦姬便得到了当时的代王刘恒的宠爱。男人宠爱女人的原因很简单，要么有钱、要么有才、要么有脸蛋。对于刘恒这样“独当一面”的大王来说，钱和才已经不重要了，因此，排除这两点，只能说明一点，窦姬长得一定很漂亮。也正是因为刘恒的宠爱，窦姬马上就为他生下了一女两男，长女刘嫖，长子刘启，次子刘武。

其次，代王妃红颜薄命。作为“明媒正娶”的原配代王妃在窦姬来了没有多久，也不知是受不了被抛弃、被冷落的凄凉感还是怎的，总之不久就一命呜呼了。

窦姬貌压后宫，且又知书达理，虽然刘恒并没有马上把窦姬册封为新代王妃，但在他心里已非她莫属了。正如现在有的男女同居青年一样，虽然没有正式登记注册，但实际上已把对方当成老公老婆了。

更令人惊奇的是，不但代王妃不明不白地去了，她所生的四个儿子也都相继夭折了（个中原因令人费解，有待历史学家去研究其原因了）。总之，窦姬和她的儿子似乎在一夜之间都看到了“曙光”。

最后，天上掉馅饼。在毫无征兆的情况下，刘恒突然就被众人推上了皇帝的宝座。刘恒上任不久，窦姬所生的刘启就被众人一致推为太子，母凭子贵，窦姬自然就提升为皇后了。再后来，汉文帝封窦姬的女儿刘嫖为馆陶公主，刘武为淮阳王，追尊窦后的父亲为安成侯，母亲为安成夫人。

当然，为了避免重蹈“吕氏专政”的覆辙，汉文帝听取了陈平和周勃的建议，并没有直接给窦姬两个哥哥封官加侯，而是给以良田豪宅安其心。

总而言之，窦氏就这样走上了历史的舞台。

当丞相的烦忧

话说周勃因为平定吕氏功劳最大，陈平充分发挥谦让的风格，主动让出“右丞相”的位置给周勃，自己甘愿居“左”（古代“右”主“左”次），但周勃并没有买陈平的账，没过多久便以“年老多病，身体有恙”向汉文帝提交了辞职书。

周勃为什么要辞职呢？ 原因有二：

一、才能不如陈平。自从诛吕有功，周勃当上一把手后，四个字可以来形容他：骄傲自大。这样一来，汉文帝就不高兴了。有一次，他就问周勃：天下一年发生多少起刑事案件？ 这个问题的确有点大，周勃自然答不上来了。汉文帝又问周勃：每年的谷子收入是多少？ 周勃还是答不上来。

汉文帝把同样的问题又问陈平。陈平道：“陛下想知道牢狱之事，可问廷尉；谷物出入之事，可问治粟内史。”汉文帝一听就很生气了：“照此说来，你主管什么事呢？”陈平道：“身为丞相，理应上佐天子，下抚万民，外镇蛮夷诸侯，内使卿大夫各尽其职，责任重大，不可不查也。”汉文帝这才转怒为喜。事后周勃就责备陈平为什么不提前教教他。陈平笑着反问说，不在其位不谋其政，既然你现在身在相位，便要知道自己的职责。假如天子问你现在长安城有多少18岁以下的美貌少女，你该如何回答呢？ 周勃无言以答。通过这件事，周勃知道自己的才华不如陈平，遂萌生退意。

二、功高震主。这个就很好理解了，韩信就是前车之鉴。

汉文帝正想摆脱这些老一辈功臣的制约和束缚，于是在一阵“轻叹”声中批准了周勃的辞呈。从此，朝中丞相一职又合二为一，陈平独坐丞相之位，他自从“弃暗投明”跟随刘邦以来，六出奇计，诛吕有功，经过一生的奔跑和奋斗后，终于站在了人生的最高峰。

然而，高处不胜寒。对于已是迟暮之年的陈平来说，又岂能吃得消？不到半年，他就一病不起，不久便与世长辞。

陈平去了后，文帝一时找不到最佳丞相人选，于是又请周勃出山。周勃又岂是能闲着的主儿，欣然领命。然而，令周勃始料未及的是，他“二进宫”后马上就招来两个人的痛恨。

第一个恨周勃的人是贾谊。

贾谊，洛阳人士，少年出名，曾被河南太守吴公招到门下，备受重用。吴公声名远扬，据说很有治国安邦之道。汉文帝自然不会放过这样的人才，便召他为廷尉（最高司法官）。

吴公上任后，自然不会忘了他的得意门生贾谊了。因为他的推荐，小小年纪的贾谊一下子升为博士。是金子总会发光的，不久，才华横溢的贾谊又被汉文帝提升为中大夫。再后来汉文帝又想升他为公卿（即九卿，是汉朝第二等的官阶，相当于现在的各部部长）。

汉朝的“三公九卿”是国家最高权力机构。要进入这里的人，自然得问问“国务院总理”周勃，听听他老人家的意见了。周勃给汉文帝的答复很简单明了：贾谊意在专权，心怀不正，不宜重用。

汉文帝于是改封贾谊为长沙王太傅。一个天才般的人才从此流落诸王之手，甚为可惜。可贾谊当时乃手无缚鸡之力的书生，无可奈何，只得发出这样的感叹：千里马常有，而伯乐不常有。

第二个恨周勃的人是刘章。

吕氏家族被诛，刘章作为青年俊杰，忙里忙外，可谓功不可没。而他的弟弟刘兴居清宫迎驾，也算是一大功劳。

周勃当时曾私下对刘章和刘兴居有这样的口头约定：奏请刘章为赵王，刘兴居为梁王。然而，汉文帝继位后，他超过了陈平坐上了丞相的头把交椅，却把自己的诺言给抛到九霄云外去了。就这样，刘章和刘兴居对周勃埋下了仇恨的种子。

是种子总会发芽的。草绿霜已白，日西月复东。过了两年，文帝才想起刘章和刘兴居从来没有受封过。于是一旨下去，任命朱虚侯刘章为城阳王，东牟侯刘兴居为济北王。

按理说，刘章和刘兴居终于由侯爷变成王爷，实现了人生的梦想，可喜可贺啊！但“加冕”后的刘章和刘兴居脸上并无半分喜色。原因很简单，这城阳王和济北王其实都是名存实亡的王。

城阳和济北都是隶属于齐地。现在的分封实际上是把齐地一分为三了，齐地本来就小，现在一分为三，你说这样小小的王，刘章和刘兴居会满意、会高兴吗？

非但如此，汉文帝随后又下的一道圣旨，把刚刚去城阳上任的刘章给活活气死了。圣旨内容如下：任命刘参为太原王，刘揖为梁王（刘参和刘揖都是刘恒的儿子）。刘章觊觎这两个地方的王已经很久，直到这时，终于绝望，结果来了个死不瞑目。

刘兴居听说兄长气死后，他不干了，愤而起义造反，但他手下那点军队对大汉王朝构不成什么威胁。汉文帝只派了柴武这一员名不见经传的小将去，就把刘兴居杀得丢盔弃甲，落荒而逃。随后柴武乘胜追击，硬是活生生地把刘兴居给生擒了。可怜的刘兴居不忍回京受辱，在路上便咬舌自尽了。

这件事就算这样摆平了，但有人在文帝身边咬耳朵，说这一切都是周勃当年的“誓言”惹的祸，汉文帝正感伤刘章兄弟，结果干脆让周勃“退休”回家抱孙子去了。周勃走后，灌婴捡了个大便宜，成了丞相。

至此，“吕氏春秋”时吕后钦定的三大丞相，陈平死了，周勃退休了，审食其被汉文帝“辞退”后又干吗去了呢？

老的不去，新的不来

一朝天子一朝臣。吕后去世后，靠吃“青春饭”的审食其失去了生命中最大的依靠，随后随着吕氏家族的彻底毁灭，审食其只能感叹“无可奈何花落去”。刘恒上任后，任诛吕功劳大的周勃为右丞相，陈平为左丞相，直接把当年的“一把手”审食其踢回家了。

应该说刘恒能放审食其一条活路，是本着人道主义精神的。然而，审食其不会想到，他还是不得善终。因为审食其除了欠刘邦的账外（戴绿帽子），还欠一个人的账，账的主人叫刘长。

欠账还钱，天经地义，不是不还，时候未到。那么，这个刘长又是何许人物呢？ 各位读者别急，且听我一一道来。

淮南王刘长是高祖的第五个儿子，其母为赵姬。赵姬本来住在赵王张敖宫中，高祖刘邦当年从东垣到赵国，当时正讨伐“犯上作乱”的韩王韩信。张敖当时已被吕后钦点为“上门女婿”，而刘邦却对面相柔弱的他持“观望”态度。

张敖为了讨好“准岳父”，便让宫中最美的宫女赵姬前去“侍寝”，这正合风流成性刘邦的胃口，干柴烈火一点就着，一夜风流不必细表。

第二天，刘邦挣脱美人的怀抱，提起裤子就走人。这有点类似于“一夜情”。双方你情我愿，完事之后，拍拍屁股就走人，来去如风，留下一分快乐，不带走半分感情。

“一夜情”对刘邦来说是吃快餐，也是家常便饭，从来都没有放在心上，但赵姬却因为这“一夜情”留下了永远的烙印。她的肚子里居然怀上了龙种。单从这一点来看，刘邦非但是“一夜情”的高手，“一夜情”的命中率也是相当高。从戚姬到赵姬，“一夜情”的模式大同小异，都有龙子留下。看来刘邦真的可以当“射雕英雄”了。

张敖虽然还年少，但听说赵姬怀上了刘邦的龙种，心里那个美啊。对于他来说，赵姬肚子里的孩子就是他的宝。为了把“准岳父”的“把柄”牢牢地握在自己的手里，他想尽了办法。单是轮流照看赵姬的宫女就安排了三班倒，二十四小时全方位不停歇服务，而且为了给她一个更舒适的环境，还从私房钱里拨出巨款修筑一座宫殿，可谓动了老本了。

就在张敖全心全意为“准岳父”留下这个得之不易的儿子时，就在赵姬快要临产时，就在大功告成之际……命运却和张敖及赵姬开了个玩笑。谋事在人，成事在天，贯高等人谋反，东窗事发了。张敖被捉拿入京。张氏家眷也被拘禁在河内狱中，赵姬自然也逃不了干系，也被囚禁起来了。

由于是在狱中分娩，惊动的人不多，但狱官却是个例外。那狱官看了几十年的铁门，也是第一次见有人在这种狗不拉屎的地方生小孩，也许是出于人性的本能，也许是出于猎奇的心理，总之，他居然成了接生婆，赵姬在难产的过程中，也顾不得羞愧了，把孩子的身世原原本本告诉了狱官，随即，随着一声洪亮的啼叫，一个白白胖胖的儿子生下了。

狱官因为工作的独特性，多年来，他只负责报忧不报喜（送到这里来的人有忧无喜）。此时，千载难逢的好机会摆在面前，他便马上到郡守那里报喜去了，郡守又马上向朝廷报喜，但朝廷的结果却是如泥牛入海，毫无音讯可言。

都说上阵父子兵，打虎亲兄弟，关键时刻还得看赵姬的弟弟赵兼的表现了。赵兼亲自上京，他知道以他的身份直接去见刘邦，只怕是太阳从西边出来——没门。于是他找到了他一个朋友——审食其。

审食其念其旧情，便把这“刘邦微服私访生私生子”的事告诉了吕后，他以为只要吕后出面，一切就摆平了。但他忘了很重要的一点，那就是女人和女人之间最大的特点是嫉妒。

张爱玲曾说过：“所有的同行都是敌人，所有的女人都是同行，所以所有的女人都是敌人。”哪个女人不希望自己的丈夫只有自己一个女人呢？ 虽然身在那种社会，那种皇朝，是没办法的事，但吕后还是打心眼里抵触刘邦纳妾。结果可想而知，审食其被吕后罚每晚多交几次“家庭作业”，让他没精力去管这些闲事。

审食其为每天做不完的“家庭作业”发愁，赵兼又为总是见不到审食其发愁。眼看再这样一天一天下去，冬去春来，只怕愁白了少年头也不知道何时是个尽头，赵兼只好又回到了赵地。

这期间，赵姬在狱中只盼望刘邦蒙赦大恩，把自己接进宫去，从此荣华富贵。然而，她盼星星盼月亮，盼回的却是弟弟刘兼一张绝望而忧伤的脸，赵姬的心一下子坠落到了万丈深渊，什么荣华富贵，什么天长地久，那只不过是自己一厢情愿的一个梦而已。

与你相逢其实就像一个梦，梦醒无影又无踪，总是看了不能忘，总是过了不能想，总让我为你痴狂，让我爱上你，其实没什么道理，明明知道不可以，让我痛苦为了你，让我快乐为了你，没有你还有什么意义……

赵姬在绝望中结束了自己的生命。只留下那个可怜的婴儿让狱吏犯愁。毕竟这个婴儿是“龙子”，狱吏内心里，最终正义战胜了邪恶，道德战胜了伦理。在狱吏的积极努力下，这个婴儿最终保全了性命。

日月如梭，时来运转，后来张敖“无罪释放”，郡守派人连同奶妈和赵姬所生的儿子一起送上京城直接找他爸爸刘邦去了。

刘邦要不是见了这个长得像极了自己的婴儿，几乎忘了那“一夜情”了，于是直接便认了这个“天上掉下来的儿子”，还取了个很好听的名字刘长——长长久久，天长地久。

刘长后来便成了淮南王。再后来从舅舅赵兼口中得知自己的生母赵姬冤死在狱中，赵兼充分发挥其“老鼠偷油”般的口才，添油加醋地把审食其如何如何不肯相救才导致悲剧的发生说了出来。

“审食其杀死了我母亲，我一定要血债血还。”刘长从此把仇恨的种子埋在心里，杀死审食其成了他的终极目标。

然而，那时吕氏一手遮天，审食其被吕后宠着，正当红，谁也拿他没办法，更别说他刘长这个小小的淮南王了。然而，人生的潮起潮落谁又能预料，汉文帝上台后，审食其下台了，正印证那句老话：三十年河东，三十年河西。

汉文帝接任后的第三年，刘长来了趟长安，理由是“朝拜”皇兄。汉文帝只剩下这么一个兄弟了，再加上身世等方面的“同病相怜”，两人见面后如胶似漆，再也不忍别离，于是刘长便在长安“长住”下来。

其实刘长长住下来是有目的的，他一直在寻找机会干掉审食其，但明着叫他的皇兄干掉这姓审的，仁德憨厚的皇兄肯定不同意。于是他决定来暗的。

为了试探“暗”的可行性，他先对皇兄刘恒进行了一次考察。一次去皇城郊区的上苑打猎，他不但毫不谦让地和皇兄同乘一辆马车，说话时也不顾名分，直呼汉文帝为兄长，大有入乡随俗之势。试探的结果是汉文帝对他的“无礼”毫不介意。

通过这次试探，刘长心里有底了，他的“暗招子”可以付诸行动了，他没有去外面雇用“杀手”“刺客”之类的，而是拿了一把铁锤藏在身上，然后带着一彪人马直奔审食其的住处。

三十年河东，三十年河西，已是“明日黄花”的审食其听说淮南王屈驾他的寒舍来了，赶紧出来相迎。嘴里还念念有词：“不知什么风，把淮南王吹来了，有失远迎，罪过罪……”

“罪”到这里，他便真的醉了似的倒在了地上。刘长得意地收起铁锤，又叫手下割下他的头颅，然后扬长而去。

罪未罪兮误终身

面对刘长的先斩后奏，汉文帝面临两种选择：一是治刘长的罪，砍了他的人头，以敬老丞相在天之灵；二是不治刘长的罪，默认他的所作所为，以削高祖之绿帽。

当然，刘长也没有闲着，他进行了“法庭辩述”，详细陈述了杀死审食其的三点理由。

一、他的生母以前居住在赵国，贯高等人谋反之事与她毫无瓜葛，审食其明明知道其中原委，却不肯入宫禀报，致使他的母亲含冤而死。审食其一缄其口，这是第一条罪。

二、赵王刘如意母子枉遭毒害，审食其身为吕后身边的大红人，理应据理力争，让双方化干戈为玉帛。但他却眼睁睁看着赵王喋血和“人彘”事件上演。审食其二缄其口，这是第二条罪。

三、吕后册封吕氏一族为王，危及刘氏，审食其却眼睁睁地看着“本是同根生，相煎何太急”的吕刘进行火拼。审食其三缄其口，这是第三条罪。

最后总结：审食其前为辟阳侯后为右丞相，身受国恩，不思图报，于国家命运在水深火热之时，该出手时不出手，该说话时不说话，三缄其口，恶贯满盈，罪不可恕。

汉文帝本来就对审食其没有好感，现在见刘长陈述得头头是道，再加上疼爱这个唯一的弟弟，于是默认了他的行为，选择了第二种方案，不治刘长之罪。然而，有罪不治的后果是：刘长回到封地后日益骄恣，作福作威。

于是乎，各地的告状信如雪花般飞进了汉文帝的办公室，汉文帝没辙了，总得表示表示吧！ 他于是写了一封信对刘长进行了“忠告”：骄恣有害健康。

刘长对皇兄的“忠告”采取的办法很简单，三个字：耳边风。汉文帝见自己的弟弟不给面子，也不生气，又劝刘长的舅舅写了封信给刘长进行“劝告”。

刘长对“准舅舅”的信采取的办法同样很简单，四个字：置之不理。只是后来给他写信的人多了，他才决定给皇兄一点颜色看看，谁叫你爱管闲事呢？ 于是，他派人秘密入关中，勾结蒲侯柴武的儿子柴奇同谋造反。并且立下约定：在长安北方的谷口行事。

柴武已好多年没有打仗了，正手痒痒，名将一出手就是非同小可，他给刘长制订了一个“四面合围”长安的铁笼计划：南联闽赵、北通匈奴、东边有我，西边有你，如此大计可成也。

刘长很是高兴，马上就对柴武的信史开章进行了很高的奖赏，封妻荫子不在话下。那信史一高兴之下，也许是喝多了，便把谋反的事给暴露出来了。消息一传十，十传百，马上传到朝廷去了。

直到这时，汉文帝还是对自己的弟弟抱有最后一丝侥幸心理，于是只派人去抓开章。刘长听到风声，马上就来了个“杀人灭口”，可怜开章才刚开始享受荣华富贵，便一命呜呼了。

开章死后，已是死无对证。汉文帝没辙了，只好召刘长入宫去“解释”这件事。刘长当时还在谋反的筹备阶段，为了不打草惊蛇，只好硬着头皮进京了。一到京城，最高人民法院就对刘长进行了“突审”，猝不及防下，刘长心理防线彻底崩溃，如实交代了自己犯罪未遂的全部事实。最高人民法院依照大汉帝国刑法第 ××条规定，判处刘长死刑，剥夺政治权利终身。

对于这样的结果，汉文帝大为不满，他驳回法院的判决，派人进行复审。复审的结果还是一样，这下，汉文帝没辙了，本着“坦白从宽，抗拒从严”的原则直接进行了改判：撤去刘长淮南王的爵位，贬到蜀郡严道县邛邮去当平民，其余参与谋反的人一律斩首示众。

按汉文帝的意思，让他这个超级可爱的弟弟去汉中那些荒无人烟的地方锻炼锻炼，如果他能迷途知返，真心悔改，再让他重新做他的王爷。

由上可知，汉文帝对这个弟弟可谓仁至义尽，但事实证明，这只是汉文帝单方面“一厢情愿”的想法，刘长已采取了“破罐子破摔”的对策，在去蜀中的路上，他就进行了绝食表示对皇兄的严重抗议。

刘长虽然沦为布衣，但却认为去蜀中吃这些东西就是“嗟来之食”，于是他拒绝饮食，最终被活活饿死。刘长死后的连动效应是，从此民间谣言四起：一尺布，尚可缝，一斗粟，尚可舂，兄弟二人不相容。

对此，已深感“后悔”的汉文帝为了消除不良影响，恢复其仁德的荣誉，追谥刘长为厉王，封刘长的大儿子刘安为淮南王（袭承刘长爵位），封刘长的二儿子刘勃为衡王，封刘长的三儿子刘赐为庐江王。

第二十五章　重用人才

张释之：十年仕途一朝升

汉文帝上任后，除了重用老将陈平和周勃外，他还慧眼识丁，亲自发现并提拔了一些人才作为朝中栋梁之材来用。这其中就包括张释之。

张释之字季，南阳堵阳县（今河南省方城县）人。原本是骑尉（相当于警卫员），官路极为坎坷，十年内都没有得到升迁，个中辛酸可想而知。后来一次偶然的机会被汉文帝发现，于是任他为谒者（类似于军队里的传令兵）。到了这个位置跟皇帝接触多了，他的才华终于得到了展示，他谈古论今，满嘴之乎者也把汉文帝唬得晕乎乎的，于是汉文帝大手一挥，他便变成了谒者仆射（谒者的负责人）。

虽然只是上了一小级，但毕竟这次没有等十年那么久。而他随后做的三件事却使得他从此青云直上。

一、散步散出个“宫车令”来。

一天，汉文帝饭后去散步，带着一干侍臣溜达溜达就到了上林苑。但见草茂林密，鱼跃鸢飞，心情为之一畅。当经虎圈的时候，但见里面各种珍奇异兽应有尽有，威武之极。汉文帝一时好奇，于是询问上林尉禽兽数量情况。上林尉平常吃香的、喝辣的，哪里注意这些事啊！ 自然答不上来了。

正在上林尉尴尬万分时，一个啬夫挺身而出，从容代答，解了上林尉之围。文帝对这个啬夫很是赏识，便令张释之封他为上林令。

张释之却不买他的账，问道：“陛下认为绛侯周勃和东阳侯张相如的人品如何？”

文帝道：“他们都很好啊！ 又老实又忠厚。”

张释之道：“陛下既然知道两人忠厚仁义，为何现在想重用啬夫呢？这二人平时不怎么发言，但都是一言九鼎啊！ 怎么比得上一个啬夫夸夸其谈呢？”

文帝若有所思。

“陛下可记得秦始皇乎？”张释之道，“始皇喜欢任用主办文书的官吏，用繁冗苛刻来显示精明，后来这个不好的习惯就一直沿传了下来，众人都擅长辩论，做了错事都想尽办法开脱，最终害人又害己啊！ 如果陛下认为啬夫口才好就升迁他，臣担心步秦朝后尘啊！”

文帝点头称是，没有加封啬夫为上林令，而是加封张释之为宫车令（秦时始置，为尚书台首长，是直接对皇帝负责、掌管一切政令的首脑）。

二、守门守出个“中郎将”来。

一天，太子和梁王一起入朝，走到司马门时，梁王和太子都没有下车。恰巧张释之早已守在这里三天三夜没有合过眼了，于是一把拦住，严令他们下车，全然不顾梁王和太子的尴尬，之后还打了一个报告送到汉文帝那里。

这司马门是一条极为重要的门，按汉初的禁令，除了天子外，无论何人经过这里都要下车步行。

汉文帝看了张释之的报告，批以“家事不足挂齿”就算了事。薄太后后来听说了这件事，便召来文帝，对他的行为进行了严厉的批评。国有国法，家有家规，太子和梁王知法犯法，理应惩罚。

汉文帝对薄太后向来很是尊敬孝顺，此时自然虚心接受母亲的教诲。后来他脑袋瓜一转，便导演了一出把太子和梁王抓起来打入牢中，然后由太后亲自去解救的闹剧来掩人耳目。

戏结束后，汉文帝成了最佳导演，太子和梁王成了最佳演员，薄太后成了最佳编剧。张释之虽然没有得到最佳称号，却成了最大获益者，由“宫车令”变成了“中郎将”。

三、说话说出个“廷尉”来。

除了窦姬外，文帝最宠爱的就是慎夫人了。慎夫人不但人长得美貌如花，而且还多才多艺，一如当年刘邦的宠姬戚姬。

这一天，文帝出游霸陵，他左手美人（慎夫人），右手才子（张释之），好不风光。霸陵是汉文帝为自己修的陵墓，好山好水自然不用说了，站在山顶眺望一番，汉文帝的目光停留在山脚下一条细长蜿蜒的通往邯郸的小路，有感而发，突然吟道：“七雄雄雌犹未分，攻城杀将何纷纷。秦兵益围邯郸急，魏王不救平原君……”

汉文帝本来想卖弄一下自己的文采，以博身边的慎美人一笑，却不料一曲未毕，慎美人的脸上越来越阴沉灰暗，似要下雨了一般。汉文帝不由一愣，随即明白了什么，赶紧打住不再往下吟了。

原来慎夫人的老家便在邯郸，汉文帝的诗让她产生了思乡之情，自然神情凄然起来。但见她从身边的侍女手上抱过一张琴，十指纤纤往琴上一搭，优美动听的旋律顿时响起，却是一曲《琵琶怨》：

蜀丝鸳鸯织锦衾，逻檀凤凰斫金槽。

弦抽瓮茧五色毫，双成十指声嘈嘈。

冢头青草天山雪，眼中红冰嵬下血。

哀弦凄断感情烈，池上蕤宾跃方铁。

琴声凄美至极，汉文帝此时亦是伤感不已，于是道："人生苦短，譬如朝露。我死之后，如果用北山石为外棺，再用综絮杂漆涂封，定能坚固不破，虽千百年不动也。"

众人皆称是。只有张释之答道："陛下此言差矣。"就在汉文帝的老脸挂不住时，张释之马上又为他的话进行了解释："臣认为皇陵中如果藏有大量金银珠宝，就会有人垂涎，就算用北山石为外棺，也不免有隙可寻。倒不如不置任何宝物，这样的话，就算没有坚硬的外棺，也没有什么顾虑了。"

"然也。"汉文帝马上转忧为喜，于是手一挥，张释之从郎中令马上升为廷尉（相当于最高司法厅厅长），官位二品，位九卿之列，仅次于三公。

张释之只用了三句话就连升三级，进入了国家最高领导层，真可谓青云直上啊！

张释之成了最高司法官后，他赏罚分明，量刑得当，成了铁面无私的"张青天"。我们从两个小例子来看看。

一次，文帝出巡路过中渭桥，结果拉车的马被一个行人惊吓，这在当时叫作犯跸（即触犯了皇帝的行动），事后这个行人自然被"刑事拘留"了。

张释之审理后，得出的事情来龙去脉是：犯法的行人原来听到了行车的声音，因为来不及躲闪，就躲到了桥下边。一会儿后，他觉得汉文帝的车马应该走远了，就从桥下出来，结果却恰好撞上了汉文帝的车驾。惊慌之下拔腿就跑，就这样使马受到了惊吓。于是，张释之依照法律规定，作出这样的判决：罚金四两。

汉文帝被一个不知天高地厚的行人给骚扰了，满以为交给张释之后，张释之一定会为自己出一口恶气，结果对他这样的判罚自然不满了。

汉文帝道："轻也！"（判的太轻了）

张释之道："轻乎哉，不轻也！"（轻吗？ 不算轻了）

汉文帝道："孰轻孰重？"（什么叫判得轻，什么又叫判得重呢）

张释之道："轻者自轻，重者自重。"（犯罪轻的人自然要轻判，犯罪重的人自然要重判）

汉文帝道："挠天子之罪何谓轻？"（惊扰天子的罪名算是轻的吗）

张释之道："天子犯法与民同罪，如果违背律条，轻而重判或者重而轻判，就会使法律失去信用。既然陛下让臣来处理，就要按照国法办事，如果我带头任意行事，那岂不是给天下的法官们起了坏作用吗？"

汉文帝听他说得有理，也就不再追究这件事了。

还有一次，祠庙中高祖刘邦塑像前边的玉环被人偷走了，刘邦那是啥人物，居然有人敢偷他的东西？ 汉文帝一声令下，这偷玉环之人自然成了"一级通缉犯"。也正是因为这样，盗贼很快就被抓住了。

这件事自然还是交给张释之来办了，处罚前，汉文帝特差人送给了一个字谜让他猜：千里姻缘一线牵。张释之看了之后，也回了一个字谜：太阳西边下，月儿东边挂。

汉文帝的意思很简单，就是叫他判"重"点，而张释之回答说"明"白了。最后，张释之则按照法律规定判处盗贼弃市（即砍头再陈尸示众，以表示被众人唾弃）。

哪知这回汉文帝对张释之的判罚更加不满，到了怒发冲冠的地步："这样的衣冠禽兽，你为什么只杀他一个，不处以族刑（即诛杀全族的人）？"

张释之摘下帽子跪地道："国法没有规定盗哪个庙的东西重处，盗哪个庙的东西轻处。如果现在判此人族刑，那将来万一有小民在高祖的陵墓上抓了一捧土，陛下又要用什么国法来治罪呢？"

文帝觉得张释之说得有道理，又问了一下太后的意思，便默认张释之处罚得当，不再追究了。

袁盎：敢言敢谏真君子

张释之之所以能从一个小小的骑尉在沉寂十年后步步提升，得感谢一个人，这个人的名字叫袁盎。

袁盎，楚人，字丝，曾经在吕后的侄子吕禄那里做舍人。汉文帝即位后，提拔他做了中郎的官儿。袁盎敢言敢谏，素以刚烈著称。他的人生格言是：知其为小人又以小人矫之，则小人之谄益张；知其为君子而更以小人参之，则君子之功不立。下面我们来看敢言敢谏的袁盎几件小事吧：

一、与狼共舞降身份。

汉文帝宠信一个叫赵谈的宦官，常常让他和自己同乘一车。如此几番，袁盎就到汉文帝面前说话了："臣听说与天子共乘一车的，无不是天下豪俊，如今汉朝虽然缺乏良才，但也不能同一个太监共乘一车吧！"（臣闻天子所与共六尺舆者，皆天下英豪。今汉虽乏人，陛下独奈何与刀锯余人载！）汉文帝一听大窘，立马赶赵谈下车。

二、无规矩不成方圆。

一次文帝出游，这次，他不再是左手美人右手才子了，而是左右手都是美人。窦皇后和慎夫人同游上林苑，上林苑的官员安排了休息的地方，众人都随着汉文帝入座。汉文帝和窦皇后自然坐正中间的席位了，这时，慎夫人走到窦皇后身边，刚要准备坐下，袁盎就像玩小孩整人的游戏一样，一把抽开了慎夫人身后的椅子，并向右努了努嘴，意思是那里才是你该坐的地方。

慎夫人是什么人，她可是皇上身边最宠爱的两个女人之一啊！ 平时和窦皇后在汉文帝身边扮演左手红颜右手美人惯了，常与窦皇后平起平坐。这次，慎夫人自然也就"理所当然"想坐窦皇后身边了。而偏偏这不知好歹的袁盎却进来掺和，坐还是不坐，这是个问题。慎夫人那张吹弹可破的粉脸一阵红一阵白，两道柳叶眉竖起，便像两把钢刀欲把袁盎斩个粉身碎骨才解恨。

汉文帝眼看这一对绝世的才子佳人这样"横眉冷对"大有进一步升

级的迹象，他索性站起来，朝外走去。他一起，窦皇后也自然跟着走了，这下慎夫人着急了，哪里还顾得继续和袁盎“横眉冷对”，也跟着走出去了。

事情看似到这里就该结束了，但依袁盎的牛脾气，自然不干了。他向汉文帝进谏了：“国有国法，家有家规，臣听说尊卑有序，才能上下和睦。如今陛下既已册立皇后，皇后便是六宫之主，慎夫人是妾，怎么能和皇后平起平坐呢？如果陛下宠爱慎夫人，可赏赐其他的东西啊！千万不要由着她的性子骄恣妄为，前车之鉴历历在目，‘人彘’之事难道远吗？”

袁盎的话一出口，不仅汉文帝熄了“心怒”，连慎夫人听说后，也觉得错怪了好人，特取出黄金五十两赐送给袁盎。

三、千金之子不倚衡。

一次到外面出游，当走到一段高低不平极其险峻的山坡路段时，汉文帝心疼袁盎，便叫他上车，但袁盎的头摇得像拨浪鼓，死活也不肯上。汉文帝于是嘲笑道：“平时看你敢谏敢言，怎么关键时刻胆子这么小啊！”

袁盎道：“陛下，非臣不愿坐你的车，实乃不敢也。臣刚刚劝陛下不要和别人共乘一车，自己理应以身作则。”

汉文帝道：“你是说非豪俊之士不可以和寡人同坐啊！如果你都不算豪俊之士，那放眼朝中还有谁敢当豪俊呢？”

袁盎道：“陛下谬赞了，即便臣勉强算是末流之豪士，臣还是不能上车。非但臣不能上车，还希望陛下也下车来。”

汉文帝自然要问为什么了。袁盎道：“千金之子不坐危堂，陛下身系天下，应以天下黎民百姓为重，怎能自己轻视自己呢？现如今陛下处在崇山峻岭之间，万一不慎，有个三长两短，您如何去面对九泉之下的高祖和太后呢？”

汉文帝急道：“停车，朕还是下车吧！朕要和袁爱卿骑马比赛……”

四、该出手时就出手。

话说那个周勃自从“触怒”汉文帝提前退休后，因为他在位时，树敌过多，所以仍然有人不愿放过他，常有穷凶极恶之人去“骚扰”他和他的家人。

这弄得周勃很是紧张，“周府”每天戒备森严，连出一趟门都得披铠戴甲，保镖无数，引得鸡飞狗跳是常事。痛恨他的人眼看要想来暗的是没什么希望了，于是又来明的了，到汉文帝那里告他的状，罪名很简单明了：造反。

朗朗乾坤，清平世道，居然有人敢造反，这自然引起了汉文帝的高度重视，汉文帝二话不说，派人先将周勃打入死牢再说。

自然又是张释之负责审理这起案子了。他知道周勃是无辜的，有心救周勃，但无奈自己身为主审官，如果插手有“徇私舞弊”之嫌。而此时朝中重臣见周勃身陷囹圄，生怕引火烧身，没有一个人敢站出来替周勃说话。

关键时刻，还是看袁盎的表现吧！ 他向汉文帝上疏说：“周勃当年手握大权时没有造反，现在成了一介‘布衣’了，却想造反，他是傻呢还是越老越糊涂呢？”

汉文帝听了面红耳赤，除了放人，别无选择。

第二十六章　北胡南劲

“怀柔”定南越

汉文帝即位后，不仅内政复杂棘手，边事也十分严峻，北面的匈奴虎视眈眈，南方的南越又兴风作浪，总之，都对新上任的刘恒持怀疑和观望态度，随时都想去中原分一杯羹。面对“胡强南劲”的形势，汉文帝该何去何从呢？

首先我们来看南越这边的情况。

南越国的发展史：公元前221年，秦始皇统一六国之后，开始着手平定岭南地区的百越之地。公元前219年，秦始皇任命屠睢为主将、赵佗为副将率领五十万大军平定岭南，屠睢因为滥杀无辜，引起当地人的顽强反抗，被当地人杀死。秦始皇重新任命任嚣为主将，经过四年努力，终于在公元前214年完成平定岭南的大业。秦始皇接着在岭南设立了南海郡、桂林郡、象郡三郡，任嚣被委任为南海郡尉。南海郡下设博罗、龙川、番禺、揭阳四县，赵佗被委任为龙川县令。

公元前208年，南海郡尉任嚣病重，他临死前把时任龙川县令的赵佗召来，向他阐述了依靠南海郡傍山靠海、有险可据的有利地形来建立国家，以抵抗中原各起义军队的侵犯；并当即向赵佗颁布任命文书，让赵佗代行南海郡尉的职务。不久，任嚣病亡，赵佗向岭南各关口的军队传达了据险防守的指令，防止中原的起义军队进犯，并借机杀了秦朝安置在南海郡的官吏们，换上自己的亲信。公元前206年，秦朝灭亡。公元前203年，赵佗起兵兼并桂林郡和象郡，在岭南地区建立南越国，自称“南越武王”。

听说南越王宣布“独立”后，一向意气用事的刘邦并没有采取重大的军事行动，一个北方的匈奴已经把他折腾得够呛，白登山之围让他心有余悸。权衡再三，刘邦最终决定采取“怀柔”的政策来对付南越。

于是一个叫陆贾的人浮出了历史的水面。陆贾想必大家并不陌生，在诛吕行动中，他的积极游说起到了至关重要的作用。陆贾原本是楚国人，能言善辩，且又才华横溢。随着刘邦对叔孙通等儒生的重用，陆贾也很快浮出水面。

高帝十一年（公元前196年），刘邦派陆贾到南越和赵佗进行了双边问题的第一次会晤。

当时赵佗称霸一方，要风得风，要雨得雨，日子过得像神仙。会晤时，他跷起二郎腿，对大汉的使臣态度很不友好。

“陛下是中原人吧？”陆贾不动声色地问。

“诺。”赵佗漫不经心地答道。

“陛下的老家真定真是好啊！ 山美水美人更美……”陆贾开始下套了。

“那是。”赵佗得意地笑起来。

“陛下离开故土多少年了？”陆贾接着问。

“二十多年了。”赵佗轻叹了一声。

“陛下想故里吗？”陆贾第三问出炉。

这个问题赵佗没有回答，陆贾的话引起了他强烈的思乡之情，于是他收起了狂妄姿态，对陆贾的态度马上有了“质”的转变，并请陆贾：坐、上坐、上上坐。

“上上坐”的陆贾随后进行了他的个人表演。他直接教会了赵佗两个关键词：

一、不忠不孝、大逆不道。

陛下世世代代都是生活在中原的，你的亲戚朋友都在那里，那里才是你的根。如今竟背叛父母之邦，忘记骨肉之情，抛弃祖辈们的华夏衣冠，想对抗大汉天子而成为父母之邦的敌人，这是不忠不孝、大逆不道啊！

二、顺我者昌、逆我者亡。

汉朝听说你在南越自立为王，本来要发兵征伐，但不愿连累百姓，伤及无辜，特令我送来南越王印，正式立你为南越王。如果大王愿意接受皇上的诏封，就应用臣下的礼节来迎接皇上的诏书，如此你做一方大王成一番伟业何乐而不为？ 如果大王拒绝皇上的美意，后果是自作孽不可活，皇上一定先掘了你的祖坟，灭你宗族，再派大军来踏平你南越。

陆贾句句有声、字字有力，敲在赵佗那根最敏感、最脆弱的神经上。最终他低下了高昂的头颅，在歉意中接过了南越王印，并且信誓旦旦地表示和汉朝永结同心，永不背叛。

至此，陆贾第一次出山，初试牛刀，凭着一张利嘴不但取得了圆满成功，而且还得到了赵佗和刘邦的双重嘉奖。赵佗送给他无数金银珠宝，刘邦见他不动一兵一卒搞定南越，封他做了太中大夫。真可谓名利双收啊！

陆贾游说成功后，两国关系日趋稳定和平衡。然而好景不长，高祖七年（公元前200年）九月，汉朝大权在握的吕后一道禁令打破了刘邦当初信誓旦旦的诺言：“禁止把铜和铁以及农具卖给南越，牛、羊、马等农禽兽也只卖公的不卖母的。”

限制双边贸易，这对南越来说是无法接受的，他们的很多日常用品及铁器等都需要到中原去“调货”啊！为此，赵佗对吕后表示了强烈的抗议。他先后三次派人去汉王朝和吕后协商双边贸易的事，但吕后根本就不买他的账。非但不给他们谈判的机会，还来一个扣一个，把那些来谈判的人都当人质扣留起来。

是可忍，孰不可忍？赵佗这下和吕后彻底撕破了脸，他又宣布去掉汉朝的封号，自立为南越武帝。并于公元前 190 年，发兵反汉，首选便是毗邻的长沙国。

长沙王眼看赵佗来势汹汹，赶紧向吕后告急。吕后既然敢招惹南越，自然就不会袖手旁观了。她派出隆虑侯周灶去支援的同时，还派人掘了赵佗在中原的祖坟。真可谓两手抓，两手都要硬。

然而，祸不单行，快到岭南时，因水土不服，士兵们染上了瘟疫，就在那里转来转去，不知不觉一年多过去了，第二年（公元前 189 年）七月，吕后死，汉朝才退兵。

汉军撤走后，赵佗更加嚣张起来，旁边的闽越、西瓯等越族小国唯他马首是瞻。他的势力范围得到了很大的扩张，他出必车行必礼，临朝称制，俨然是大汉王朝第二。

汉文帝上任后，见四方皆服，只有赵佗我行我素，心里也很着急啊！亡羊补牢，犹未为晚，于是他也来了个两手抓，两手都要硬。

第一手：施以仁义以安其心。汉文帝前元年（公元前 179 年）六月，汉文帝下令修缮赵佗在真定的祖坟，并在坟边设置采邑，每年祭拜。并对赵佗的兄弟和其他亲人，给予高官厚禄。

第二手：解铃还须系铃人。派陆贾第二次去南越游说赵佗。

陆贾越过千层山涉过万道水，阔别了十七年之久，再一次和赵佗见面了。一阵寒暄，陆贾呈上了汉文帝的诏书。赵佗看后非常感动，说：“汉天子真是一个明君啊！臣愿奉诏行事，归附汉朝，永为藩臣。”

这一次，赵佗果然没有食言，他说到做到，直到汉景帝死时，再也没有背叛过朝廷。而陆贾也因为两次回访南越，功不可没，名垂青史。

有多少太监值得期待

自从刘邦第一次出兵匈奴被困白登山后，他随后采取的是和亲政策，即用汉室的公主去拴住匈奴单于的心，用“糖衣炮弹”去腐化匈奴人的道德品质。

而吕后在执政期间，素以牛脾气著称的她面对冒顿单于带有“污辱”性的求爱信，竟然可以忍气吞声，再送公主并配以金银珠宝等陪嫁品，以定冒顿之心，可谓隐忍至极。

汉文帝上任后，冒顿又耐不住寂寞对大汉进行了几次骚扰，但每次都是雷声大雨点小，双方“点”到为止，并没有发生大的“流血”冲突。

汉文帝前六年（公元前 174 年），冒顿单于病死。儿子稽粥继位，号称老上单于。文帝听到消息，自然也不敢怠慢，为了拉拢这位惹不起的匈奴新领导人，他决定将和亲政策进行到底，便将宗室的翁主（汉朝称皇帝的女儿为公主，称众王的女儿为翁主）嫁给稽粥做阏氏。

护送翁主一同前往匈奴的是一个叫中行说的宦官。汉文帝派他护送翁主原因有二：

一、中行说能说会道，是天生做说客的料。

二、中行说是燕人，土生土长在北方，知晓匈奴的情形，具有先天独到的人为优势。

但接到这出力不讨好的差事，中行说心里并不乐意，甚至在离行前，还一步三回头地对汉文帝说：“其实不想走，其实我想留……”

然而，汉文帝此时似已铁了心，回了一句：想留不能留，才最寂寞，没说完温柔，只剩离歌……

中行说没辙了，他知道有的事实是不可能会改变的，只好一百个、一千个不心甘情愿地上路了。汉文帝不会想到，中行说这一去日后会给他带来无限的烦恼和痛苦。

稽粥见了年轻漂亮的翁主，要身材有身材，要脸蛋有脸蛋，三围等都达标，很是满意，当即就封为阏氏。爱屋及乌，自然对“护花使者”中行说也优待有加了。

中行说本来就是赌气而来，此时见稽粥对自己千般好万般恩，于是铺纸研墨，提起笔就是一阵龙飞凤舞，当然，他不是写什么“感谢信”之类的，而是把自己大汉的国籍改成了匈奴国籍。

改了国籍后的中行说极尽“挑拨”之能事，不断破坏双方的关系，不断挑起双方的纷争，他的“反汉”行为主要表现在“言、行、教”三个方面。

一、言（以言离之）。

匈奴与汉朝和亲后，把汉朝所送的许多东西都视为珍宝，他们以锦衣玉食为荣，以寒衣缩食为耻。面对匈奴人的“进口的东西就是好东西，就是珍宝”这一观点，中行说进行了百折不挠的劝导：“咱们匈奴的人数不过汉朝的一个郡，为什么能独霸一方呢？ 原因很简单，就是咱们匈奴人能自食其力，平常的衣食不必仰仗汉朝的缘故。现在单于只是得到了一些蝇头小利就沾沾自喜，小富即安，殊不知这只是汉朝十成中的一成而已，只关注眼前的利益，不展望长久的将来，诚可悲也。”

当时包括稽粥在内的朝中大小官员都迷恋汉物，听了中行说的话，他们虽然有点“心动”，但都还处在犹豫徘徊的状态，并没有“行动”起来。

二、行（以身示范）。

眼看说的效果不太佳，中行说以身作则，做了两个小试验。

试验一：中行说将汉朝送来的丝绸穿在身上，然后在荆棘密布的丛林中“兜兜转转”转了一圈，出来后，但见其身上穿着的丝绸如雪花般片片破碎凋零，如丝如麻般随风飘散。

中行说的结论是：汉朝的东西就这破玩意儿。

试验二：中行说将匈奴人穿的毡裘穿在身上，然后同样在荆棘密布的丛林中“蛇行兔鹘”地转了一圈，出来后，但见其身上穿着的毡裘完整如新，毫发无损。

中行说的结论是：汉朝的衣服比不上我们的，我们为什么要舍近求远、舍长取短、自取其辱呢？

稽粥和众贵族都亲眼见识了中行说的“神奇”表演，真理出自实践，于是他们纷纷脱下身上的丝绸服饰，穿回本国的“天然野生皮”大衣，并且表示坚决和大汉划清界限。

三、教（倾心相教）。

眼看匈奴人已不再看重汉物，中行说并没有满足，他再接再厉，开始教匈奴人读书识字，他要让匈奴人对汉朝最后那一点依赖也从心里消失。功夫不负有心人，中行说的努力没有白费，很快聪明的匈奴人就会用文字来记录人口、牲畜情况。

具体表现如下：汉文帝派使臣到匈奴这里，除了送上美女和一些金银珠宝、瓷器字画、丝绸外，还有一个书简，书简的长度大抵是一尺一寸，开头自然是毫无悬念的“奉天承运，皇帝诏曰”八个大字，然后再就是所赠的礼物清单了。

在中行说没有教匈奴人读书识字以前，匈奴人的答书图不像图，字也不像字，杂乱无章。比如说有时回赠的是一把刀，他们会在答书上画一把简单的刀的形状，是一只羊就画一个羊头的形状，总之这种“象形文字”烦琐又不好记。

在中行说教匈奴人读书识字以后，匈奴人的答书就大不一样了。他们把答书制成复简，长一尺有二寸，所加的封印比汉朝的也要大一号，他们开头也有八个大字：“天地所生，日月所养。”然后才是回复的内容。总之，如果非要用一句话来形容匈奴人的心里想法就是：青出于蓝而胜于蓝。

汉文帝见中行说这样吃里爬外，又急又恨，追悔不已。

晁错救国

中行说的到来使得匈奴人一改原来的“颓废”面貌后，稽粥对中行说越来越器重，最后发展到了言听计从的地步，在中行说的劝说下，多次对汉朝边境进行了“打草谷”。

文帝十一年（公元前169年）十一月，稽粥入侵狄道，对大汉进行了赤裸裸的“骚扰”，抢走许多人畜。文帝以“人而无信，不知其可也”对稽粥进行责问和劝说。但效果等于零，此时的稽粥根本就不吃他这一套，在边境上这里转转，那里游游，东边抢抢，西边烧烧……总之，边境上常常是“烽火连三月，家书抵万金”。

战不是，不战也不是。汉文帝面对上任以来最头疼的外交问题，烦恼之时，他便这样吟道：“何以解忧？ 何以解忧？”

他话音未毕，一人答曰：“何以解忧，唯有晁错。”

有些读者也许会问了，这晁错是何许人也，竟如此口出狂言，来头一定不小吧？ 恭喜你答对了，这晁错来头的确不小。

晁错，颍州（河南禹州）人，才高八斗，先做太常掌故，后提升为太子舍人，深得太子刘启的器重，刘启赐其“智囊”绰号。晁错师从伏生。这伏生乃是秦朝博士，在秦始皇“焚书坑儒”的时候，他幸运地成了漏网之鱼，非但在乱世中苟活了下来，而且还把一本旷世奇书——《尚书》，成功地保存了下来。

文帝即位后，下诏征求留下来的经书，唯独少了《尚书》找不到，后来听说颍川伏生用《尚书》教齐、鲁两地的儒生，就派晁错前去学习。

未料此时伏生年事已高，头发花白倒也罢，偏生嘴里的牙齿也不争气，今天掉一颗明天掉一颗掉得差不多了。牙齿掉光了倒也罢，偏生说话“风来风去”，瓮声瓮气，如同念梵语。因此，伏生每次讲授时，晁错洗耳恭听，竖耳静听，侧耳细听，听来听去，听到最后，每每照读，只听得清伏生讲一个“错”字。

好在那时晁错凭着自己英俊的外表，才三五日便和伏生的女儿羲娥对上了眼。后来伏生讲课时，羲娥主动充当晁错的翻译官，逐字逐句地进行翻译，晁错很快就领悟到了其中奥秘，最终满载而归，不负汉文帝的期待。

闲话不多说，本来就才高八斗的晁错到名师那里“进修”后，已怀“治国安邦”之才，正是他发挥才能的时候，于是，他向汉文帝提出了

“募民实边”的策略。其主要内容有以下几点：

一、在边地建立城邑，招募内地人民迁徙边地，一面种田，一面御“胡”。

二、每个城邑迁徙千户以上的居民到边地，由官府发给农具、衣服、粮食，直到他们能自给自足为止。

三、迁往边地的老百姓，按什伍编制组织起来，平时进行训练，有事则可应敌，凡能抵抗匈奴人的侵扰，夺回被匈奴人掠夺的财富，则由官府照价赏赐一半。

四、鼓励百姓养马。对养马的百姓的数量不同进行不同等级的奖赏，以满足边防对马匹的需求。

汉文帝采纳了他的建议，结果困扰他的“北胡”问题迎刃而解。通过怀柔和安抚，汉文帝成功地解决了“胡强南劲”的边境争端问题，这为汉文帝的休养生息和恢复发展经济提供了条件。

第二十七章　无为而治

贾谊的《治安策》和《过秦论》

贾谊想必大家都不陌生了，文帝前元二年（公元前178年），正年少轻狂的贾谊建议皇帝重农务本，“以农立国”的方针，提出经济建设是国家和政治之根本这一有划时代意义的观点，并讲述了管子的“仓廪实而知礼节，衣食足而知廉耻”的思想。对此，刚刚上任的汉文帝大为赞同，便想提拔他为公卿，专门负责国家的“经济建设”。但遭到了以周勃为首的朝廷势力的坚决反对，于是，贾谊成了长沙王太傅。

在这里，贾谊感叹“怀才不遇”，刘长的事件却又给了他浮出水面的机会。前面已经说过，汉文帝在做任何事时，几乎都是讲原则、讲道理的，唯独对自己的弟弟刘长宠爱有加，什么原则什么道理都不讲，一再包容弟弟，致使刘长“造反未遂”后“绝食而死”。

刘长死时，汉文帝为了避免后人笑他“兄弟二人不相容”，为绝众人之口，他毅然决定加封刘长的几个儿子为王侯。罪人之后却可以得如此大的封赏，贾谊实在看不下去了，他站出来说话了：“淮南王（刘长）悖逆无道，死在蜀中，天下称快。现在朝廷反尊奉罪人的后代，必惹风言风语，将来他儿子长大，不知感恩，必思报仇，此一忧也。长此以往，国将不国，此二忧也。”

贾谊的话汉文帝虽然没有采纳，但汉文帝却召他入宫“面谈”。

文帝前元六年（公元前 174 年），贾谊回到了阔别四年之久的京城。一到京城，贾谊原本以为汉文帝会向他询问“治国安邦”之道，但哪知汉文帝尽问一些鬼神之类的事。贾谊被逼得没办法了，也只好死马当活马医，把一些妖魔鬼怪的事大吹特吹一通。

文帝听得入神，畅谈到深夜还不知疲倦。出来后，汉文帝就发出这样的感慨来：“我好久都不见贾谊了，还以为他不如我了呢！今日才知我不如他啊！”（吾久不见贾生，自以为过之，今不及也。《汉书·贾谊传》）

第二天颁出诏令，封贾谊为梁王太傅。

梁王刘揖是文帝的小儿子，聪明伶俐，爱好读书，文帝很喜欢他，让贾谊去当梁王的太傅，按理说也算是很看重贾谊了。但贾谊接到诏令后，心却似掉进了冰窟窿里。他心里装的是治国安邦之策，他的愿望是以有生之年协助汉文帝把大汉建设成民主富强的国家。

“可怜夜半虚前席，不问苍生问鬼神。”为了让汉文帝对自己“回心转意”，上任前，贾谊抓住最后的机会，写了一篇《治安策》。

“臣窃唯事势，可为痛哭者一，可为流涕者二，可为长太息者六，若其他背理而伤道者，难遍疏举。进言者皆曰天下已安已治矣，臣独以为未也。曰安且治者，非愚则谀，皆非事实知治乱之体者也。夫抱火厝之积薪之下而寝其上，火未及燃，因谓之安，方今之势，保以异此！本末舛逆，首尾衡决，国制抢攘，非甚有纪，胡呆谓治！陛下何不壹令臣得孰数之于前，因陈治安之策，试详择焉！”

这就是《治安策》的开篇论点。它一针见血地指出了当前局势的不安。

一、诸侯王割据。（痛哭者一）

二、匈奴侵扰。（流涕者二）

三、一人耕之，十人食之。（长太息者六）

同时出炉的还有他的另一篇代表作《过秦论》，《过秦论》的大致内容是总结秦王朝灭亡的原因和教训，以警示后人。

两篇论文的出炉，着实让贾谊风光了一把。当然也引起了以汉文帝为代表的大汉王朝的最高领导人的高度重视。然而，当时的匈奴问题正让汉文帝头疼，等到汉文帝有空细看他的著作，准备重用贾谊时，却再也没有机会了。

贾谊当了梁王太傅后，一直受梁王敬重。但后来梁王不慎坠马而死，贾谊自认为自己这个太傅失职，自伤自怜，不久，也染病身亡。时年三十有三。

一代天才，怀才不遇，英年早逝，空留余恨，时欤，命欤？ 一代伟人毛泽东写过一篇《咏贾谊》来赞叹他：

少年倜傥廊庙才，壮志未酬事堪哀。

胸罗文章兵百万，胆照华国树千台。

雄英无计倾圣主，高节终竟受疑猜。

千古同惜长沙傅，空白汨罗步尘埃。

“与民休息”政策

在贾谊“安民”方针指引下，汉文帝采取了“与民休息”的政策，归纳起来如下：

第一，薄赋轻徭。

减免田赋：刘邦当年废除了战国时的“十一税”和秦王朝的“秦半之赋”，采用了更低更符合天下老百姓的新税形势——“十五税一”（即按十五比一的比例征收田赋）。汉文帝前元二年（公元前178年），汉文帝下诏把“十五税一”改为“三十税一”。后来为了进一步减轻老百姓的负担。文帝前元十三年（公元前 167 年）到景帝（汉文帝的儿子刘启）前元年（公元前 156 年）十三年内，全部免除田赋。直到景帝二年才恢复“三十税一”。

算赋：文帝把由每人每年交一百二十钱，减为四十钱。景帝把算赋的起征年限从十五岁推迟到二十岁。

徭役：文帝时取消了大型工程建设，不再大规模征调劳动力。服役时间由原来的每个劳动力每年一次，改为三年一次。“丁男三年而一事”，这样的减免，在中国封建社会史上是空前绝后的。

第二，提倡节约。

文帝即位之初，列侯多居长安，远离所属食邑，造成“吏卒给输费苦”，给人民增加了一项新的运输负担。文帝前元二年（公元前 178 年），即诏令列侯回归封邑，做官吏的及有诏令特许的，要将太子送归封邑，其他任何人不许留居长安，以减轻人民的负担。

不仅这样，汉文帝还以身作则。在位二十三年，宫室、园林、狗马、服饰、车驾等，什么都没有增加（宫室、苑囿、狗马、服饰无所增益）。但凡有对百姓不便的事情，就予以废止，以便利民众。他曾打算建造一座高台，召来工匠一计算，造价要值上百斤黄金，于是汉文帝便放弃了。文帝平时穿的是质地粗厚的丝织衣服，对所宠爱的慎夫人，也不准她穿长得拖地的衣服，所用的帏帐不准绣彩色花纹，以此来表示俭朴，为天下人作出榜样（衣不曳地，帏帐无纹绣，以示淳朴，为天下先）。他建造的陵墓霸陵，一律用瓦器，不准用金银铜锡等金属做装饰（皆瓦器，不得以金银铜锡为饰）。不修高大的坟；要节省，不要烦扰百姓。他还下令撤销卫将军统辖的保卫自己的军队。现有马匹，只留下日常所需要的，其余的都交给驿站使用。

第三，扶持经济。

弛山泽之禁：文帝后元六年（公元前 158 年），文帝下令，开放原来归属国家的所有山林川泽，准许私人开采矿产，利用和开发渔盐资源，从而促进了农民的副业生产和与国计民生有重大关系的盐铁生产事业的发展。弛禁的结果，“富商大贾周流天下，交易之物莫不通”。

废除过关用传制度：汉代在军事重镇或边地要塞，都设关卡以控制人口流动，检查行旅往来。出入关隘时，要持有“传”，即通过关卡的符信（凭证），方可放行。文帝前元十二年（公元前168年）三月，文帝取消出入关的“传”，从而有利于商品的流通和各地区间的经济联系，对于农业生产的发展也有一定的促进作用。

第四，慎狱轻刑。

汉文帝在位期间前后三次量刑。

文帝前元元年（公元前179年）十二月，废除一人有罪株连全家的“收孥相坐律”令（秦代法律规定，罪人的父母、兄弟、姐妹、妻子和子女都要连坐，重者处死，轻者没入官府为奴，称为“收孥相坐律”）。

文帝前元二年（公元前178年）三月，废除“诽谤妖言”罪。对于皇帝不能随便议论，更不能有所怨恨，如果触犯，就是犯了“诽谤妖言罪”。百姓不高兴时因为常诅咒天地，这又和“天子”有了联系，百姓因此就犯了“民诅上罪”。文帝将这些罪名予以废除，说这些罪名使大臣们不敢说真话，在上的皇帝也就不能知道自己的过失，这对国家政事是很不利的，无法招贤人纳良才。

文帝前元十三年（公元前167年）五月，下令废除肉刑，改为笞刑。汉律规定的肉刑，大致分为三种：一为黥（在脸上刻字），二为劓（割鼻），三为断左右脚（就是把脚截去）。改革后的笞刑为：将黥刑改为充苦工，罚人日夜守城；将劓刑改作杖责三百下；断脚刑改作杖责五百下。此后罪人受罚，就不必残毁身体受尽极刑了，从人性的角度来看，当然改得好，是社会文明进步的需要。但这个刑的出台得从一个女子说起。

这个女子的名字叫缇萦。

缇萦救父

说缇萦之前，我们还要从扁鹊说起。有些读者看到这里可能会有疑问了，这个扁鹊乃是春秋战国时的医圣，这里提起他为何？ 因为这里要讲他的一位传人。

姓名：淳于意。

曾用名：太仓公、仓公（曾任齐太仓令）。

出生地：西汉临菑人。

生日：高汉祖二年（公元前205年）。

祭日：不详。

职业：医生（与张仲景、华佗并称汉代三大医学家）。

师从：公孙光、公乘阳庆（扁鹊的嫡系传人）。

擅长：望诊和切脉。

人生格言：死人可以医活，活人可以医死。

最得意的事：第一个创用“病历”的医生。

最失意的事：生了五个女儿，无一儿子。

最崇拜的人：扁鹊（师祖）。

最痛恨的人：达官显贵。

淳于意从两位恩师公孙光和公乘阳庆出师后开始挂牌行医，三年后，成为著名的医生。淳于意苦读经典医书，可以随意背诵，但诊病时，不盲目地死搬硬套，断章取义，他针对病人的病情，不仅采用药物治疗，还广泛运用各物理疗法及针灸术。关于他的医术，《史记·仓公传》里有三个记载，这里不妨摘录如下：

例一，齐王身边一名叫遂的保健医生，得病后服用自炼的五石散，病情加重了，于是请来淳于意。淳于意仔细观察他的脉象，说：“你得的是内热，药石是药中刚猛之品，服后会导致小便不通而加重病情，千万不要再服。”遂不以为然，并举例反驳说：“扁鹊曾言，‘阴石以治阳病，阳石以治阴病’。”淳于意莞尔一笑：“你说的话，不无道理，扁鹊虽这样说过，但治病必须详细诊察病情，医理医法，参考患者的体质、嗜好、病情用药，才能药到病除。”并预言，照此下去，不久就会发痈。果然，百余天后，遂乳上发痈，不治而死。

例二，齐国的黄长卿大宴宾客，淳于意也在座。他望见王后的弟弟宋健，急忙告诉他说：“你已病了四五天了，腰部疼痛不能俯仰，小便亦难。应趁其未传入五脏，抓紧治疗。这叫作‘肾’。”宋健说：“是这样。”他服用淳于意给他调制的“柔汤”，十八天后病就痊愈了。

例三，齐王请淳于意为侍女们诊病。轮到一个叫竖的，竖说没有病。淳于意悄悄地告诉队长说：“竖的毛发色泽、脉象都无衰减，但病已伤及脾胃，不要让她过度劳累。到了春天，她会吐血而亡。”及至春天，果真竖摔倒在厕所里，吐血而死。

淳于意因为医术高明而闻名全国，赵王、吴王、济南王先后召请他为侍医，淳于意都坚决地拒绝了。因为淳于意在行医过程中严格遵守师祖扁鹊当年看病行医的“六不治”原则：一是依仗权势，骄横跋扈的人不治；二是贪图钱财，不顾性命者不治；三是暴饮暴食，饮食无常者不治；四是病深不早求医者不治；五是身体虚弱不能服药者不治；六是相信巫术不相信医道者不治。

他厌恶达官显贵，喜欢游行乡里，访名家，求大医，不辞辛劳地为老百姓解除疾苦，成了一名逍遥自在的“赤脚医生”。然而，他逍遥自在的生活并没有维持多久，就被一张逮捕令给打破了。

原因是：齐王死了。

罪名是：草菅人命。

按理说齐王做他的一方之王，淳于意做他的乡野“赤脚医生”，齐王的死看似跟他八竿子都打不着。但欲加之罪，何患无辞，“辞”从何来，曰：“齐王病重期间，曾经派人专门去请淳于意来诊治，但淳于意却不肯前往。后来齐王因别的医生误治而死。”

再加上他行医的“六不治”原则，积下了权贵对他的抱怨。后来，便不断有人上书控告他四处游山玩水不为人看病，视人的生命如草芥。

文帝前元十三年（公元前 167 年），淳于意被定以“刑罪”直接押到长安去受审。淳于意没有儿子，只有五个女儿，临行前女儿们都去送父亲，个个都“梨花带雨，泪眼婆娑”。淳于意伤感之余，发出了这样的感叹：“这是啥世道，都说生儿生女一个样，现在才知道生女终究不如男，关键时刻都没有办法了。”

淳于意不会想到，正是他这一句感叹，最终救了他一命。他的小女儿缇萦听了父亲的训话，一边擦干眼角的热泪，一边草草地收拾了行李，做出了一个惊人的举动：随父一同上京。

长安城里，淳于意在牢狱中接受"严刑伺候"，缇萦在未央宫拼死给汉文帝上"告冤书"："我叫淳于缇萦，是太仓令淳于意的小女儿。我父亲给国家当差的时候，齐国的人都说他廉洁正直。现在他犯法获罪，按律当处以肉刑。我不但为父亲难过，也为所有受肉刑的人伤心。一个人砍去脚就成了残废，以后就是想改过自新，也没有办法了。我情愿没入官府作奴婢，用身体来替父亲赎罪，好让他有个改过自新的机会……"

汉文帝听了后，为缇萦一片孝心所感动，于是释放了淳于意。为此还废除了肉刑。这便是历史上有名的"缇萦救父"。

值得一提的是，淳于意后来把自己的毕生医学毫无保留地传授给了临菑宋邑，济北王太医高期、王禹，淄川王太仓马长冯信，以及高水侯家丞权信，临菑召里唐安六人，把自己的医术很好地发扬光大了，善莫大焉。

第二十八章　汉文帝的晚年生活

将行骗进行到底

天地不仁，以万物为刍狗；圣人不仁，以百姓为刍狗。天地之间，其犹橐龠乎？虚而不屈，动而愈出。多言数穷，不如守中。

——《道德经》

汉文帝一生信奉老子的《道德经》，运用老子“无为”的思想理论来治天下，他热衷于求道，于是就有一些旁门左道之人乘机来浑水摸鱼。这里得提两个代表人物。

一、公孙臣

公孙臣千里迢迢从鲁地到京城，对汉文帝首先吟了一首老子的诗：“道可道，非常道。名可名，非常名。无名天地之始，有名万物之母。故常无欲，以观其妙；常有欲，以观其徼。此两者同出而异名，同谓之玄，玄之又玄，众妙之门……”

原来是“同道”中人啊。汉文帝对这个公孙臣的第一印象非常好，于是请公孙臣上坐。

公孙臣坐下后，言归正传，直接对汉文帝提了一条有关“国家命脉”的建设性意见：“秦得水德，汉在秦后，当为土德，土是黄色，不久必有黄龙出现，请陛下下令将文武大臣的衣服一律改成黄色，以应天命。”

汉文帝很重视这件事，就询问丞相张苍（接灌婴的位）此事。张苍却道：“秦时明月汉时关。秦汉本就是一家，秦朝是水命，汉朝亦是水命。”

汉文帝见两人意见相左，不好裁决，便暂且搁下这件事，他的意思是得用事实来说话。而事实证明张苍在治国安邦方面很厉害，但在故弄玄虚、装神弄鬼方面，还是有“备”而来的公孙臣更胜一筹。

文帝十五年（公元前165年）春天，陇西的成纪说他们那里有黄龙出现，有地方官吏为证（很怀疑是公孙臣从中作的梗）。这回汉文帝想也没有想，就信以为真，便马上封公孙臣一个大官来做：博士。

从此，公孙臣一跃成了汉文帝的宠臣，而张苍却被打入了冷宫。汉文帝可谓大事聪明，小事糊涂。这样的后果是：封了一个公孙臣，来了更多公孙臣。

二、新垣平

赵国的新垣平，从小就干鸡鸣狗盗、骗钱骗色的事。听说汉文帝宠爱公孙臣这样的“得道中人”，便胡乱学了几句术语就上路去京城了。汉文帝听说有个得道高人求见，此时已“走火入魔”的他自然来者不拒了。

“臣望气前来，愿陛下万岁！”新垣平一出场就显得与众不同。

“你望见什么气了？”文帝顺着他的意思问道。

“长安东北角上，最近有神气氤氲，结成五彩。臣听说东北是神明所居住的地方，现在有五彩会聚，分明是五帝在那里。这是上天对咱大汉的厚爱啊！陛下可就地立庙，以求永远得到神的保佑啊！”

这些骗人的话，按理说像汉文帝这样精明、这样聪明的人，一眼就能识破，但他素来信妖魔鬼怪。当年满腹经纶的贾谊总想用自己的真才实学打动汉文帝，以得重用，但不料，汉文帝除了对他的“鬼话连篇”感兴趣外，对其举世名篇《治安策》和《过秦论》都不是那么热衷，直到贾谊感伤至死后，才进一步实施“与民休息”政策，也算是对贾谊在天之灵最大的安慰了。

但此一时，彼一时，如今朝政稳定了，百姓安居乐业，“胡强南劲”又得到安抚，四海升平，汉文帝“饱暖思神灵”。听了新垣平的“吹嘘”后，文帝二话不说，就让他负责在五彩聚集的地方建造庙宇。这下，新垣平便充分发挥其与生俱来的建筑方面的才能了。从选地到大兴土木，他极尽奢侈之能事。

庙宇建成后，汉文帝亲自去验收，但见那庙宇气势庞大，祠堂中共设“东、西、南、北、中”五个殿，并配有青、黄、黑、赤、白五种颜色。黄帝居中，设汉为土德（跟着公孙臣走没有错）。但见里面香烟缭绕，人在其中便如身在云里雾里一般。

“好一片祥云的瑞气啊！”新垣平抓准时机来了这么一句。这句马屁拍得正是时候，汉文帝闻言大悦，当即封新垣平为上大夫。

两个“布衣”一跃实现了鲤鱼跳龙门，看来汉文帝就是汉文帝，当真是不拘一格用人才啊！随后在新垣平的“帮助”下，汉文帝又干了三件震古烁今的事来。

第一，在朝廷最重要的午门边建造五座帝坛。为了让汉文帝更加信任自己，新垣平开始装神弄鬼，一次在午门弄了“五帝下凡”的怪事。据后来汉文帝回忆说，他当时只看见路边站着五个穿着青、黄、黑、赤、白的人，只一恍惚间就不见了。文帝以为五帝真的下凡来了，也不管朝中文武百官上朝方便不方便，在午门外筑起五座帝坛，用猪、牛、羊、马等牲畜来祭祀。

第二，改文帝前十七年为元年（汉史中称后元年）。好端端的为什么要改年份呢？这还得“归功于”新垣平。新垣平只说了一句话，就让汉文帝作出这样的惊世之举。“太阳一天之中能两次直射大地。”按他的话的意思，就是每天的太阳可以东边升起然后东边落下，或者从西边升起从西边落下了。这样荒谬的话连小学生也知其真伪，但那时已陷入魔道的汉文帝却信以为真，于是下诏改元，以顺天意，诚为悲也。

第三，在汾阴建造庙宇。自从新垣平在朝廷“东南边”花重金建造了一座供五帝祭祀的“庙宇”后，因为得到了汉文帝颁发的“神仙许可证”，一时间前来参观的人络绎不绝，新垣平于是充分发挥“经商”的头脑，在他的“提示”下，汉文帝又在午门开了一家分店。因为午门是朝在文武百官必经之地，那里的五座神庙的生意自然也火得不得了。

新垣平并没有因此就满足。他又建议汉文帝在汾阴的水上再建造一座庙宇。理由是：旷世之宝周鼎沉入泗水多年了，他见汾阴有金玉之气，想是周鼎又要重出江湖了。

汉文帝问：周鼎不出，谁与争锋。

新垣平答：周鼎不出，庙宇先行。

眼看左一个庙、右一个庙，东一个庙、西一个庙，上一个庙、下一个庙，这庙宇修得没完没了，是可忍，孰不可忍？ 在朝中终于有人忍无可忍了，到汉文帝那里状告新垣平了，罪名是：装神弄鬼，满嘴胡话，欺君罔上，罪不可恕。

汉文帝被当头浇了一盆冷水，霎然从魔道中清醒过来。于是沉默了多时的张释之该出场了。

这个全国最高司法厅厅长兼最高人民法院院长对新垣平进行了突审。新垣平装神弄鬼有一套，但在张释之软硬兼施的突击下，他的心理防线立马便彻底崩溃了，如实交代了自己“行骗”的全过程。结果可想而知，新垣平不但被砍了头，而且还累及家族老小。正验证了一句古话：善恶到头终有报。

不久，公孙臣也被汉文帝赶回老家了。行骗的风虽然被制止了，但汉文帝的噩梦并没有就此结束，一个叫邓通的小人又浮出了水面。

无才无德我最红

邓通的简历如下：

籍贯：蜀郡南安人。

学历：小学未毕业。

擅长：空谈、拍马屁。

绰号：黄鼠狼。

他的绰号叫“黄鼠狼”是有原因的。

邓通土生土长在农村，又没有一门技术，按理说一般人都会选择“脸朝黄土背朝天”来过一生。但邓通却并没有守在那个穷山村，而是决定到外面的世界去闯一闯。他的目标很明确，选择直奔当时的政治、经济、文化中心——长安。天子脚下好乘凉，他当时是这样想的。但一进京城他就傻了眼，这长安城虽然很大很大，大得让他有点头晕目眩，但天大地大，这长安城却哪有他邓通的容身之地啊！

达官显贵他一个也不认识，想经商又没有本钱。悲观绝望之下，他来到了一座桥上，跳河之前，他忍住悲痛，唱了一首千古绝唱。歌词现在是无法考证了，反正是得到了许多听众的认可，因为桥下传来了稀里哗啦的掌声。邓通一看，桥下聚了十来条船，船上的人都在为他鼓掌，他们异口同声地道：“你的歌真好听，唱出了我们做水手的心声啊！”

就是因为这首歌，邓通不用再跳河了，因为他得到了一份来之不易的工作：黄头郎。

黄头郎，便是御船水手（当时的水手都戴黄帽，故有黄头郎一称）。

做水手虽然苦了点、累了点，但好歹有饭可吃，有衣可穿，不用再夜宿街头了。随后的日子便如流水般流逝，他原本以为他的一生就这样定型了，做一个默默无闻的水手一直到老。然而，有的时候命运就是这样，运气不好时不要强求，运气好时连门板都挡不住。

就在他因为肯吃苦卖力，上级有关部门决定把他升迁为船长的时候，汉文帝的一个梦彻底改变了他的命运。

汉文帝从“魔教”中成功解救出来后，便迷上了做梦，做梦倒也罢，偏生这天晚上他做了个奇怪的梦——飞天。

“飞天梦”故事简概：在梦里，汉文帝首先唱了一首歌：我要飞得更高啊！我要飞得更高。一曲未毕，他便真的飞了起来，到后来腾云驾雾，也不知翻过了多少山，穿过了多少云，突然眼前一亮，有一根顶天立柱，上面赫然写有两个令人无比神往的金黄大字：天界。

想到就要上天了，汉文帝心里那个激动，简直没法说。他加快速度朝天界奔去，越来越近，越来越近，眼看天界近在咫尺，他用尽全力一脚朝天界跨去，但令他始料未及的是，那看似不高的台阶，这一跨竟然没有跨上去……

他试了九百九十九次，每一次都是以失败告终。盈盈一台阶，跨跨不得上。他已经绝望了，不抱一点希望地做了最后一次尝试，准备凑齐了一千次这个整数便打道回府。这一次仍然一样，他跨到一半，就已经到了极限，眼看身体就要往下跌，正在这时，突觉微风拂面，一股强大的力量从背后传来，汉文帝不知从哪里来的力量，奋力向上一跃，等他落下时，天界“两字”已被他踩在脚下了。他再回头去寻恩人，但见那人只剩下一个背影，看不见面目，隐约可见他身上的衣服褴褛破烂至极而且还有一个很大的洞，但头上戴着那顶黄灿灿、亮晶晶的帽子光彩夺目……

黄头郎？原来是个水手帮了我啊！

南柯一梦结束后，急于应梦的汉文帝开始来个千里大寻人了。

汉文帝亲自出马，叫御船上的所有黄头郎都集合在一起，挨个查看。轮到邓通时，众人都笑了起来，别人的衣服虽然脏了些破了些，但好歹缝缝补补后不至于袒胸露背吧！但邓通呢！衣服东破一块、西破一块倒也罢，背后那个黑洞简直就和老鼠洞如出一辙嘛。

然而，众人的笑声很快就停止了，因为原本一直凝神端坐着的汉文帝这时突然跳起来，大喝一声：“停！”

邓通被汉文帝一声惊天地、泣鬼神的大喝吓得傻站在那里一动也不敢动。汉文帝一把冲上前，说了句：“众里寻他千百度，蓦然回首，那人就是你啊！”然后全不顾众人惊疑和发呆的眼神，像是挽起妙龄少女一样挽起他便走。

就这样，邓通因祖上积德，一梦之托便红运高照，成了汉文帝身边最红的侍臣。后来又升为中大夫。他只因衣服上有一“洞”而发迹，而那洞又正好有黄鼠狼那样大，而到了汉文帝身边后又很会拍马屁，所以其绰号“黄鼠狼”也算是实至名归了。

无德无才溜须拍马的人竟然成了汉文帝身边最红的人，一人之下万人之上的丞相申屠嘉（接张苍的位）不干了。按理说我才是汉文帝身边最红的人才对啊！ 凭啥会是你这个不知从哪个洞里钻出来的“黄鼠狼”呢？

邓通在朝廷文武百官议事时，也不知是吃了什么，“臭屁连天”，更重要的是还调戏侍女。这一切别人没在意，但申屠嘉却看了个清清楚楚，等朝会结束，众人散去，申屠嘉就到汉文帝那里打了个小报告。哪知汉文帝只回了四个字“我知道了”就没了下文，气得申屠嘉吹胡子瞪眼睛只差没吐血。

通过这件事，申屠嘉知道，有汉文帝的庇护，想除去“黄鼠狼”以他一人之力那是不可能的。然而，申屠嘉既然能当丞相，自然也不是平庸之辈，他冥思苦想，便想出了一个“教训”邓通的好办法。

于是他便派人去“请”邓通来他的府里做客。邓通虽然肚子里没有什么墨水，但也还不至于很傻，他一听八竿子打不着的申丞相突然宴请自己，自然心生疑窦，再加上汉文帝已把状告他的事告诉了他，自然不敢去了。

申屠嘉见邓通不肯来，并没有灰心，充分发挥百折不挠的精神，一次不来二次请，二次不来三次请。而邓通见他这么“一厢情愿”，也毫不含糊，来一个拒一个，来两个拒一双。

申屠嘉作为堂堂一国丞相，竟然请不来一个小小的中大夫，这不单单是“教训”的问题了，而是延伸到“面子”的问题了。于是申屠嘉动真格的了。

那个跑腿的这么来来回回地跑，跟邓通也熟悉了，于是他问邓通道：“如果真的需要什么理由，一万个够不够？”

邓通自然答：“不够。”

那跑腿的接道：“斩。”

邓通先是一愣，随即明白过来，不够就斩，用不着解释也知道啊！ 一看这架势，申丞相是来真的了，他本来想惹不起还躲不起嘛，但事实证明，官大一级压死人，惹不起的人连躲都躲不起。没办法，他只好硬着头皮去丞相府了。只不过他去的时候还多了一个心眼，那就是入宫去找了汉文帝一趟。

邓通泪流满面的泣道：“怕。”

汉文帝回复两个字：“不怕。”

有了汉文帝“不怕”两个字，就如同得到了一张免死护身符一样，邓通转悲为喜，便去了丞相府。

“来了！”申屠嘉见他来了，头也没有抬。

“嗯，来了。”邓通小心翼翼地答道。

“这么久才来。”申屠嘉看似仍然漫不经心地道。

“嗯，这么久才来。”邓通仍是小心翼翼地答道。

“都干吗去了。”申屠嘉的问话越来越不着边际了。

“嗯，都干吗去了。”邓通抱定不给申屠嘉任何可利用的语言破绽。

“斩！”申屠嘉道。

“嗯，斩！”邓通想都没有想，几乎是条件反射般答道。

他话音刚落就意识到了什么，心里一惊，抬头再看申屠嘉时，但见他此时亦双目如电般直射着他。

“既然你想斩，我就成全你。”申屠嘉一声暴喝。

“啊，大爷，不……丞相，饶命啊！”邓通这回哪里还能想“跟风”，双膝一跪，噼里啪啦就磕起头来。

申屠嘉虽然很想除去邓通，但邓通毕竟是皇帝身边的大红人，没有皇帝签发的“斩首许可证”，他这个一国丞相也不能乱动皇帝身边的人啊！因此，他只是想吓唬吓唬邓通。

“斩！”“斩！”“斩！”面对申屠嘉一阵急过一阵的叫喊声，邓通吓得磕头如捣蒜。然而，过了好一阵，邓通磕得血流如注，才发现情况似乎不对，申屠嘉这喊“斩”之声此起彼伏，但却是只见雷声不见雨点，那些士兵连碰都没来碰他一下。

邓通这才知道自己被申屠嘉“忽悠”了，自然哭着跑去向汉文帝告状了。但因为当时申屠嘉和他的手下并没动手，甚至都没有碰过他，他磕破了额头，完全是自己弄的，无凭无证可寻，再加上人家毕竟是一国丞相啊！ 汉文帝也没有办法为他“申冤”。汉文帝为了安慰邓通幼小而脆弱的心灵，给了他两点实惠。

一、把他由中大夫提升为上大夫。

二、将蜀郡的严道铜山赏赐给他，并允许他自己铸钱。

申屠嘉原本想好好教训一下邓通，让他收敛收敛嚣张的气焰，哪知弄巧成拙，人家自己打了自己一个巴掌后，仕途上又升了一级。申屠嘉心里虽然极为不平衡，但也没有办法。

不但申屠嘉对邓通极为“痛恨”，太子刘启对邓通更加“痛恨”。原来，汉文帝因为长年累月地伏案批奏，屁股上长了一个痔疮，越来越大，到后来就溃烂了，这样汉文帝就坐立不安了。

邓通为了报答汉文帝对自己的“厚爱”，为了减轻汉文帝被痔疮折磨的痛苦。就想出一个绝妙的办法，用嘴吸吮毒疮，以除去毒疮上的败脓。据说汉文帝每次被他吸吮过后都会好很多。毒蛇里的血，是奇毒无比；而毒疮里的血，却是奇臭无比。但邓通却一点都不厌恶，坚持帮汉文帝吸。这让汉文帝感动不已。

后来，太子刘启入宫探病，汉文帝想试一下刘启的表现。叫刘启来吸，结果刘启只吸了一口就呕吐不止。

邓通和刘启形成了鲜明的对比，从此，汉文帝对邓通更加宠爱了。而太子刘启后来知道“吸吮脓血”的主意出自邓通之手，从此和邓通成了“大仇人”。

天妒贤君

汉文帝后元三年（公元前161年），匈奴老上单于（稽粥）病死，儿子军臣即位。汉文帝知道后，还是按老规矩，派宗室翁主出嫁给军臣单于，再续两国“翁婿”之缘。

军臣单于得到了美貌如花的翁主，本已心满意足，但无恶不作的中行说不断在他耳边吹风，军臣单于最终只得作出“得了夫人又出兵”的决定。汉文帝后元六年（公元前158年），匈奴派六万大军兵分两路入侵上郡、云中等地。

汉文帝接到边防的告急信后，调出三路人马去支援。第一路由中大夫令勉出兵飞狐，第二路由前楚相苏意出兵句注，第三路由郎中令张武出兵北地。为保险起见，汉文帝还派遣三路接应人马。一路由河内太守周亚夫驻兵细柳，第二路由宗正刘礼驻兵霸上，第三路由祝兹侯徐厉驻兵棘门。

全国警钟长鸣，进入紧急备战状态。汉文帝也没有闲着，他还亲自上前线去慰问士兵，从霸上到棘门最后到细柳进行实地考察和慰问。

霸上和棘门如同不设防一样，汉文帝可以轻而易举地来去自如，刘礼和徐厉两人直到汉文帝到了自己眼前，才揉了揉眼睛，叹道：怎么天上突然掉下个皇帝来了？ 看着他们诚惶诚恐的样子，汉文帝如同浇了一盆冷水，精心准备的慰问词再也没有热情说了，于是挥了挥手，走了。直奔他最后一个考察地——细柳营。

一到这里，汉文帝就深刻地感到什么叫“冰火两重天”了。这里的士兵们整齐排列，如临大敌。汉文帝想进去被士兵们拦住了，汉文帝自报身份，但营卫却说：“将在外君命有所不受，我等只听从将军的命令，不听从天子的诏令。”汉文帝最后没辙了，只好取出代表他身份的符节交给营卫，代为通报。

周亚夫这才传令开门，到了内营，但见周亚夫身穿铠甲，手持佩剑出来相迎。见了汉文帝也是稍微欠了欠腰，说道：“臣以军礼接驾，陛下吉祥。”

汉文帝从来没有见过这样对他行礼的。心有所动，他也微微欠了欠身，算是对周亚夫回礼。接下来，汉文帝发表了热情洋溢的“演讲”，这里不必细表。最后，汉文帝巡察完毕打道回府，刚退出营帐，立马关闭营门，又进入“一级严守”状态。汉文帝终于发出了这样的感叹：“此乃真将军也。”

后来匈奴被逼撤军，各路人马依次撤回后，汉文帝独升周亚夫为中尉（主管京城治安的武官）。

汉文帝后元七年（公元前157年）六月，汉文帝忽然得了重病，在生命垂危之际，他召来文武百官，钦点了三个人，并且说了三句话。

第一个人是太子刘启，这刘启是汉文帝的接班人，不点他不行，可以理解。汉文帝对刘启道："可让周亚夫掌管兵权平定将来天下的变乱。"（汉文帝有未卜先知的本领吧！他似乎早就算准了后来的"七国叛乱"。）

第二个人是邓通，为了保证邓通在他死后"不受伤害"，汉文帝对文武百官道："你们谁也不许动我的红人。"汉文帝金口一开，结果是谁都不敢动邓通，但"准皇帝"刘启是个例外，他不但动了这个得了"免死金牌"的"大红人"，而且还把邓通折磨得很惨，邓通最后被活活饿死，远不如来一刀痛快。这是后话，暂不多提。

第三个人便是周亚夫，因为周亚夫"治军严整，军纪分明"，是汉文帝最看好的将才，汉文帝最后对周亚夫托孤道："太子就交给你了。"

说完这句话，汉文帝便含笑而去，四十六年虽然短暂了些，但却是光辉灿烂的，他在位的二十三年里，为大汉帝国作出了巨大的贡献，他和他的儿子刘启共同开创了中国封建社会第一个太平盛世，史称"文景之治"。

曹植的《汉文帝赞》总结性地概括了汉文帝的一生，诗曰：

孝文即位，爱物俭身。
骄吴抚越，匈奴和亲。
纳谏赦罪，以德让民。
殆至刑错，万国化淳。